Марк Айсберг

ОТ ГУРДЖИЕВА ДО АДВАЙТЫ

Ключевые моменты Четвертого Пути

Москва

Амрита-Русь

2013

УДК 141.339
ББК 86.4
А36

Айсберг М.

А36   От Гурджиева до Адвайты. Ключевые моменты Четвертого Пути /
      Марк Айсберг. — М.: Амрита, 2013. — 312 с.

      ISBN 978-5-906304-49-0

Что такое осознание? Это постепенный переход на другой уровень бытия, сознательный, духовный. Он начинается с осознания своей механистичности, животного автоматизма.

Если ваша жизнь не меняется, несмотря на то, что вы много знаете, вам поможет Школа Осознания.

Метод Айсберга основан на сокровенном знании древности — науке о типах, о которой упоминал Георгий Иванович Гурджиев.

УДК 141.339
ББК 86.4

ISBN 978-5-906304-49-0

1. ЧЕЛОВЕК — ЭТО МАШИНА

«Человек — это машина. Все его дела, поступки, слова, мысли, чувства, убеждения, мнения и привычки суть результаты внешних влияний, внешних впечатлений. Из себя самого человек не в состоянии произвести ни одной мысли, ни одного действия. Все, что он говорит, делает, думает, чувствует, — все это случается».

«Установить этот факт для себя, понять его, быть убежденным в его истинности — значит избавиться от тысячи иллюзий о человеке, о том, что он якобы творчески и сознательно организует собственную жизнь и т.д. Ничего подобного нет. Человек не любит, не желает, не ненавидит — все это случается».

«Но никто не поверит вам, если вы скажете ему, что он не может ничего делать. Это самая оскорбительная и самая неприятная вещь, какую только вы можете высказать людям. Она особенно неприятна и оскорбительна потому, что это истина, а истину никто не желает знать».

Что за гром среди ясного неба? Какая еще машина? Это, наверное, ошибка. Человек не машина, «человек — это звучит гордо!». Мы же люди, а не биологические роботы. Мы живые и свободные, а машины — это что-то искусственное, механическое. Мы сами создаем машины и знаем разницу между человеком и машиной.

Заявление о механической природе человека не укладывается в голове. Мы отвергаем его сразу, как глупое и оскорбительное. Возможно, наше тело напоминает машину, оно работает само, автоматически. Пусть тело — автомат, но есть еще психика, личность, свободная воля, как быть с ними?

Мы думаем, говорим, делаем. У нас есть мысли, слова, эмоции, чувства. Роботы тоже думают, говорят и делают, но у них нет эмоций, чувств, того, что делает нас живыми.

Мы можем не соглашаться, спорить, но лучше попробовать разобраться. Не просто прочитать или выслушать мнение компетентных специалистов, а попробовать разобраться самим.

Что с нами происходит? Кто мы? Люди или механические куклы? Что мы делаем в этом мире? Для чего мы здесь? Если не задавать вопросов и не искать ответов, яснее не станет.

Мы все одиноки в подлунном мире, и нам приходится выживать. Кто как сможет. Мы не считаем себя машинами, но не знаем, кто мы. Мы считаем себя людьми, но с нами что-то не так. Если продолжать упорствовать и ничего не делать, воз не двинется с места.

Чтобы разобраться и узнать, кто мы, нам придется согласиться и допустить, что человек — это машина, механическая кукла.

Первый шаг к истине — смирение. Пусть мы — машины и все происходит само. Мы ничего не делаем и не чувствуем, все случается. Но одного утверждения недостаточно. Чтобы оно стало истиной, нужны доказательства. Утверждение надо проверить на практике. Не надо верить или не верить, надо найти доказательства.

Доказательства механической природы человека. Гурджиев не оставил нам доказательств, но он знал науку о типах — астрологию. Именно эта древнейшая наука поможет нам собрать доказательства. А предметом небольшого исследования станут наши реакции.

У каждого человека есть эго — личность. На вызовы внешнего мира в основном реагирует наша личность. Она вырастает в нас в ответ на запросы, поступающие из окружающего мира. Каждый день мы на что-то реагируем, и реагируем по-разному. Если что-то приятное — радуемся, если неприятное — огорчаемся. Из реакций на внешние раздражители состоит наша жизнь.

Реакции зависят от расписания космических циклов. Меняется суточный цикл — меняется поведение. Меняется месячный цикл — меняется настроение.

Мы думаем, что реакции произвольны, — как захотим, так и будем реагировать. А не захотим — никто не дождется наших реакций. Нам так кажется, но мы никогда не проверяли наших предположений.

Что такое психика человека? Несмотря на горы книг, написанных на эту тему, наша психика для нас загадка. Свои реакции мы получаем в готовом виде. Откуда они берутся — мы не знаем.

Психика человека работает автоматически. Это такой же автомат, как и тело. Мы не замечаем этого, наше внимание приковано к внешнему миру.

Переключив внимание на свой внутренний мир, мы сможем обнаружить зависимость реакций от расписания космических циклов. Меняется цикл — меняется настроение, мысли, слова, чувства.

Мы будем потрясены, когда увидим автоматизм своих проявлений. Мы думали, что мысли, слова и поступки зависят от нас, нашей воли. Мы так считали, но не пытались проверить.

Теперь мы увидим, что это не так! Наши мысли, слова и поступки будут меняться вместе с космическими циклами. Они будут меняться строго по расписанию.

И мы увидим, что мы — машины! Мы — автоматы, в которых работают два уровня: физический и психический.

Гурджиев был прав, люди — это машины. Это самая оскорбительная и самая неприятная вещь, но это истина, которую никто не желает знать. Это та истина, которая перечеркивает тысячи ложных представлений о человеке.

Человек не является сознательным существом, это машина с ограниченной программой. У нас нет свободной воли, у нас только программа, расписание космических циклов. Согласно этому расписанию мы выдаем те или иные реакции.

Солнечная система — единый, исправно работающий механизм, где нет ничего случайного. Мы только машины, части работающего механизма. Мы встроены в механизм телами и психикой. В нас нет ничего, кроме набора иллюзий.

2. МЕХАНИЧЕСКОЕ РАБСТВО

«Чего же вы хотите? Люди — это машины, а машинам положено быть слепыми и бессознательными, иначе они и не могут. Все их действия должны соответствовать их природе. Все случается. Никто ничего не делает».

«„Человек-машина", у которого все зависит от внешних влияний, с которым все случается, кто сейчас представляет собой что-то одно, в следующее мгновение — другое, а еще через секунду — третье, этот человек не имеет никакого будущего. Его закапывают в землю, и это все. Прах возвращается в прах».

«Для современной культуры требуются автоматы. И люди явно утрачивают приобретенные ими привычки к независимости, превращаются в автоматы, в части машины. Невозможно сказать, где конец всему этому, где выход, есть ли вообще выход. Одно не вызывает сомнений: рабство человека возрастает и усиливается. Человек делается добровольным рабом. Он более не нуждается в цепях, он начинает любить свое рабство и гордиться им. И это — самое страшное, что может с ним произойти».

Самое удивительное — люди не хотят и слышать о реальном положении вещей. Даже начав что-то подозревать, они торопятся это забыть. Их действия вполне соответствуют их природе. Они предпочитают оставаться слепыми и бессознательными механическими куклами.

Что такое механическая кукла? В обычном представлении это искусно выполненная копия человека, имеющая ограниченный набор движений и звуков.

Почему мы не замечаем автоматизма собственных проявлений? Потому что «набор движений и звуков» разный для разных типов людей. При желании его можно отследить. Обычно мы замечаем этот автоматизм, но не у себя, а у других.

Что такое механические проявления? Это не что-то новое, доселе неизвестное. Человеческие проявления могут быть как естественными, так и механическими, искусственными. Например, такие эмоции, как смех, слезы, радость и печаль. Механические проявления выглядят и звучат фальшиво, наигранно.

Проблема в том, что мы живем в фальшивом кукольном мире. И быстро привыкаем к фальшивым проявлениям. Привыкаем настолько, что с трудом отличаем искусственное от естественного. Да и в нас самих вырастает много фальшивого и наносного. В результате наши координаты оценки сдвигаются. На многие механические проявления мы начинаем смотреть сквозь пальцы. Они становятся для нас нормальными.

Люди отличаются тем, что быстро ко всему привыкают. И то, что раньше коробило и резало слух, спустя какое-то время воспринимается спокойно, словно так и должно быть.

Мы превращаемся в механических кукол и ничего не замечаем. Никто не спрашивает нас, хотим мы этого или нет. Все происходит автоматически.

Другой вопрос — почему происходит превращение? Почему мы становимся механическими куклами?

Ответ прост: человек, который не знает себя, — не существует. Мы рождаемся, живем и умираем, забыв сделать самое главное — осознать себя. Мы проживаем жизнь, как неведомое существо, не потрудившись заглянуть внутрь. Подобная жизнь — это жизнь автомата, и в этом нет ничего удивительного.

Автомату не интересно копаться в себе, он настроен на внешнюю автоматическую жизнь. Что происходит у него внутри — темный лес, а вот снаружи все просто. Простые и понятные двигательные реакции: увидел, схватил, использовал. Не надо ломать голову, все происходит само, автоматически.

Дело в том, что нам не обязательно разбираться в себе. Мы можем прожить и так, на автопилоте, в автоматическом режиме. Большинство людей так и делают. Они выбирают жизнь в режиме автомата, механической куклы — марионетки.

Так устроена природа этого мира, здесь все происходит само, автоматически. Растут леса, текут реки, рождаются, живут и умирают люди. По виду это люди, а по сути — автоматы. Механические куклы не производят впечатления биологических роботов. Они правдоподобны, они ловко изображают живых людей.

Мы думаем, что мы живые. У нас в груди бьется живое, а не каменное сердце. Дело здесь не в устройстве тела, а в поведении. Оно постоянно меняется, это вводит в заблуждение.

Сегодня мы думаем, говорим и делаем одно, завтра — другое, послезавтра — третье. Сегодня на нас действует одна планета, завтра — другая, потом — третья. Так создается иллюзия свободы. Мы думаем, что меняем поведение по своему желанию. Но это не так. Мы ведем себя строго по графику, предложенному Космосом.

Планеты — это гигантские магниты, по очереди приближающиеся к Земле. Каждое приближение той или иной планеты вызывает у разных типов людей разные реакции. С каждой планетой у нас разные счеты, разные отношения. Каждая планета оказывает на нас определенное влияние. Это влияние — результат предыдущих отношений, в этой и прошлых жизнях.

Обычно мы общаемся не с планетами, а с людьми. Но каждый человек, его эго (личность), является проводником влияния той или иной планеты. И фактически мы общаемся не с людьми, а с планетами. Используя наши эго, планеты общаются между собой.

Планеты снабжают нас не только эго, но и телом. И тот знак зодиака, которым мы считаем себя по рождению, относится к нашему телу. Физическое тело имеет особенности этого знака. Или планеты, для которой знак зодиака является обителью.

3. КОСМИЧЕСКАЯ ТЮРЬМА

«Если бы человек понял весь ужас своей обыденной жизни, в которой он вертится в кругу незначительных интересов и бессмысленных целей, если бы он понял, что теряют такие люди, как он, то осознал бы, что для него существует лишь одна серьезная вещь — освободиться от общего закона, стать свободным».

«Чтобы заключенный имел возможность бежать в любую минуту, он должен прежде всего понять, что он находится в тюрьме. До тех пор, пока он это не уяснит, пока он считает себя свободным, у него нет никаких шансов».

«Далее, никто не сумеет бежать из тюрьмы без помощи тех, кто бежал раньше. Только они могут рассказать, каким образом возможно устроить побег».

Мы не будем ничего делать, пока не поймем, что находимся в тюрьме. Мы не сделаем и шага, не осознав ужас своего положения. Хотя бы отчасти. Только правда, только знание истины способны заставить нас действовать.

Мы не знаем — кто мы? Но можем догадываться. В нашей глубине есть это знание. Наша истинная природа божественна, мы являемся существами, подобными Богу. Если это так, то что мы здесь делаем? На самом дне, на краю Вселенной.

Мы являемся детьми Бога, а ведем жизнь, подобную животным, считая это порядком вещей. Мы даже не замечаем, что жизнь не является добровольной. Нас заставляют вести такой образ жизни. Никто не спрашивает нашего согласия. Как личности мы не свободны, нами управляют планеты.

Это можно отследить. Каждые сутки одна из планет навязывает нам свою линию поведения. В зависимости от нашего типа. Например, у Урана сложные отношения с Марсом. Для всех людей, чьим эго управляет Марс, день, когда правит Уран, будет неудачным. Уран обеспечит им неприятности.

В неудачный день по разным причинам рушатся планы. Нам что-то обещали, но вдруг отказывают. Мы приезжаем на встречу, она срывается. Мы едем в магазин, он оказывается закрытым.

Неприятности случаются в любой день, в неудачный они идут сплошной чередой.

Сначала мы не верим, думая о совпадении. Ситуация повторяется раз за разом. Мы понимаем, это — система. Мы сталкиваемся с системой, которая работает как часы. Нам некуда деваться. По сути, мы находимся в тюрьме, где действуют 48 непреложных законов, ограничивающих свободу. Мы ничего о них не знаем, как и о том, что находимся в тюрьме.

Внешний мир не выглядит как тюрьма, это вводит в заблуждение. Земной мир напоминает заповедник, огромную плантацию по выращиванию разных форм органической жизни. Среди этих форм люди ведут себя как хозяева. Какая тюрьма, если так хорошо живется? И вокруг обилие «еды»?

Если это тюрьма, люди сидят в ней на особых условиях. Все остальные «заключенные» приносятся в жертву. Эти обстоятельства вводят людей в заблуждение. Раз они так содержатся, им уготована другая участь. Люди — другие, не такие, как все.

Почему так много позволено? Почему можно расправляться с другими, принося в жертву? Почему можно отравлять все вокруг? Почему это варварское поведение остается безнаказанным?

Люди не замечают ужас обыденной жизни. Они привыкли не придавать значения. Новый день приносит столько ужасных вещей, за всем не уследишь.

Если реагировать, можно сойти с ума. Психика работает избирательно, гася в памяти неприятные моменты. Но осадок остается, негативные впечатления накапливаются.

Тюрьмой является не только внешний мир, но и внутренний. Вот где спрятан настоящий кошмар!

Что такое внутренний мир? Это наша душа, психика. Мысли, эмоции, чувства, переживания, оценки, мнения, выводы. Душа является отражением внешнего мира, она состоит из реакций на внешние раздражители. То, с чем мы сталкиваемся во внешнем мире, отпечатывается в душе. Она быстро растет и переполняется от обилия впечатлений.

Душа напоминает большой пластиковый пузырь, постоянно растущий в размере. Он плотно окружает тело. С одной стороны, пузырь выполняет защитную функцию, а с другой — оболочки души искажают видение. Мы видим мир сквозь призму души.

Принято считать, что душа находится внутри, но это не так. Скорее тело находится внутри, а душа окружает его снаружи. Именно душа является настоящей тюрьмой, с которой не сравнится тюрьма внешнего мира.

Мы — пленники собственной души. Звучит довольно странно.

Если душа наша, почему мы не можем ничего изменить? Почему от нас ничего не зависит? Душа-психика работает сама по себе. Снабжая нас негативом — неприятными переживаниями, дурными настроениями. Мы не хотим с этим жить, но приходится. И никакие психологи не помогают. Все накопленное в пузыре души мы носим с собой. Эта ноша с годами становится непосильной. Мы варимся в адском котле своей души, не в силах что-либо изменить.

Для чего нужна такая душа? Является ли она нашей?

Недолго думая, мы называем себя душой, почему-то забывая о духе. Так кто же мы? Дух или душа?

4. СУЩНОСТЬ И ЛИЧНОСТЬ

«Следует понять, что человек состоит из двух частей: сущности и личности. Сущность — это то, что является для человека собственным. Личность — это то, что является для него „чужим“. „Чужое“ означает то, что пришло извне, чему он научился, что в нем отражается, т.е. следы внешних влияний, оставшихся в памяти и в ощущениях, выученные слова и движения, чувства, созданные подражанием, — все это „чужое“, все это — личность».

«Сущность — это истинное в человеке; личность — нечто ложное».

«Для внутреннего роста, для работы над собой необходима как известная сила сущности, так и определенное развитие личности».

Мы знаем, что у нас есть личность, но не слышали о сущности. Оказывается, у нас есть сущность, человеческая духовная сущность. Почему о ней ничего неизвестно?

С личностью понятно, она снаружи, мы ее всем демонстрируем. Но что такое сущность, спрятанная глубоко внутри?

Мы думали, что мы — личность. Надеялись, что личность. Стремились стать неординарной личностью. Реализовать себя как личность, развив в себе те или иные качества.

И вдруг оказалось, старания напрасны. Мы вовсе не личность, а сущность. И развивать надо не личность, а сущность.

Наша драгоценная личность является чужой, ложной. А родной и близкой приходится сущность.

Мы — сущность, а личность — искусственный, выдуманный образ. Что-то вымышленное и фальшивое. То, что мы изображаем, а сущность — то, кем являемся на самом деле.

Проблема в том, что мы не знаем, кто мы. Нам ничего об этом неизвестно. Поэтому все происходит само, автоматически. Все случается, в том числе с личностью. Она растет сама, в ответ на запросы окружения, согласно нашим потребностям.

Жизнь сложна, приходится скрывать свои мысли. Приходится говорить не то, что думаем. Приходится поступать не так, как хотелось бы. Надо выживать, а мы связаны по рукам и ногам. Мы — жертвы жизненных обстоятельств.

Чувствуем одно, говорим другое. Стараемся не думать о том, что чувствуем. Постепенно, шаг за шагом, забываем себя. Привыкая жить обманом, забываем, какие мы на самом деле.

Личность растет под давлением внешнего мира. В какой-то степени как защитная маска. Личность состоит из реакций. Мы реагируем на запросы окружающих, стараясь им угодить, оправдать ожидания. Нам приходится лгать, обманывать. Правду никто не любит, ее избегают, а ложь всех устраивает.

Ложная личность — посредник между сущностью и окружающим миром. Ее роль вспомогательная, но получается наоборот. Человеком правит ложная личность, а сущность едва заметна.

Личность состоит из того, что видят окружающие, и наших представлений о себе. Мы привыкли считать ложную личность собой. Но мы не ложная личность.

Можно об этом догадываться или читать в книгах, но этого мало. Важно получить опыт, почувствовав себя отдельно от тела и личности. Тогда можно увидеть эго как что-то чуждое, инородное. Разделение — результат процесса, затраченных усилий, само по себе оно не произойдет. Опыт приходит как озарение, вспышка ясного видения.

Внутри человека обнаруживается кто-то другой. Возникает четкое ощущение присутствия другого.

Есть тело, есть я и кто-то еще. Другой напоминает тень, что-то темное, в прямом и переносном смысле. Что-то промелькнуло и спряталось. Что это было?

Что-то неприятное, темное, дикое. Оно вызывает сложную гамму чувств. Страх, разочарование, отвращение, жалость. Мы видим, это низкое существо, но оно — наша часть.

Долгие годы существо выдавало себя за нас. Обладая гипнотической силой, оно подавляло сущность, выдавая себя за нее. Ни о чем не подозревая, мы жили в неведении.

Рано или поздно каждый обнаруживает в себе темные влечения. Нас тянет совершать неприглядные, не совсем приличные поступки. Эту темную сторону поведения мы обычно скрываем. Но нравы в обществе меняются, и странные моменты в поведении становятся популярными. Дикие, уродливые выходки находят поддержку.

Ахамкара (ложное эго) больше не прячется, люди встречают овациями это темное начало.

В нас много всего намешано. Однажды становится понятно, откуда столько низких влечений. Мы ловим в себе ахамкару — источник низменных страстей. Суфии называют животное начало нафсом. Одно дело читать об эго в книгах, другое — обнаружить в себе. Какое-то время мы в шоке. Боже! Нами правит какая-то темная тварь!

Неприятное существо ловко прикрыто ложной личностью. Его дремучее содержание завуалировано достоинствами. Оно хорошо постаралось, создав искусственный образ.

Ложная личность выглядит правдоподобно, подделка выполнена искусно. Но все-таки это кукла.

Не являясь собой, не замечая подмены, мы живем как зомби. И за всем этим спектаклем маячит тень ахамкары.

5. ДВА В ОДНОМ

«Пока человек принимает себя за одну личность, он не сдвинется с места. Его работа над собой начнется с момента, когда он ощутит в себе двух человек».

«Индивидуальность человека — это его сущность, выросшая и зрелая. Но чтобы дать сущности возможность расти, необходимо прежде всего ослабить постоянное давление, которое оказывает на нее личность, потому что сопротивляется росту сущности именно личность».

«Если мы рассмотрим среднего культурного человека, то увидим, что в большинстве случаев его личность представляет в нем активный элемент, а сущность — пассивный. Внутренний рост человека не может начаться, пока этот порядок вещей остается неизменным. Личность должна стать пассивной, а сущность — активной. Это может произойти только в том случае, когда устранены или ослаблены „буфера", ибо они — главное орудие, посредством которого личность удерживает сущность в подчинении».

Мы привыкли думать, что мы — личность. Этого достаточно. Максимум, на что мы согласны, — слегка ее изменить, посетив пару-тройку семинаров личностного роста.

Конечно, личность не идеальна. У нее есть положительные качества, есть и отрицательные. Но в целом мы обычные, добропорядочные граждане своей страны.

Иногда ведем себя как эгоисты, по-другому нельзя, надо выживать. Эгоистом быть нехорошо, наш эгоизм вынужденный. Вы посмотрите вокруг, вот где настоящие эгоисты!

Мы рассуждаем так, когда затрагиваются наши личные интересы. Мы живем во власти личности, как же иначе? Она держит нас в объятиях. Мышление ограничено рамками ее интересов. Мы живем и варимся в собственном соку, в котле ложной личности. О сущности нам ничего неизвестно.

В человеческом устройстве личность работает сама, это механическая часть, не связанная с волей. Личность связана с кармой — программой, заложенной в нас изначально.

Личность — это тень, она не видна, пока мы, действуя на арене жизни, считаем ее собой. Мы видим личности других, а своя остается загадкой. Чтобы ее заметить, надо обернуться внутрь. Пока мы сосредоточены на объектах внешнего мира, личность для нас невидимка.

Что мы можем сказать про личность? Ничего. Вам не кажется это странным?

Мы считаем себя личностью, а сказать о ней нечего. Мы не знаем себя как личность и не знаем себя как сущность. Не слишком много незнания для одного человека?

Как можно жить, ничего о себе не зная? Странная ситуация с человеком: он ничего о себе не знает, а называется разумным!

Кое-что нам известно, обо всем понемногу: о мире, стране, людях. И только одна область остается закрытой, неведомой тайной за семью печатями — ложная личность.

Почему мы не видим себя «со стороны»? Почему не ведаем, что творим? Имеем глаза, но не видим. Имеем уши, но не слышим. Что имел в виду Иисус Христос? О каком состоянии идет речь?

Оно связано с жизнью в ложной личности. По доброй воле жить в ней никто не будет. Мы «живем в ней» в состоянии транса, гипнотического сна.

Как еще заставить людей отрабатывать карму, то, что заслужили? Добровольцев нет, поэтому используется гипноз. Мы закованы в ложную личность благодаря гипнозу.

Наш дух парализован, он пребывает в оцепенении. Так будет длиться, пока мы не решим разобраться. В первую очередь — в себе.

Наше внимание приковано к внешнему миру, оно сосредоточено на интересах и желаниях ложной личности. Внешний мир и личность — звенья одной цепи, личность встроена в механизм подлунного мира. А мы, как сущность, не имеем к этому отношения. Мы удерживаемся здесь обманом благодаря манипуляциям ложной личности.

Поэтому так трудно переключить внимание. А сделать это необходимо, чтобы сдвинуться с мертвой точки. Внутренний рост не начнется, пока не задействована сущность, чтобы наблюдать и изучать положение.

Не преодолев гипноз внешнего мира и ложного эго, мы будем продолжать спать.

Что такое внешний мир? Кто эти люди, что нас окружают? Почему мы верим всему, что происходит вокруг?

Внешний мир — это маскарад, красочное представление, где все носят маски. В этом шоу никто не является собой, все играют фальшивые роли. Спектакль хорошо поставлен, хочется в него верить, мы почти не видим подвоха.

Понять, в какой ситуации мы находимся, поможет фильм «Шоу Трумэна» с Джимом Керри в главной роли. Кто такой Трумэн? Простой, веселый, доверчивый парень. Он не знает, что за ним наблюдает полмира, что вокруг — актеры и декорации. Трумэн думает, что все настоящее. Так и мы — всему верим, по сути находясь на месте этого парня.

Для каждого из нас разыгрывается шоу, мы все — участники шоу. Мы все — актеры, мы все играем роли. Но каждый из нас убежден, что разыгрывают не его, а кого-то другого. Мы ловко подыгрываем, будучи уверены, что не находимся на месте Трумэна. Трумэн — простак, а мы — тертые калачи. Нас на мякине не проведешь!

Мир — это розыгрыш. Если не обманешь, обманут тебя. Жизнь — как игра, никто не хочет проиграть. И все лгут, надеясь, что обман сойдет с рук.

6. ГИПНОТИЧЕСКИЙ СОН

«В идее сна нет ничего нового. Почти с самого сотворения мира людям твердят, что они погружены в сон, что они должны пробудиться. Например, сколько раз об этом говорится в Евангелии! „Пробудись! Бодрствуй! Не спи!" Но понимают ли это люди? Они принимают все такие места за особый оборот речи, за особое выражение, метафору и совершенно не могут усвоить, что здесь необходимо буквальное понимание».

«Человек может быть самосознающим существом. Таким он создан, таким рожден. Но он рожден среди спящих; и, находясь среди них, он, разумеется, засыпает как раз в тот момент, когда должен был бы начать сознавать себя!»

«А что погружает человека в сон? Опять-таки все ненужное, излишнее. Необходимое всегда дозволено, но за его пределами начинается гипноз».

«Европейская и западная психология прошла мимо факта колоссальной важности, именно, что мы не помним себя, что мы живем, действуем и рассуждаем в глубоком сне. Это не метафора, а абсолютная реальность; вместе с тем мы способны, если сделаем достаточное усилие, вспоминать себя — мы в состоянии пробудиться».

Что такое реальность? Где она прячется? Как ее найти? Одна реальность, другая реальность. На эту тему много спекуляций. Есть подозрение, что нас хотят запутать, а не прояснить ситуацию.

Наша реальность проста — мы спим. Наша реальность — сон. Это не метафора, не особый оборот речи, это абсолютная реальность. О ней никто не хочет слышать, она разрушает миф о свободе и самостоятельности людей.

Какая свобода в глубоком сне? Люди спят — это реальность, она отвечает на многие вопросы относительно поведения людей, их бытия. Сознание людей определяет глубокий гипнотический сон.

Только во сне можно так себя вести. Вот откуда насилие, жестокость и весь набор негативных проявлений. Вот откуда войны, убийства и преступления.

Гипноз не является секретом, о нем знают все. Но никто не подозревает, что живет в гипнотическом сне.

В идее сна нет ничего нового, о том, что люди спят, известно давно. Картина изменилась коренным образом, когда Гурджиев уточнил, что сон является гипнотическим.

Когда говорилось о сне человечества, возникали мысли о сознании. Сознание у людей разное, под понятием «сон» можно подразумевать низкий уровень развития. И не ломать голову. Но когда выяснилось, что сон гипнотический, появилась надежда узнать больше.

Люди погружены в гипнотический сон, они находятся в трансе. Что такое гипнотический транс? Словарь дает определение транса как повышенного нервного возбуждения с потерей воли над собой. А также помрачение сознания при гипнозе, экстазе и т.п. Люди впадают в транс и не замечают этого. Они могут о чем-то судить, лишь выйдя из этого состояния. Кто погружает людей в гипнотический транс?

Если использовать терминологию шаманов Кастанеды, гипноз исходит от Орла. Если послушать Гурджиева, в транс погружает Луна.

Здесь нет секрета, главным кукловодом является Луна. Гигантский магнит, мерцающий в ночи. Посмотрите, что творится с людьми в дни полнолуния, и все станет ясно.

Луна заведует органической жизнью Земли. Для Луны мир, в котором мы живем, — заповедник, плантация. Растения, животные, люди — все это планктон для питания такого кита, как Луна. Для питания такого удава, как Луна. В мире животных все средства хороши, в том числе гипнотический транс.

Люди, словно бандерлоги в анимационном фильме «Маугли», сами идут в пасть удава Каа, когда он заводит свои гипнотические танцы.

В нашей жизни такими танцами являются космические циклы. Они нас завораживают, мы послушно исполняем различные па. Кто во что горазд. Разбор полетов бывает позже, на темной стороне Луны.

Почему люди, наравне с растениями и животными, поддаются гипнозу Луны? Потому что в них есть устройство, которым управляет Луна. Это устройство — ложное эго (ахамкара).

Мы находимся во власти Луны благодаря усилиям ложного эго. Мы подобны животным. В нас сохранилось хитрое звено — душа животного. Это звено осталось от прошлых воплощений, когда мы были животными.

Теперь мы не животные, а люди. Но в нас есть механизм (ложное эго), способный вернуть обратно, в животный мир. Он способен превратить нас в животных.

Парадокс в том, что личность, с которой мы столько носимся, вовсе не делает нас людьми, она превращает нас в животных.

Такова воля Луны. Снабжая инстинктами, она не отличает нас от животных. По сути, мы являемся душами животных, помещенных в человеческие тела.

Что из этого выйдет, зависит от нас. Можно пробудиться и осознать себя. Можно продолжать жить на животном уровне.

Мы рождаемся среди спящих, это сильно осложняет дело. Никто не жаждет нашего пробуждения, напротив, все хотят нашего сна, дабы не нарушать «счастливый покой забытья и неведения».

Пробуждаться или нет — выбор за нами. Понятный осознанный выбор. Мы живем и рассуждаем в глубоком сне. Что погружает нас в сон?

Ошибочные представления и стремление к тому, что не заслуживает внимания, является лишним. Делая одну ошибку за другой, упорствуя в своих заблуждениях, мы способствуем гипнозу. Как волшебники-недоучки, направляя усилия не туда, наделяя магической силой то, что не нужно.

7. ЭВОЛЮЦИЯ СОЗНАНИЯ

«Человек должен это понять: его эволюция необходима только ему самому. Никто другой в ней не заинтересован, и никто не обязан и не намерен помогать ему. Наоборот, силы, противодействующие эволюции больших масс человечества, препятствуют и развитию отдельного индивида. Человек должен их перехитрить. И один человек способен это сделать, а все человечество — не может».

«Нет принудительной, механической эволюции. Эволюция — это результат сознательной борьбы. Природа в эволюции не нуждается, она ее не желает и борется с ней. Эволюция необходима только самому человеку, когда он осознает свое положение, уяснит возможность его изменения, поймет, что он обладает силами, которыми не пользуется, богатствами, которых не видит».

«Эволюция человека — это эволюция сознания, а „сознание“ не может эволюционировать бессознательно. Эволюция человека — это эволюция его воли; а „воля“ не в состоянии эволюционировать невольно».

Нам трудно поверить, что живем во сне, под гипнозом. А то, что обычно приписываем себе, не является нашей заслугой. Достижения продиктованы работой животных инстинктов. Прилагая немало усилий, мы добились хороших результатов, но это происходило на механическом уровне.

Стиральная машина тоже прикладывает немало усилий, отрабатывая заданную программу. А как трудятся животные и птицы, выращивая потомство?!

Любой механизм обладает каким-то уровнем «сознания», но лишен самостоятельности и воли. У бытовой техники — программа, у животных и птиц — инстинкты, а что у людей?

А у людей — инстинкты и судьба (программа), а также полный набор иллюзий и богатое воображение.

Одна из иллюзий состоит в том, что в нашем развитии кто-то заинтересован. Мы думаем, что это родители. Мы думаем, что это страна. Да что страна, весь мир, все человечество скажет нам спасибо, если мы продвинемся в развитии.

А вот ничего подобного! Наше развитие, наша эволюция никого не волнует.

Родители спят, страна спит, человечество спит, и никто не скажет вам спасибо, если начнете его будить.

Трудно смириться с мыслью, что нет никого, кто заинтересован в нашей эволюции. И никто не обязан нам помогать.

Никто не будет тянуть за уши, уговаривать, убеждать. А мы так на это рассчитываем! Ждем одобрения, похвалы, жаждем признания заслуг. Мы и шагу не сделаем, если это никому не надо. Зачем нужны старания, если их никто не оценит?

Пойди туда, не знаю куда, принеси то, не знаю что. Эволюция — это выход за пределы и ограничения, выход на другой уровень. Как могут оценить прорыв те, кто остался на прежнем уровне?

И все-таки есть тот, ради кого стоит жить. Старания нужны нашему духу. Мы приходим ему на выручку, когда стремимся подняться на другой уровень.

Духовный уровень является сознательным, механически, не задействовав сознание, на него не подняться. Эволюция возможна, если затратить сознательные усилия.

Но не всякие усилия способствуют эволюции. Обычно мы чего-то добиваемся, не разобравшись в себе, не проведя работу над собой. Нам кажется, мы можем обойтись без скучного самопознания. Пусть им психологи занимаются, у нас есть дела поважнее.

Но как можно делать, не зная, как работает механизм? В надежде на авось. Самонадеянность приводит к тому, что годами мы движемся не в том направлении или просто топчемся на месте. Лишь потому, что не удосужились разобраться в себе.

Мы просто живем, нам некогда разбираться. Но эта «просто жизнь» является механической, бессознательной. Она никуда не ведет и привести не может. Куда может привести работающая стиральная машина? Она выстирает белье и отключится, вот и вся эволюция.

Эволюция — результат сознательной борьбы. Если в человеке нет борьбы, его все устраивает, он со всем согласен, о какой эволюции может идти речь?

Мы думаем, Царство Божье нуждается в рекламе. Придут зазывалы, а мы рассмотрим предложения. Мы думаем, Бог заинтересован и очень нуждается в нашем продвижении. Вплоть до того, что готов жертвовать посланниками, призывая нас на путь.

А мы, как малые дети, будем капризничать, шалить и набивать себе цену. Потому как Отец Небесный никуда не денется. Ради нас Он готов на все, на любые уступки.

Но даже Бог не сможет стать сознательным за нас. Нельзя обрести сознание механически, а волю невольно, не участвуя в процессе.

На чужом горбу в рай не въедешь. Никто за нас не сделает то, что мы должны сделать сами.

8. ПИЩА ДЛЯ ЛУНЫ

«Все живое на Земле — люди, животные, растения — служит пищей для Луны. Луна — это огромное живое существо, которое питается всем, что живет и растет на Земле».

«Процесс роста и разогревания Луны связан с жизнью и смертью на Земле. Все живое в момент своей смерти высвобождает определенное количество энергии, придававшей ему „одушевленность"; эта энергия, или „души" всех живых существ — растений, животных и людей, — притягиваются к Луне как бы гигантским электромагнитом и доставляют ей теплоту и жизнь, от которых зависит ее рост».

«Души, которые направляются на Луну, обладая, возможно, каким-то количеством сознания и памяти, пребывают там под властью девяноста шести законов, в условиях жизни минерала, иначе говоря, в таких условиях, откуда нет спасения другими средствами, кроме общего хода эволюции в течение неизмеримо долгих планетарных циклов. Луна находится на „краю", в конце мира; это „тьма внешняя" христианского учения, где „будет плач и скрежет зубов"».

Реальность мира такова, что мы лишь пища для Луны. Ни больше ни меньше. Нет желания эволюционировать — оставайтесь пищей. В своем воображении можно считать себя кем угодно. На деле мы только куклы, беспомощные марионетки Луны.

Это факт может подтвердить любой, достаточно понаблюдать за лунными циклами и своим поведением. Оно меняется строго по графику, безропотно следуя изменению космических циклов.

Проблема в том, что мы ни в чем не отдаем отчета. Обладая некоторым уровнем сознания, мы бессознательны. Сознания мало, его не хватает. Это уровень ложного эго, когда каждый думает о себе, не желая думать о других.

Мы заботимся о близких, но этого недостаточно. Животные тоже заботятся о потомстве.

Мы делим людей на своих и чужих, не чувствуя с ними родства. Потому что родства нет. Духовное родство чувствуют те, кто наполнен духом. А мы наполнены инстинктами.

Тело работает автоматически, мы не знаем, что за процессы происходят внутри. Мы ничего не знаем о психике, она тоже работает автоматически. На две трети мы являемся автоматами, биологическими роботами. И рискуем стать автоматами полностью, на сто процентов.

Действительность такова, что, находясь под гипнозом, мы не замечаем своего автоматизма. Мы живем во власти Луны — огромного существа, считающего нас пищей.

Это не удивительно. Мы тоже считаем животных своей пищей.

Человечество — это пища для Луны. Эта правда о нас нужна, чтобы прийти в себя и очнуться от кошмарного сна, в котором пребываем.

Что сделать, чтобы люди увидели ужас своего положения? Надо помочь заметить некоторые признаки, обратить внимание на ряд процессов, которые повторяются. На слово никто не поверит.

На темной стороне Луны расположены многочисленные ады. Эта часть Луны не бывает освещена Солнцем. Там «будет плач и скрежет зубов».

Люди на две трети механические куклы. Эти две трети подчинены Луне. Мы не принадлежим себе, мы принадлежим Луне. Наше положение подобно положению домашних животных.

Нас не волнует судьба животных. Все знают, что люди делают с домашними животными. Они их едят.

Мы поедаем братьев меньших. Неужели кто-то думает, что те, кто так поступает, являются людьми?

Мы просто едим, ни о чем не задумываясь, что лишний раз свидетельствует о нашей бессознательности.

Мы убиваем и едим животных. Луна губит в нас человеческое, делая животными. За все надо платить. За кулинарные излишества мы платим собой.

Убийство невинных животных — обыденное дело. Мы легко расправляемся с бедными животными. Это для нас норма.

Что делать с людьми, у которых такие нормы? В какие резервации их помещать?

Будем честны перед собой — наше поведение звероподобно. Лицемерно прикрываясь человеческой формой, мы ведем себя как хищники.

Но все-таки мы не звери, мы — люди. Мы — дети Бога, вести себя звероподобно для нас противоестественно. Эта личина навязана Луной. Мы — сложные существа, в нас много всего. Тело, душа, дух. Личность, сущность. Никто за нас не станет разбираться в этом сложном устройстве. А попытки «просто жить», плывя по течению, обязательно приведут на темную сторону Луны.

Чтобы туда не попасть, надо определиться. Кто мы? Тело, душа или дух? Личность или сущность?

И не просто выбрать и решить, что мы сущность, а не личность. Найти себя на практике, в повседневной жизни.

Мы триединые существа, но прежде чем объединиться, надо размежеваться. Разделиться и осознать составляющие части. Возможно, эти части работают неправильно.

Необходима внутренняя инвентаризация. То, что творится внутри, связано с тем, что происходит снаружи. Обычно мы воюем снаружи, считая, что там важнее. Там живет наше тело. Там работает наша личность. Что хорошего есть внутри?

9. ПОЛОЖЕНИЕ ЧЕЛОВЕКА

«*Есть восточная сказка, в которой рассказывается о богатом волшебнике, у которого было много овец. Волшебник был очень жаден и не хотел нанимать пастухов, не желал строить изгородь вокруг пастбища, где паслись овцы. Из-за этого овцы часто забредали в лес, падали в пропасть и т.д. Самое же главное — они убегали от него, так как знали, что волшебнику нужны их мясо и шкуры. И вот наконец волшебник отыскал средство.*

Он загипнотизировал овец и, во-первых, внушил им, что они бессмертны, что, сдирая с них шкуры, им не причиняют вреда, а наоборот, такая операция будет им приятной и даже полезной. Во-вторых, он внушил им, что сам он, волшебник, — их добрый хозяин, который так сильно любит свое стадо, что готов сделать для него все, что угодно. В-третьих, он внушил им, что если с ними вообще что-нибудь случится, то это произойдет не сразу, во всяком случае, не в один день, а поэтому им и не стоит об этом думать. Наконец, волшебник внушил овцам, что они совсем не овцы, что одни из них — львы, другие — орлы, третьи — люди, четвертые — волшебники.

И после этого всем его заботам и беспокойствам настал конец: овцы никуда больше не убегали, а спокойно ждали того часа, когда волшебнику потребуются их мясо и шкуры. Эта сказка хорошо иллюстрирует положение человека».

Мы не верим сказкам. «Сказка — ложь, да в ней намек, добрым молодцам урок». Наша вера избирательна. В разные периоды жизни мы верим тому, что выгодно в данный момент. Если совсем плохо, начинаем верить в Бога, принимаем обряд крещения, ходим в церковь и т.д. Но это длится недолго. Как только становится легче, забываем о клятвах и молитвах. Наша вера становится механической.

Если вдуматься в сказку о «добром» волшебнике, мы увидим ужас своего положения. Чем сильнее будет ужас, тем дальше продвинемся в поисках выхода.

Эта сказка объясняет многое, но не много людей готовы принять ее всерьез.

Нам удобно думать о Боге как о добром недалеком старце, миссия которого — исполнять желания. Если попросить, дедушка Бог обязательно исполнит.

Нам удобно думать, что Бог всегда простит, Он же душка и сама любовь.

Нам удобно думать, что жизнь не последняя, еще успеем разобраться. Мы же люди, а не флора и фауна.

Мы стараемся думать о приятном, плохие мысли гоним прочь. Таковы особенности гипнотического состояния, в котором мы живем. Наше сознание избирательно, оно оставляет лишь то, что поддерживает сложившуюся схему мировоззрения.

Наше сознание сформировано под гипнозом. Его целью является сон, ограниченный набор притязаний. То, что не входит в этот набор, игнорируется. Мы сосредоточены на эго. Именно эго оберегает наш сон, отметая все, что мешает «спать».

Гурджиев не говорил о типах личностей. Маски переменчивы, их трудно идентифицировать. Звездные типы проще, они скрыты, но постоянны.

«Некоторые из вас думают, что можно видеть типы; но то, что вы видите, — это вовсе не типы. Чтобы видеть типы, надо знать свой собственный тип и уметь „отправляться" от него».

Создавая соционику, Аушра Аугустинавичюте думала иначе. Она описывала то, что видела. В результате получилось 16 моделей поведения.

Эти модели давно описаны западной астрологией. Они известны как знаки зодиака. У всех перед глазами одни и те же схемы, других нет. Восточная астрология, описывающая круг животных, описывает те же модели поведения.

Волшебник внушил овцам, что они львы, орлы и куропатки. И мы ведем себя как львы, орлы и куропатки!

В гипнотическом трансе, в котором протекает наша жизнь, можно внушить что угодно. И будем верить!

Нам говорят, что мы родились под знаком Козерога. И мы верим! Сразу находим у себя черты Козерога.

Не все сходится, описание общее, но хочется соответствовать этому знаку. Не задумываясь, мы верим тому, что говорят. Но есть те, кто сомневается. Надежда на тех, кто сомневается. Для них я сообщу, что ложная личность имеет тип. Его описание напоминает описание одного из знаков зодиака. Или одного из представителей круга животных в восточной астрологии. Или характера одной из планет Солнечной системы.

Тип личности описывает асцендент (восходящий знак). Но кто из астрологов умеет его определять? Определение асцендента подобно определению соционического типа. Кажется, что просто, а на деле не получается. Не хватает главного — подтверждения примерами из реальной жизни.

Можно выбрать любой тип. Можно приклеить любой ярлык. Но главное — найти подтверждение.

Пока не убедимся на конкретных примерах из повседневной жизни, ларчик не откроется, пелена гипноза не спадет с наших глаз.

Надо увидеть, как действует «добрый» волшебник. Тогда вскроется весь обман. Увидеть картину собственными глазами — эффективное средство от гипноза.

10. ПРАВДА О КУНДАЛИНИ

«*На самом деле кундалини — это сила воображения, сила фантазии, которая подменяет собой реальную функцию. Когда человек мечтает вместо того, чтобы действовать, когда его мечты становятся на место действительности, когда человек воображает себя львом, орлом или волшебником, это в нем действует сила кундалини*».

«*Кундалини — сила, заложенная в людей для того, чтобы удерживать их в нынешнем состоянии. Если бы люди сумели увидеть свое истинное положение, если бы они осознали весь его ужас, они ни секунды не смогли бы оставаться там, где находятся. Они стали бы искать выход из положения и очень скоро нашли бы его, ибо выход есть; но людям не удается увидеть его, потому что они загипнотизированы. А кундалини — это как раз та сила, которая удерживает их в гипнотическом состоянии*».

Наше сознание ограничено рамками личности. Эти рамки мешают, не хватает воздуха. Нам душно в пузыре эго. Мы бунтуем, стараясь вырваться наружу. Не понимая, что на уровне эго это невозможно. По рукам и ногам нас вяжет бытие. Как живем, так и мыслим.

Сознание определяет образ жизни и бытовые условия. Не сознание определяет бытие, а бытие ограничивает сознание.

Чтобы понять, какой человек, исследуйте его бытие, поведение в быту. Не на публике, а в обычных повседневных условиях.

Что такое кундалини? Это гипнотическая сила, заставляющая воображать. Змея, нашептывающая в левое ухо свои установки. С помощью кундалини рождаются образы, формируются представления. Не общие представления, а свои собственные. Кундалини рождает внутри целый мир, наполненный образами.

С реальностью эти представления не имеют ничего общего, они совершенно оторваны от действительности.

Мы обо всем имеем собственные представления. Живем в пузыре, полном иллюзий. Что такое иллюзия? Это обман чувств, нечто кажущееся, чего не существует в реальной действительности. Наши представления обо всем — это сплошные иллюзии, обман и то, что кажется.

Встречая человека, мы знакомимся с ним, и нам кажется, что он такой-то и такой-то. Потому что производит такое впечатление. В нашем воображении возникает образ, наше представление о нем.

Мы не думаем о том, что искусственный образ создан специально, чтобы нас обмануть, ввести в заблуждение.

Кундалини создает и поддерживает подобные образы, ловко манипулируя людьми. У каждого есть свой, оригинальный образ, созданный силой кундалини. Этот образ — наша личность.

Хитрость состоит в том, что мы не знаем о наличии образа. Мы не замечаем личность, словно ее нет. Таковы особенности гипнотического транса, в котором пребываем.

На арене жизни царствует ахамкара, а мы находимся в прострации, ни о чем не подозревая.

Мотивы поведения скрыты. Мы что-то делаем, не совсем понимая что или совсем не понимая. В таких случаях говорят, что у каждого свои тараканы в голове.

Гипнотический сон и игра воображения делают свое дело. Человек живет в плену собственных представлений, заключая себя в иллюзорный мир, далекий от действительности.

Если что-то происходит, мы видим не происходящее, а наши представления о нем. Любое событие интерпретируется, как мы привыкли. Главное — не нарушать привычного течения. Сила кундалини найдет любое объяснение, лишь бы сон продолжался.

Объяснение должно укладываться в рамки привычных представлений. Дабы не помешать стабильному течению иллюзорной жизни.

Происходящее должно вписываться в систему взглядов гипнотического мировоззрения. Чтобы событие не мешало «спать» и не звенело в ушах, как будильник.

То, что не вписывается в систему представлений, мы торопимся отвергнуть, предать анафеме. Оно раздражает и злит, мешая жить во сне.

Сила кундалини зорко следит за приходящим в нашу жизнь, быстро отметая «неформат». «Неформат» существует не только на радио и телевидении, масштабы происходящего гораздо шире.

К «неформату» в этом мире относится настоящее, подлинное. Кундалини истина не нужна, она мешает сну человечества. Настоящее подменяется искусственным, механическим. Мы не должны жить по-настоящему, только как куклы, механически.

Пока живем механически, гипноз продолжается. Подмена, имитация всегда приветствуются. Не надо жить, надо делать вид. Не надо чувствовать, надо делать вид. Не надо понимать, надо делать вид.

В этом мире надо изображать, лукавить и обманывать. Тогда будем в фаворе. Тогда все получится.

Если говорить правду, станем «будильником». Начнем мешать, раздражать, нарушать сон. Спасибо никто не скажет. А кундалини обрушится на нас с удвоенной силой.

Наткнувшись на всеобщее «непонимание», мы поспешим «заснуть», став такими, как все.

Как люди, мы периодически «просыпаемся», взволнованные и растроганные человеческими проявлениями. Мы видим их глубину и хотим любви. Но редкие островки духа тонут в океане всеобщего сна.

Сила кундалини — это животная сила, низшая природа, которую надо преодолеть, вырасти из нее. Надо стать сильнее, это единственный выход.

11. ПРОБУЖДЕНИЕ

«Пробудиться» — значит выйти из состояния гипноза. В этом и состоит главная трудность — но в этом же и гарантия возможности пробуждения, так как органических причин для сна нет, и человек может пробудиться».

«Конечно, большинство спящих людей скажут, что у них есть цель, что они куда-то идут. Понимание человеком того факта, что у него нет никакой цели, что он никуда не идет, — вот первый признак приближающегося пробуждения, признак того, что пробуждение для него возможно. Оно начинается тогда, когда человек понимает, что он никуда не идет и не знает, куда идти».

Самая большая трудность — сознаться в том, что ничего не знаем, никуда не идем, не представляя, куда идти.

Пойди туда, не знаю куда, принеси то, не знаю что. Неведение, прострация и каша в голове — наше обычное состояние.

Да, мы что-то делаем, постоянно что-то делаем. Но это что-то сводится к инстинктивному выживанию. Мы выживаем как физические тела. Как физические оболочки, мы исправно функционируем, ходим на работу, спим, едим, размножаемся. Но не более того.

А есть что-то еще, кроме ежедневной борьбы за выживание? Наверное, есть, но мы ничего об этом не знаем.

Помимо тела, имеется личность. Она считает, что знает достаточно. А если не верите, личность будет доказывать, что у нее есть цель и полный набор аргументов. Даже не понимая, о чем идет речь, она будет доказывать, что у нее это есть. И не потому, что это действительно есть, а потому, что посмели в ней усомниться.

Больше всего личность не любит, когда сомневаются в ее способностях.

Личность создана кундалини — силой воображения, она боится разоблачения обмана.

У нас внутри присутствует страх. Мы не знаем, кто мы, но скрываем на всякий случай. Боимся, что люди узнают правду — мы не те, за кого себя выдаем. Тот же страх мешает разобраться в себе. Могут всплыть постыдные наклонности. Что о нас подумают?

Страх парализует стремление пробудиться, не хватает мужества честно посмотреть себе в глаза.

Мы не против заняться собой, разобраться, разложить все по полочкам. С толку сбивает ложная личность. У нее много желаний, она торопится их реализовать. Личность боится — разобравшись, мы отметем ее желания как ложные.

Именно личность со своими желаниями удерживает нас в состоянии сна. Она за все цепляется, рассеивая внимание, мешая собраться и прийти в себя. Нам трудно сосредоточиться, мы заняты гонкой за «счастьем».

Подлунный мир полон соблазнов, а личности всегда чего-то не хватает. Мы думаем, устроив быт и найдя партнера, мы обретем «счастье». Но гонка за благополучием лишь усиливает гипноз, а подобные «цели» приводят к укреплению сна.

Трудно не уснуть, если хочется спать. Еще труднее проснуться, если сон не отпускает. Иногда мы видим жуткие сны, когда нам страшно, мы кричим, а сон держит. Там во сне над нами нависла опасность, а мы бессильны. Руки и ноги не работают, голос беззвучен. Что-то похожее с подлунным миром. Этот сон нас захватил. Тут много всего, что удерживает.

Мы не хотим просыпаться, сон нам нравится. Мы видим его в радужном свете, мы полны розовых иллюзий. Кундалини делает свое дело, наполняя сон надеждами и мечтами.

Положение осложняется тем, что гипноз продолжается, он не исчезает. Мы можем очнуться на какое-то время, что-то заметить, а потом засыпаем вновь.

Гипноз связан с нашим состоянием. Мы привыкли жаловаться на жизнь, но жизнь тут ни при чем. Гипноз действует не потому, что жизнь такая, он действует потому, что мы такие. Нам всегда чего-то не хватает, а дело не в том, что не хватает. Дело в том, что много лишнего. Вместо того чтобы избавиться от лишнего в себе, мы стремимся набрать лишнего снаружи. Лишнее внутри притягивает лишнее снаружи.

Мы думаем, счастье связано с накоплением. Слушая эго, мы хватаем все подряд, надеясь поймать счастье. Но наш случай особый, мы околдованы, нельзя действовать механически. Надо думать и разбираться в механизме.

Счастье связано не с накоплением, а с избавлением. Не с поглощением, а с концентрацией. Надо сосредоточиться на главном, а не хвататься за все подряд.

Счастье — это освобождение. Избавление от того, что связывает по рукам и ногам, мешает двигаться и развиваться. Мы увязли в трясине, опутаны и слабы. Мы едва живы. И думаем, что в таком состоянии можно найти счастье.

Органических причин для сна нет. Пробуждение возможно, если поймем, что спим и не там ищем. Если поймем, что стать счастливым, находясь во сне, невозможно.

Личность считает иначе. Она навязчива и самонадеянна. Она продолжает нас дурачить. Личность можно напичкать знаниями, но для чего они во сне? Можно сделать личность успешной и богатой, но зачем богатство тому, кто спит?

«Не собирайте себе сокровищ на земле, где моль и ржа истребляют и где воры подкапывают и крадут, но собирайте себе сокровища на небе, где ни моль, ни ржа не истребляют и где воры не подкапывают и не крадут, ибо, где сокровище ваше, там будет и сердце ваше» (Евангелие от Матфея, Гл. 6).

12. ИСКУССТВЕННЫЕ ПРИСПОСОБЛЕНИЯ

«И забываете главное — что с самого начала работаете вовсе не с прекрасной, чистой и новой машиной. За вами стоят долгие годы неправильной и безрассудной жизни, потворства всевозможным слабостям, безразличия к собственным ошибкам, стремления закрыть глаза на неприятные истины, постоянной лжи самим себе, самооправдания, порицания других и так далее и тому подобное. Все это не может не подействовать на машину. Машина стала грязной, местами заржавела; кое-где в ней появились искусственные приспособления, необходимые из-за ее неправильной работы».

«Эти искусственные приспособления будут теперь сильно мешать вашим благим намерениям. Они называются буферами. Причина их появления — наличие внутри человека многих противоречий — во мнениях, чувствах, симпатиях, словах и поступках. Если бы в течение своей жизни человеку приходилось ощущать все свои внутренние противоречия, он не мог бы жить и действовать так спокойно, как сейчас».

Мы хотим пробудиться, но забываем главное — долгие годы хаотичной, «беспробудной» жизни сделали свое дело — человеческая машина исковеркана.

Прочитав одну из моих книг, люди хотят узнать свой звездный тип. И как можно скорее, словно это гороскоп в глянцевом журнале. Желание хорошее, но недостижимое на их уровне бытия.

Механический уровень снабжает нас другим типом, типом ложной личности, который соответствует понятию восходящего знака (асцендента) в астрологии.

Обычно я предлагаю найти тип самим, чтобы понять, насколько это сложно.

Казалось бы, что тут трудного, понаблюдать за собой в определенные дни? Но для многих это становится непосильной задачей, она ложится на них тяжким бременем.

Люди настолько срастаются с ложным образом, что ни на секунду не могут из него выйти. Человеческая машина оказывается безнадежно испорченной. Долгие годы лжи, самообмана, потворства слабостям делают свое дело. Мы привыкаем не обращать внимания на странности и противоречия своего поведения. Мы привыкаем говорить одно, а делать другое, обвинять других, не замечая за собой. Мы привыкаем чем угодно оправдывать свою слабость.

Годами человеческая машина работает неправильно, закрепляя уродливые схемы поведения. Ранее считавшееся неприемлемым становится нормой. Нравы в обществе регулярно меняются, порой доходя до абсурда. Чтобы это вынести, в людях возникают искусственные приспособления.

Надо как-то выживать в безумном сне, каким является внешний мир. Надо умудриться не сойти с ума. В людях образуются буфера — защитные барьеры в виде островков, соединяющих в себе несовместимые вещи.

Подлунный мир — это долина смерти, где все рушится, страдает и умирает. Разрушительный процесс завораживает, он действует гипнотически. Смерть вовлекает нас в безжалостные игры. Забыв себя, мы поддаемся гипнозу смерти.

Мы думаем, мы — тело, а тело живет недолго. Мы думаем, мы — душа, живущая под страхом смерти. От страха и жалости к себе в нас образуются буфера. Считая себя телом и душой (психикой), мы ошибаемся. Эти выводы продиктованы личностью, которая является ложной. На них основана наша жизнь. Куда ведет образ жизни, основанный на ложных представлениях?

Благодаря буферам мы живем в иллюзиях. Буфера делают возможным невозможное, совместимым несовместимое. Буфера позволяют оставаться ангелами внутри, а снаружи превращаться в демонов. Что становится главным противоречием нашей жизни.

Проявляя двойственность, мы теряем единство. С ростом личности внутри растет пропасть. Мы разделяемся на два существа, истинное и ложное. Ложное вырастает само, под давлением внешнего мира. Мир требует быть как все, что не всегда возможно. Духовная сущность на порядок выше обитателей подлунного мира, она не может вести зверо-подобный образ жизни.

И тогда внешний мир выращивает в нас личность, надеясь с ее помощью закабалить сущность. Процесс начинается в юном возрасте, когда мы глупы и неопытны.

Личность является одним большим буфером, с его помощью иллюзорный мир вовлекает нас в свои дьявольские игры. Нам некуда деваться, мы играем, ничего не понимая. Медленно, но верно увязая в трясине лжи и обмана. «Коготок увяз — всей птичке пропасть». Мы думаем, это понарошку, как во сне. Сон закончится, и все будет в порядке. Мы проснемся, страшный сон будет позади, а вместе с ним и жизнь в ложной личности, где мы все время лгали, обманывали, притворялись. Мы же хорошие, это сон плохой!

Как ни обманывай себя, за ложное придется заплатить. Спектакль отыгран, наша роль в нем очевидна — ложная личность. Ложь и обман не останутся без последствий.

Ложь выглядит правдоподобной благодаря буферам — искусственным приспособлениям. Мы чувствуем, что с нами что-то не так. Узнать правду мешают буфера, они соединяют в сознании несовместимые вещи. Благодаря этим связкам мы засыпаем. Не в силах совладать с противоречиями, ум отключается. Так бывает, когда ребенок испытывает сильнейшее потрясение. Срабатывает защитный рефлекс. Не справляясь с противоречивой информацией, сознание отключается. Проще не думать, чем ломать голову. Спасают буфера, они глушат явные нестыковки в сознании. Не в силах понять, что происходит, с помощью буфера находится более-менее разумное объяснение. Не получается построить нормальную экономику — виноваты враги.

Буфера оберегают наш сон, делая правыми в любых ситуациях. Что нам волноваться, мы всегда правы!

13. ВСЕ БУДЕТ ХОРОШО!

«Если бы человек почувствовал все эти противоречия и осознал бы, что он такое на самом деле, он ощутил бы, что сходит с ума. Не всякому приятно воспринимать себя безумным. Уничтожить противоречия человек не в силах. Но если в нем созданы „буфера", он перестает чувствовать эти противоречия и не ощущает ударов от столкновений противоречивых взглядов, противоречивых эмоций, противоречивых слов».

„Буфера" убаюкивают человека, погружают в сон, навевают приятные и мирные ощущения того, что все будет хорошо, что никаких противоречий нет, что он может мирно спать. „Буфера" — это такие приспособления, при помощи которых человек всегда может оставаться правым. „Буфера" помогают человеку не замечать своей совести».

Не желая ничего менять, мы выстраиваем целую систему взглядов, лишь бы все оставалось по-прежнему. Наше мировоззрение основано на убеждении, что мы — венцы творения, разумные человеческие существа. Воспринимая это как данность, изначальную обусловленность, можно не думать на эту тему. Наш вид — гомо сапиенс, мы яркие представители этого вида, неужели непонятно?

Противоречия нам не нужны, мы закрываем на них глаза. Что тут выяснять? Мы — люди и ведем себя соответственно.

Бегство от противоречий рождает механического человека.

Стараясь не замечать очевидное, мы засыпаем, восприятие становится механическим. Если не задумываться, а действовать инстинктивно, жить становится проще. Надо выживать, детей растить, а не ломать голову над смыслом жизни. Упрощенный подход рождает простые решения. Кто не ищет подлинного, довольствуется механической подделкой.

Механическое правдоподобно, по форме оно выглядит как настоящее. Мы смеемся, когда не смешно. Хочется смеяться, а не получается, не до смеха. В итоге смех становится механическим, искусственным и вымученным.

Мы хотим любить, а не получается. В нас нет любви. Мы стараемся, делаем вид, что любим, но любовь получается механической, вымученной.

Мы желаем добра, стараемся, но в нас нет добра. В итоге добро оборачивается злом.

«Порождения ехиднины! Как вы можете говорить доброе, будучи злы? Ибо от избытка сердца говорят уста» (Евангелие от Матфея. Гл. 12).

Мы не замечаем подобных превращений. Пока существуют буфера, мы все видим наоборот.

Разница между подлинным и механическим не велика. По форме они похожи, содержание разное. Подлинник и подделку отличит не каждый. Находясь в ложной личности, трудно судить об истине. Она и не нужна, мы думаем, что все вокруг — настоящее.

Неведение делает нас простодушными болванами. Мы ничего не замечаем, а буфера помогают находиться в забытьи и прострации.

Что вы будете делать, если увидите — человек серьезно болен, у него жар, лихорадка и бред?

Надо принимать экстренные меры, вызывать врача, ставить диагноз, проводить курс лечения. Иначе больного можно потерять.

Является ли психически здоровым человек, который притворяется, лжет и лицемерит? Кто скажет, что он болен?

В человеческой среде это норма. Никто не станет принимать меры, вызывать врача и ставить диагноз.

Эго и окружающий мир действуют на человека противным образом. Его убеждают, что он здоров, а жар, лихорадка и бред — обычное рабочее состояние. Притворяться, лгать и лицемерить — нормально.

Личность согласна на любой обман, лишь бы настоять на своем мнении, добиться, протолкнуть свою версию. Она убеждена, что права. Убежденной ее делают буфера, закрепляя это бредовое, болезненное состояние.

Мы не замечаем, что больны, что у нас жар. Мы лихорадочно отстаиваем свою правоту. Нам кажется, что мы правы.

Буфера закрепляют болезнь, никто не думает об исцелении. Мы бредим наяву, преподнося свой бред как откровение.

Игра воспаленного воображения приравнивается к гениальности. Чем более безумен «гений», тем больше фанатически преданных поклонников. Они потому так преданны, что «гений» дает добро на безумие.

Раз уж «гений» совершает безумные поступки, можно и простым смертным. Буфера устраняют в человеке любые барьеры, рамки и ограничения. Человеческие, нравственные, духовные. Что бы мы ни делали, ни вытворяли — все будет хорошо!

И люди творят все, что приходит в голову!

Буфера делают нас механическими куклами. Постепенно, шаг за шагом, подменяя человеческое механическим. Быть человеком трудно. Живое сердце чувствует боль. Что делать, когда боли и страданий выше крыши? Избегая боли и страданий, мы создаем в себе буфера, которые делают нас куклами.

Куклы не чувствуют боли, у них низкий порог восприятия. Мы выбираем кукольную жизнь, живому предпочитая механическое. Лишь бы не было больно.

Бегство от боли заводит в тупик. Бегство от внутренних противоречий превращает в бесчувственных кукол.

Не чувствуя ничего — ни боли, ни радости, ни мук, ни удовольствий, мы превращаемся в живых мертвецов.

Буфера погружают в сон, мы засыпаем, будучи уверены, что все хорошо. На все воля Бога! Мы приплетаем волю Бога, когда идет нестыковка того, что говорим, с тем, как поступаем. Буфера помогают во всем видеть волю Бога, даже там, где ее нет.

14. В ИНТЕРЕСАХ ДОБРА

«Можно сказать, что для субъективного человека зло вообще не существует, а существуют только разные понятия добра. Никто никогда не действует намеренно в интересах зла и ради самого зла. Каждый действует в интересах добра, как он его понимает. Но каждый понимает его по-разному. И в результате люди топят, уничтожают, убивают друг друга в интересах добра. Причина все та же: людское незнание и тот глубокий сон, в котором пребывают люди».

«Если человек понимает, что он спит, если он желает пробудиться, тогда все, что помогает ему пробудиться, будет добром, а все, что препятствует ему в этом и удлиняет его сон, будет злом».

Спросите у маньяка, во имя чего содеяно зло? Он скажет, что очищал мир от заразы, люди неправильно себя вели. Так ему показалось, и он решил их убить. В интересах добра, как он его понимает.

Мы действуем по правде и справедливости, но правда и справедливость у каждого своя. Кому-то кажется несправедливым, что он беден, а другой богат.

Кому-то кажется несправедливым, что он не очень умен, а вокруг столько умников.

Понятия добра, правды и справедливости каждый интерпретирует в собственных интересах. В результате люди убивают друг друга из самых добрых побуждений, а зла как такового нет.

Но кто же будет убивать, находясь в здравом уме? Адекватный человек на убийство не способен.

До какого состояния нужно дойти, чтобы начать убивать людей? Это состояние — глубокий гипнотический транс. Когда человек невменяем и не помнит себя, он не ведает, что творит.

Буфера и гипноз делают возможными любые преступления. Но речь не только о преступлениях. Обычное поведение обычного человека тоже небезобидно. Действуя механически в интересах добра, мы удивляемся злу, полученному в ответ.

Почему? За что? Мы же действовали в интересах добра! Как мы его себе представляем. Но наше «добро» почему-то оказалось злом. Мы получили его в ответ.

Испанские конкистадоры действовали «в интересах добра», когда захватывали и порабощали коренное население Южной Америки. Не менее «благородными» были Крестовые походы. История человечества пестрит «благородными» завоеваниями.

Наша готовность «творить добро» говорит за нас. Она свидетельствует о нашем состоянии. Мы не сомневаемся в своей правоте, мы уверены: наши порывы благие.

Кто внушает нам такую уверенность? И куда ведет дорога, что вымощена благими намерениями?

Кундалини — сила, удерживающая нас в привычном состоянии. Находясь в этом состоянии, мы ничего не боимся, чувствуем уверенность и силу. Эта сила животного происхождения, она правит через инстинкты. Это никого не смущает, мы активно соревнуемся в своей удали.

Здесь прав тот, у кого больше сила, кто вообразил больше всех. Вообразил и начал действовать.

Можно вообразить себя кем угодно. Кундалини будет потворствовать любым фантазиям.

Можно вообразить себя львом, орлом, волшебником. Вообразить и начать действовать. И даже прожить жизнь в ложном образе, в тумане иллюзорных представлений.

Иллюзии иллюзиями, а оплата услуг неизбежна. За буйное воображение и болезненный бред придется платить.

Технология проста. Мы не являемся целостными, мы — лебедь, рак и щука. Думаем одно, говорим другое, делаем третье. С такими противоречиями мы легкая добыча темных сил. В нас много механического и почти ничего — своего. Воображая себя одним и формально становясь им, на деле мы будем превращаться в другого. Потому что есть разница между тем, что мы думаем, говорим и делаем.

Эта разница превратит нас в лживых лицемеров. Мы не заметим, как станем ими.

Дороже всего стоит механическое, что случается само.

За видимой легкостью скрыт дьявольский механизм, ловко втягивающий в свои игры.

Нам нравятся подарки, мы любим, когда везет, когда легко и не надо прилагать усилия. Мы быстро привыкаем ловчить, лукавить и лгать. Конечно, в интересах добра, кто бы сомневался.

Со времен Адама и Евы змея Кундалини позволяет нам все, запретов нет. Вкушайте, наслаждайтесь, плодитесь, размножайтесь. Лишь одно не смейте — пробуждаться.

Пробуждение понимается как расширение сознания, выход за рамки эго. Пока мы остаемся эгоистами, думаем только о себе, нами довольны. Пожурят немного, надают тумаков, но это ничто по сравнению с удавом Кундалини, когда дьявольская машина направлена против нас.

На то и Четвертый путь, чтобы перехитрить грубо работающий механизм животной природы.

Такова ее задача — без конца снабжать низменными инстинктами. Хотим мы или нет, такова низшая природа. Она требует с ней считаться.

В каждом из нас есть механизм, с помощью которого Кундалини удерживает дух (сущность) в беспомощном состоянии. Дух подавлен, а балом правит ахамкара. Если говорить о добре и зле, удерживать под гипнозом — зло, а помогать пробудиться — добро.

15. УЖАС АВТОМАТИЗМА

«Пробудиться — значит осознать свое ничтожество, т.е. осознать свою полную и абсолютную механистичность, полную и абсолютную беспомощность. Недостаточно понять это философски, на словах. Необходимо понять все на ясных, простых и конкретных фактах из собственной жизни».

«Когда человек начнет узнавать себя, он увидит в себе много такого, что приведет его в ужас. Пока человек не пришел от себя в ужас, он ничего о себе не знает».

«Но вот человек увидел в себе нечто, вызвавшее в нем ужас. Он решает отбросить это качество, прекратить его, положить ему конец. Однако сколько бы усилий он ни предпринимал, он чувствует, что не в состоянии ничего сделать, и все остается таким, каким было. Здесь он увидит свое бессилие, свою беспомощность, свое ничтожество».

Настоящая жизнь начинается с пробуждения. Странное существование в гипнотическом сне вряд ли является полноценной жизнью. Этот мир так устроен, что трудно отличить спящего от пробужденного. Можно видеть пробужденного и принять его за спящего. И наоборот, спящие кажутся пробужденными, не понимая, что продолжают спать.

Существуют признаки, по которым можно отличить пробужденного. Эти признаки понятны пробужденным.

Пробуждение — это драма. Мы пробуждаемся не для того, чтобы стать важным Гуру, который всех поучает. Это особенность спящих. Их выдает стремление произвести впечатление, захватить в плен и не отпускать.

Пробуждение — это шок. Внезапно открывается истина. И все, что казалось настоящим, в один миг становится ложным. Привычный мир рушится на глазах. Он оказывается иллюзорным.

Пробуждение — это переворот. Мы просыпаемся в другом мире. То, что казалось белым, оказывается черным. Мир утрачивает краски, он бледнеет, становится блеклым и невыразительным.

Мы видим, что многое казалось. Мы многое придумали, в действительности этого нет. Мы жили в ярком, красивом сне. Он исчез, а то, что осталось, не выдерживает критики.

Что произошло? Почему мы спали наяву? Не замечая обмана, притворства и лжи. Кто устроил маскарад? Кто «виновник торжества»?

Испытывая негодование, я заметил тень, она промелькнула и спряталась. Что это было? Странное существо животного происхождения.

Его зовут ахамкара, ложное эго. Тот, кто делает нас машиной, превращая в механическую куклу.

Пробуждение начинается с осознания. Это важно — увидеть подлинную картину, свое реальное положение.

Мы считали себя людьми, а оказываемся безвольными марионетками, подчиненными неведомой силе.

Это отрезвляет, приводит в чувство, дает точку отсчета. Мы видим, мы — никто, жалкая беспомощная кукла, не представляющая никакой ценности. Нас используют и выкинут на помойку, как отработанный материал.

Чтобы начать бороться, надо осознать свою полную и абсолютную механистичность, увидеть себя слепой, тупо работающей машиной. Запала не хватит надолго, если не осознать главного — жуткую беспомощность.

Мы становимся настоящими, когда испытываем настоящие чувства. Шок и потрясение. Кукольные страсти не подходят, они поверхностны.

Надо дойти до дна, до максимальной глубины. Без осознания своего ничтожества, ужаса и шока мы не проснемся.

Как и все другое, пробуждение можно имитировать. Описывать фантазии желающих много. Фантазии не нужны, нужны факты. Ясные, простые и конкретные факты из собственной жизни.

Есть сотни книг, где авторы описывают чужой опыт. Как и что надо делать. Цитирование чужого опыта ничего не даст, нужен собственный.

Пока человек не пришел от себя в ужас, он ничего о себе не знает.

Есть вещи, которые надо пережить. Они нужны, чтобы очнуться, выйти из прострации и небытия.

Мы не сдвинемся с места, пока не увидим себя в истинном свете. Я был в ужасе, увидев тайну своего бытия. Поспешив исправить, обнаружил, что не могу. Все работало само, автоматически. Тело двигалось само, душа (психика) работала сама. Мир вокруг жил сам по себе. Единственное, что я мог, — наблюдать, быть свидетелем. Тело двигалось, им кто-то управлял, но это был не я. Тогда кто же я, если все происходит само? Что я тут делаю?

И снова был ужас, подобный тому, когда во сне мы оказываемся непонятно где. Что-то происходит вокруг, мы обездвижены, и нас никто не слышит. Надвигается катастрофа, мы чувствуем, что летим в пропасть, а сил спастись нет, полная и абсолютная беспомощность.

Чтобы осознать трагизм своего положения, нужны факты. Осознание ужаса ситуации станет толчком для стремления выжить. Выжить вопреки обстоятельствам. Выжить, чтобы родиться вновь.

16. УМЕРЕТЬ И РОДИТЬСЯ

«Человек способен родиться; но, чтобы родиться, он должен сперва умереть; а прежде чем умереть, ему необходимо пробудиться».

«Когда человек пробудится, он может умереть; а когда он умрет, он способен родиться».

«„Пробудиться“, „умереть“, „родиться“ — вот три стадии, следующие одна за другой».

«Человек должен умереть, т.е. освободиться от тысячи мелких привязанностей и отождествлений, которые удерживают его в том положении, в котором он находится. Он привязан ко всему в своей жизни — к своему воображению, к глупости, даже к страданиям; возможно, к ним он привязан больше, чем к чему-либо».

Истина — вот настоящая цель. Она спрятана в каждом. В первую очередь нужна истина. Тогда будет точка опоры. Ничего не выйдет, пока не найдем истину. Здесь не помогут деньги, власть или слава, необходимы личные усилия.

Философский камень — это истина, с ее помощью все превращается в золото. Волшебная палочка — это истина, она способна оживить механическую куклу, сделав настоящим человеком.

Истина не нужна тем, у кого «все есть». Они собирают игрушки внешнего мира и гордятся собой. Прах собирает прах. Немногие способны постичь истину.

Человек может родиться свыше, но прежде он должен пробудиться. Пробудиться, увидеть реальность и умереть. Звучит страшновато, но такова истина. Она не будет проводить рекламные кампании и заигрывать, стремясь понравиться. Она не зависит от нашего расположения. Ей все равно, хотят ее найти или нет. Истина принадлежит вечности, она была, есть и будет. А что такое мы, люди?

Самонадеянные призраки, живущие в плену бредовых фантазий. Пустые физические оболочки, возомнившие себя хозяевами подлунного мира. Механические куклы, безумные и жестокие, все разрушающие на своем пути.

Чтобы увидеть, что мы такое, надо пробудиться. Увидев этот позор, мы захотим умереть. Умереть на одном уровне бытия, чтобы родиться на другом.

Пробудиться и умереть — эти стадии связаны, одна следует за другой. Пробуждение рождает желание умереть. Увидеть эго и умереть. Умереть в эго, чтобы родиться в духе. Пробуждение не будет полным, если нет желания умереть.

Желание умереть вызывает желание возродиться. Если нет желания умереть, возрождения не будет.

Пробуждение обнажает истину, мы видим по-другому, в истинном свете. Видение реальности вызывает желание освободиться от ложного, пустого и фальшивого.

Долгое время мы бродили во тьме, не зная истины, воображали, строили иллюзии. Думали одно, оказалось другое. Наши представления о себе, о людях и мире оказались надуманными. От заблуждений надо избавиться. Не отбросив ложное, не обретешь истинное.

С внешним миром нас связывают тысячи невидимых нитей. В нем укоренилась наша личность, она не собирается сдавать позиции. Ложный образ вырос и окреп, он живет своей жизнью, прекрасно себя чувствуя. Попробуйте его похоронить!

Ахамкара сидит на троне, там, где должен находиться дух. Не заметив подмены, мы долго растили самозванку — ложную личность. Мы думали, что мы — личность.

Пробуждение все расставило по своим местам. Открылась истинная картина бытия. С помощью гипноза ахамкара все прибрал к рукам.

Обман раскрылся; как прогнать негодяя, осквернившего нашу жизнь?

Положение сложное, долгое время мы не были собой. Думали, говорили и делали, как нашептывал ахамкара.

Находясь под гипнозом, мы исполняли чужую волю, считая ее своей. Без последствий не обошлось, всюду видны следы. Эго изрядно наследило, оставив после себя вредные привычки, репертуар фальшивых ролей, массу нелепых отождествлений.

Что делать с наследством? Избавляться, по мере возможности, «с почетом» похоронив заслуги ложного образа.

Для всего ложного мы должны умереть, разрушив ложные связи, ложные привязанности, ложные выводы, все механическое, что образовалось за годы правления ахамкары.

Избавиться от ложного непросто, крепко держит привычный образ жизни. Мы привязаны к воображаемому образу себя, к глупым представлениям и бесконечным страданиям.

Нам трудно смириться с тем, что наши страдания напрасны, они связаны с глупостью и упрямством ложной личности. Вместо того чтобы страдать, давно следовало разобраться.

В страданиях нет смысла. Мир справедлив и совершенен. Несовершенно наше сознание.

17. ГОВОРИТЬ ПРАВДУ

«Вообще говоря, самой трудной преградой является победа над ложью. Человек лжет так много и так постоянно и себе, и другим, что перестает это замечать. Тем не менее ложь необходимо победить».

«Говорить правду — самая трудная вещь на свете; и для того чтобы говорить правду, необходимо долго и много учиться. Одного желания здесь недостаточно. Чтобы говорить правду, нужно знать, что такое правда и что такое ложь — прежде всего в самом себе. А знать это никто не желает».

Что такое современный человек? Продукт стечения обстоятельств, в ком нет ничего настоящего, одни механические подделки. Всем заправляет рынок, рыночный спрос.

Для выживания в рыночной среде нужна востребованность. Ее не будет, если не соответствовать формату. Чтобы быть как все, приходится лгать. Правила игры диктует среда. Их принимают или оказываются за бортом.

Самопознание начинается с правды о себе. На каком-то этапе возникает желание узнать правду. Оно приходит, когда обманывать себя и других нет сил.

Обычно мы притворяемся, делая вид, что все знаем. Притворяемся, а потом и в самом деле начинаем думать, что все знаем. Достаточно произвести определенное впечатление, немного слукавить, сделать вид. Мы не знаем наверняка, у нас одни предположения. Нам кажется, что знаем достаточно, а углубляться необходимости нет.

Правда или обман? Непростой выбор встает перед нами в подростковом возрасте. Жить как все или искать правду? Протест или конформизм? Поиски начинаются с внешнего мира. Мы ищем там правду, но не находим. Никто не желает жить по правде. Она никому не нужна. Все заняты тем, что скрывают правду друг от друга. Никто не хочет знать правду. Интересна правда о других, но только не о себе. Никто не желает знать правду о себе.

Почему? Почему мы боимся правды о себе?

Причины есть, с годами их становится больше. В подростковом возрасте нечего терять. Знакомство с правдой только предстоит, и нам не страшно. Мы мало знаем о жизни, а впереди маячит нелегкий путь познания добра и зла.

Мы хотим найти правду, но поиск начинаем механически, с того, что перед глазами. Мы ищем правду во внешнем мире, а что там можно найти? Мы ищем правду в других людях, а они ищут ее в нас. Так и живем, «помогая» друг другу найти правду. Чужая ложь бросается в глаза, а для своей всегда есть оправдание. Но как отличить правду от лжи в других, если не знаешь, где правда и ложь в себе?

Не зная правды в себе, мы ищем ее в других. Начать надо с себя. Найти правду и ложь, отделив одно от другого.

Не разобравшись, не проведя работы над собой, невозможно понять правду в других.

Говорить правду — задача не из легких. Позади много лет лжи и обмана. Мы вырастили целую личность, чтобы было удобнее лгать. Теперь мы — личность, но правды больше не стало. Наше состояние таково, что мы не понимаем, для чего нужна правда.

А тех, кто говорит правду, или считает, что говорит правду, мы не одобряем. Эти баламуты нарушают покой, они мешают нам «спать».

Прошли те времена, когда мы искали правду. Теперь она раздражает, правда тревожит наш «сон».

Можно назвать это — «привычное состояние сознания». Вместо правды мы обрели «привычное состояние сознания» и не хотим его покидать. Находясь в этом состоянии, мы испытываем относительный покой. В таком положении точки сборки буфера окружают нас со всех сторон.

Это состояние обманчиво, но ничего лучше мы не нашли.

«Привычное состояние сознания» — это глухая защита ограниченного ума, все схемы которого давно известны. Происходит лишь то, что должно, остальное отметается. Если кто-то попробует нарушить режим, изменив привычную схему, сработает защитный барьер.

Мы просто не замечаем того, что не входит в круг интересов «привычного состояния сознания». Когда разговариваешь с таким человеком, возникает ощущение, что он «отсутствует». Вместо него кто-то заученно отвечает, словно робот, а сам человек «спит».

«Привычное состояние сознания» многослойно. Если поставить цель вывести кого-то из этого состояния, добиться результата сложно. Разрушив один слой, вы обнаружите другой. За другим слоем последует третий и т.д.

И все-таки говорить правду необходимо. Какая бы она ни была. Пусть мало желающих, но это — единственное, что имеет смысл.

С правды о себе начинается истина.

«Привычное состояние сознания» в правде не нуждается. В «привычном состоянии сознания» человеку «все известно», он готов делиться своими «знаниями».

«Привычное состояние сознания» напоминает испорченный телефон. Что ни говори, нас не слышат. Связь односторонняя, мы слышим, а нас не слышат. Человек на другом конце погружен в свое эго, разговаривая «во сне», он слушает и слышит ахамкару. Присутствует ощущение, что говоришь со спящим.

18. БЫТЬ ИСКРЕННИМ

«Люди не понимают, какое огромное место в их жизни занимает ложь, хотя бы в виде сокрытия правды. Люди не в состоянии быть искренними ни с собой, ни с другими. Они даже не понимают, что научиться быть искренними, когда это необходимо, — одна из самых трудных вещей на земле».

«Или же, начиная узнавать себя, человек видит, что у него нет ничего собственного, и все, что он считал своим — взгляды, мысли, убеждения, вкусы, привычки, даже заблуждения и пороки, — все это не принадлежит ему, а сформировалось благодаря подражанию или было заимствовано откуда-то в готовом виде. Поняв это, человек осознает свое ничтожество. Осознав свое ничтожество, человек увидит себя таким, каков он есть на самом деле».

Притворяться и делать вид мы учимся с детства. Иначе никто не оставит нас в покое. Родители и школа требуют соответствия. В голове у каждого взрослого, с кем приходится иметь дело, складывается о нас определенное впечатление. У каждого на наш счет заготовлен образ, он у всех разный, согласно их представлениям.

Родители и учителя, каждый на свой лад, лепят из нас то, что им нравится. И каждому образу надо соответствовать. Приходится притворяться, что-то изображать, лишь бы взрослые были довольны.

Мы не хотим огорчать родителей, стараемся угодить учителям. Они желают нам добра, согласно своим представлениям.

А мы привыкаем лгать из лучших побуждений. Нас хотят видеть одними, а мы другие. Нас учат одному, нам нравится другое. Чтобы все были довольны, мы делаем вид, выкручиваемся, как можем.

Откуда берется ложная личность? Она растет в ответ на чаяния людей, желающих нам добра. В знак благодарности. Но где взять то, чего нет?

Единственное, на что мы способны, — создать видимость: пусть думают, что мы такие. Если им так хочется. Нам не жалко.

Сначала мы создаем обманчивый образ, как отражение чьих-то надежд. Потом образ растет сам, как снежный ком, катящийся с горы. Мы не замечаем, как становимся механическими, искусственными. А все свое, родное и естественное, отходит на второй план. Оно не пользуется спросом, мы прячем его внутри.

Сущность никому не интересна. Тем более поиски правды. Все ждут того, к чему привыкли. Новой порции привычной лжи.

Сорняк ложной личности растет быстро, мешая сущности проявить себя. Оставаясь невостребованной, она отстает в развитии.

Условия внешнего мира способствуют росту личности, а не сущности. Мы заимствуем чьи-то взгляды, вкусы, привычки, заводим похожие убеждения, лишь бы соответствовать, быть «своим». Подражая кумирам, берем у них все, даже пороки. Тут труда не требуется, дурные наклонности растут сами.

Не зная, кто мы и какие, собираем все, что понравится. Так формируется ложная личность.

Хочется отличаться, как-то проявить себя, но как это сделать? Мы долго подстраивались, стремясь соответствовать, оправдывая чьи-то ожидания. Личность стала матерой, многоликой. Широкий репертуар ролей, набор подходящих масок на все случаи жизни.

Мы их меняем, в зависимости от цели. У нас столько подходов. Проявляя изобретательность, личность добивается успеха. Достижения делают личность самодовольной, ее переполняет чувство важности.

Кому нужна правда, если всего можно добиться с помощью обмана?

Зачем искать себя, быть собой, если обманчивый образ приносит такие доходы?

Мы живем в обманчивом мире. Нам проще притворятся, чем быть собой.

Мы только притворяемся, что мы — люди.

Ложное состояние, в котором находимся, нас вполне устраивает. Мы не хотим задумываться и искать, мы хотим насладиться обманом.

Мы думаем, наша личность — что-то оригинальное, присущее только нам, но это не так.

Ложное эго заурядно. Как ни старайся, поведение эго всегда укладывается в схему. Мы обманываем по схеме. Поведение личности схематично, каким бы замысловатым и вычурным оно ни было. Эту схему можно раскрыть, а личность вывести на чистую воду.

Ложь неоригинальна. Не разобравшись в себе, мы делаем ставку на ложь, обманчивый образ.

Мы лжем механически, автоматом. Мы так привыкли лгать, что не знаем, как без этого жить.

Если убрать из жизни ложь, что останется?

Жизнь в подлунном мире иллюзорна, она подчинена надуманным и нелепым целям, оторванным от действительности. Обман и притворство везде и всюду. Мы так к этому привыкли, что не обращаем внимания, считая чем-то обыденным.

Мы не представляем, как можно жить по-другому. Мы не пробовали жить по-другому, считая кукольную жизнь настоящей.

Мы думаем, что мы — люди, но мы не люди, а всего лишь механические куклы. Наподобие кукол из сказки про Буратино. Наша кукольная жизнь проходит под плеткой Карабаса.

Деревянный мальчик Буратино приходит на помощь несчастным куклам. Он находит волшебный ключик, с помощью которого куклы могут попасть в другой мир, светлый и добрый.

С помощью ключика куклы могут ожить, стать живыми. Они могут превратиться в людей. Если перестанут лгать.

19. ПЕРЕСТАТЬ ЛГАТЬ

*«Наши друзья стали находить, что мы начинаем менять-
ся к худшему, стали менее интересными, чем прежде; нам говорили, что мы становимся бесцветными, как бы увядаем, теряем
свою былую непосредственность и восприимчивость, превращаемся в „машины“, перестаем оригинально мыслить и чувствовать».*

*«Понимаете ли вы, что это в действительности значит?
Это значит, что вы перестали лгать; по крайней мере вы не в
состоянии лгать так интересно, как раньше. Интересным человеком считается тот, кто хорошо лжет. А вы начали стыдить-
ся лжи. Вы уже способны признаться себе в том, что существует
нечто, чего вы не знаете или не понимаете, и вы не способны разговаривать так, будто знаете все обо всем».*

Весь мир — театр, а люди в нем — актеры. Такова реальность подлунного мира. Наши роли давно прописаны, а от того, как их исполним,
зависит наша судьба.

Мы не помним, какие роли играли раньше, в прошлых жизнях, но
то, что происходит сейчас, тесно связано с прошлым.

Здесь работает тонкий механизм оценки того, что мы успели на-
творить в предыдущей жизни. Наши «достижения» взвешиваются, и
с новым телом мы получаем точный противовес — груз нашей кармы.

Механизм воздаяния работает как часы, в него нельзя добавить или
убавить. Возвращают ровно столько, сколько мы «наломали». Механизм кармы работает автономно, Бог в этой процедуре не участвует.

Помимо тела нас снабжают душой (психикой) с готовым набором
черт и наклонностей. Этот набор мы проявили в прошлом, он стал ито-
гом той жизни.

Вместе с новым телом вырастает новая личность. Личность новая, а наклонности старые. Мы рождаемся другим человеком, а правит нами тот же ахамкара — ложное эго, которое сформировалось как результат прошлых жизней.

Ахамкара — наша судьба (карма), порой похожая на проклятие. Она не станет лучше, пока не разберемся с эго.

Ахамкара заставляет нас лгать. Ложь у нас разная. Иногда невольная, по недомыслию, в стремлении произвести впечатление. Иногда наивная, по простоте душевной. Но чаще по привычке, потому что так принято.

Ролей много, они разные, без обмана не обойтись. Репертуар восторга не вызывает, но мы играем — деваться некуда.

Механическая жизнь скучна; ничего не испытывая по-настоящему, всем приходится лгать, доказывая обратное.

Мы многое не понимаем, боясь в этом признаться. Не чувствуя ничего, мы это скрываем, создавая видимость.

Ахамкара — великий имитатор, он ловко создает иллюзию.

Человек — загадка, а мы ведем себя так, словно нам все известно. Создавать видимость — тактика ахамкары. Для эго это игра, хлебом не корми — дай себя показать.

Мы как артисты — хотим произвести впечатление, показаться лучше, чем есть на самом деле.

Интересным человеком считается тот, кто хорошо лжет. А мы хотим быть интересными. Хотим удивлять, потрясать, вызывать восхищение. Мы хотим, чтобы нас любили.

Кто будет любить того, в ком нет ни понимания, ни чувств? Кто будет любить бестолковую механическую куклу?

Поэтому кукла изображает стопроцентного человека, ловко имитируя все его проявления. Настоящее можно заменить поддельным и сделать так ловко, что никто не заметит.

Механический ум, механические эмоции, механический секс. Там, где есть ущерб и нет естественного, появляется искусственное. Цветы бывают живые и искусственные.

Люди рождаются живыми, чувствующими, но рождаются среди кукол — искусных имитаторов жизни. Есть люди живые, есть механические. По виду они такие же, а внутри — мертвые.

Мы все отчасти механические, но в нас присутствует животворящий дух. Помимо плотной материи физического тела и менее плотной материи души нас окутывает тонкое тело духа. Мы живые, пока связаны с телом духа. Живые как люди, духовные существа.

В раннем детстве связь с тонким телом духа начинает рваться, исчезать. Куклы не связаны с духом, они утратили эту связь. Задатки человеческого, духовного они заменили механическим, искусственным.

Когда лжем, мы превращаемся в кукол. Вместо того чтобы искать в себе источник живого, мы занимаемся имитацией жизни.

Чем больше в нас механического (ложного), тем тоньше связь с духом. В какой-то момент эта связь исчезает.

Пока не поздно, надо перестать лгать. Тогда перестанем превращаться в самонадеянных, бесчувственных кукол.

Правда скромна, ложь одевается ярко, распуская павлиний хвост. Мы не так интересны, когда ничего из себя не строим, стремясь кого-то удивить. Мы такие, какие есть.

Гипноз и игра воображения делают ложь привлекательной, заманчивой. Правда проста, а вымысел наполняет жизнь пестрым содержанием. Пусть эта игра пуста, «вы оцените красоту игры». Мы верим лжи, она нас увлекает. Ложь — это заразная болезнь, имеющая яркие симптомы и навязчивые проявления. Заразиться ею легко, излечиться трудно.

20. ВКУС ПОНИМАНИЯ

«Вы не понимаете, что значит быть искренним. Вы настолько привыкли лгать себе и другим, что не в состоянии найти слова и мысли, когда желаете говорить правду. Говорить о себе правду очень трудно. Но прежде чем ее говорить, нужно ее знать. А вы даже не знаете, в чем заключается правда о вас».

«Вы уже начали умирать. До полной смерти еще далеко, однако некоторое количество глупости из вас уже вышло. Вы уже не в состоянии обманывать себя столь искренне, как делали это раньше. Теперь вы почувствовали вкус истины».

«Это значит, что вы начали понимать. Когда вы не понимали ничего, вы думали, что понимаете все, во всяком случае, что способны понять все. Теперь, когда вы начали понимать, вы думаете, что ничего не понимаете. Это пришло к вам потому, что до сей поры вкус понимания был вам неизвестен».

Когда больны, мы плохо соображаем. Температура тела повышена, жар, озноб. Что можно понять в таком состоянии? Жизнь в ложной личности напоминает лихорадку, мы взвинчены, напряжены, бросает то в жар, то в холод, то в одну крайность, то в другую. Мы чувствуем себя не в своей тарелке. Хотим расслабиться, но нам что-то мешает. Волнения, тревоги, страхи.

Дела идут, успех, карьера, статус. Вроде бы порядок, а внутри что-то не так, психику лихорадит. Мы не понимаем, чего от нас хотят.

Что значит быть искренним? Мы искренни и всегда говорим правду. Почему личность ложная? Она самая обыкновенная.

Так отвечают те, кто болен, совершенно не замечая своей болезни. Им не знакомо состояние здоровья, здоровой психики.

Что делать с человеком, который бредит, но считает себя вполне здоровым?

Показать ему, что он болен. Сделать так, чтобы он увидел симптомы своей болезни.

В первую очередь надо понять, что с нами не все в порядке, с психикой есть проблемы. Это не помешательство, не сумасшествие, но болезнь серьезная. Мы больны ложной личностью. Очень специфическое психическое заболевание.

Личность, которой себя считаем, является ложной. Это вовсе не мы, а некий образ, созданный ахамкарой (эго). Это «образование» постоянно лжет, поддерживая миф о себе.

За ложной личностью прячется злодей ахамкара. Он создал ее для обмана, прикрывая свои козни. Это тайна, покрытая мраком.

Ни о чем не подозревая, мы пребываем в заблуждении. Чтобы начать понимать, надо выздороветь — выйти из ложного состояния.

Мы ничего не поймем, пока не усомнимся в себе. Мы уверены, что во всем правы. А если нет, оправдание найдется всегда. Так устроена ложная личность, она не сдается. Ахамкара не терпит, когда в нем сомневаются. Тем более, когда хотят проверить.

Достаточно понаблюдать за тем, что происходит, как мы ведем себя в тех или иных ситуациях. Для этого понадобятся космические циклы.

Поведение ложной личности схематично. В похожих ситуациях мы ведем себя одинаково. Эти повторы схематичного поведения надо отследить, выявить. Мы не замечаем, как ходим по кругу.

Циклы просты, они периодически повторяются. Вместе с циклами повторяется поведение личности.

Когда мы увидим зависимость поведения от циклов, сможем предсказывать свои реакции. Будем знать, что в определенный день поведение будет таким-то и таким-то. Мы узнаем, к чему приводят реакции.

Постепенно, шаг за шагом, откроется вся картина. Мы увидим, что поведение схематично. Каждые сутки меняется цикл, вместе с ним меняются реакции эго. Попытки изменить эти реакции раз за разом терпят провал.

Мы заметим, что постоянно лжем, правдами и неправдами пытаясь доказать правоту своего эго. Нам не важна истина, главное — чтобы считались с нашим эго. Мы видим огрехи других, не придавая значения своим. Наши огрехи кажутся ничтожными по сравнению с тем, что позволяют себе другие.

Свои глупости мы делаем строго по расписанию, называя их борьбой за справедливость. Ничего не делая с собой, мы боремся с недостатками других.

Наблюдая за циклами, мы увидим автоматизм личности, ее полную и абсолютную механистичность. Личность — это машина, она сотворена ахамкарой, чтобы ввести нас в заблуждение. Чтобы отвлечь внимание и увести в сторону. Пока мы заняты ее заботами, эта машина эго медленно, но верно везет нас в ад. Но мы не личность, мы тот, кто наблюдает.

Мы — наблюдатель, способный заметить истину. Сначала увидеть, а потом понять.

Наблюдение за циклами даст знание и опыт. Раньше мы вели себя так, словно знаем все обо всем, обманывали себя и других. И вдруг открылось истинное положение.

Понимание невозможно, пока не увидим истину. Путь к истине долог и труден, но его надо пройти. До встречи с истиной мы остаемся ложными. Что можно понять, находясь в ложном состоянии?

Пробуждение начинается с осознания реального положения. Тогда мы способны почувствовать вкус истины, вкус понимания. Все встает на свои места, мы ясно видим цель. Осознав болезнь, есть шанс стать здоровым.

21. ИДЕЯ ПУТИ

«*Главная трудность понимания идеи пути заключается в одном обстоятельстве: люди обычно считают, что путь начинается на том же уровне, на котором идет жизнь. Это совершенно неверно. Путь начинается на другом, значительно более высоком уровне*».

«*Обыкновенно сам человек не стоит медного гроша, но иметь учителем желает не иначе, как Иисуса Христа; на меньшее он не согласен. И ему не приходило в голову, что если бы он встретил такого учителя, как Иисус Христос, описанный в Евангелиях, он не последовал бы за ним, ибо для того, чтобы стать учеником Иисуса Христа, необходимо находиться на уровне апостола. Здесь выполняется определенный закон: чем выше учитель, тем труднее это для ученика*».

Что такое путь? Где он начинается? Что такое путь факира, путь монаха, путь йогина? И наконец, что такое четвертый путь — путь хитреца?

«Во-первых, мы можем отрицать очевидное и чувствовать себя при этом так, словно ничего не случилось. Это — путь фанатика.

Второе — мы можем все принимать за чистую монету, как если бы мы знали, что происходит. Это — путь набожного человека.

И третье — мы можем приходить в замешательство в связи с событием, когда мы не можем ни искренне отбросить его, ни искренне принять. Это путь дурака. Не твой ли?

Есть четвертый, правильный — путь воина. Воин действует так, как если бы никогда ничего не случалось, потому что ни во что не верит. И, однако же, он все принимает за чистую монету. Он принимает, не принимая, и отбрасывает, не отбрасывая» (Карлос Кастанеда, «Сказки о силе»).

Чтобы понять, что такое путь, следует начать с повседневной жизни. Что такое обычная жизнь? На каком уровне она протекает?

Чтобы жить обыденной жизнью, усилия не нужны. Жизнь начинается рождением тела и протекает, пока тело работает. Оно работает само, как автомат. Мы не можем управлять процессами, проходящими в теле. В этом нет необходимости.

Однако тот, кого называют факиром, считает иначе. Не разобравшись в своем устройстве, факир стремится победить телесный автоматизм. Это самый примитивный подход к человеку. Представления факира о себе ограничены телесным уровнем. Считая себя физическим телом, он делает тело ареной борьбы.

Религиозно настроенный человек ареной борьбы делает мирскую жизнь. Считая ее греховной, он приносит жизнь в жертву Богу. Не разобравшись в своем устройстве, набожные люди и монахи подчиняют себя вере, стремясь победить автоматизм души (психики).

Йогины поступают иначе, вручая учителю управление своей жизнью. Не разобравшись в своем устройстве, они хотят победить автоматизм жизни с помощью учителя. Пусть разбирается учитель.

И только воин готов взять ответственность на себя. Главным трофеем воина становится понимание. Не знание как таковое, которым обладает йог, а понимание смысла и цели пути.

Чтобы убедиться в истинности знаний, надо использовать их на практике, в повседневной жизни. Можно обладать знаниями, никогда ими не пользуясь. Тогда какой от них прок?

«Четвертый путь отличается от других путей тем, что его главное требование к человеку — это требование понимания. Человек не должен делать ничего такого, чего он не понимает. Чем яснее понимает человек то, что делает, тем значительнее будут результаты его усилий. Это фундаментальный принцип четвертого пути. Результаты работы пропорциональны сознательности в ней».

На пути йоги много учителей, которые требуют преданности, не утруждая себя объяснениями. Не заботясь о понимании, они требуют подчинения.

Что можно делать, не понимая, зачем тебе это и какой в этом смысл?

Если нет понимания, процесс становится механическим. О каком другом уровне можно говорить, если переход на него становится чисто механической процедурой?

Идея пути — это стремление вырваться из автоматизма обыденной жизни. С автоматического перейти на другой, более высокий сознательный уровень. Это стремление расширить сознание, из машины-автомата стать сознательным мыслящим существом.

Но как стать сознательным механически, не задействуя сознание? Расширение сознания происходит благодаря пониманию. Мы понимаем, и сознание раз за разом расширяется, постепенно переходя на другой уровень. Понимание выносит нас за пределы ограниченного сознания эго.

Можно уповать на учителя, но никакой учитель не снабдит пониманием, им нельзя поделиться.

Понимание приходит благодаря опыту. А опыт появляется в результате применения полученных знаний.

Как бы ни хотел кто-то воспользоваться чужим опытом, ничего не выйдет, опыт нужен свой. И никакой гуру не поможет, если не следовать тому, что стало известно.

На пути духа нет проторенных путей. Там только указатели. Направо пойдешь — жизнь потеряешь. А если жизнь механическая, ее и потерять не жалко.

Четвертый путь — это путь понимания. Путь осознания реальности. Четвертый путь может включать в себя что угодно. Любые учения, техники и практики. Если понимаем, зачем они нужны.

22. РАБОТА НАД СОБОЙ

«Нет и не может быть никакого внешнего посвящения. В действительности существует только самопосвящение, самопризвание. Системы и школы могут указывать методы и пути; но никакая система и никакая школа не в состоянии выполнить за человека ту работу, которую он должен сделать сам. Внутренний рост, изменение бытия целиком зависят от работы, которую человек должен произвести над самим собой».

Что такое работа над собой? Нам кажется, это просто: поработал над собой и достиг совершенства. Столько разных курсов, семинаров, тренингов личностного роста. Психологи готовы научить всему, даже тому, чего не умеют сами.

Нам кажется, вообразив себя человеком с множеством достоинств, поработав на курсах и тренингах, мы сможем им стать. Кое-что в себе разовьем и достигнем успеха.

А какой-нибудь продвинутый йог даст посвящение, волшебную мантру и покажет, как правильно медитировать.

Полученный эффект от этих манипуляций заставит нас поверить в то, что мы делаем.

Заниматься йогой, медитировать и повторять мантру совсем неплохо. По крайней мере это оздоровит психику. В какой-то степени это тоже работа над собой, если считать собой ложную личность.

Дело в том, что мы не личность. И прежде чем работать над собой, надо узнать, кто мы. Кто собирается работать над собой?

Подлинная работа начинается с решения узнать истину. Однажды мы решаем разобраться. В первую очередь — в себе.

В стремлении найти истину мы решаем идти до конца. Во что бы то ни стало.

С этого момента Истина становится Богом, Всем Святым, чему будем служить верой и правдой. Такое отношение поможет выстоять. Без истины и решения ее найти в нашей жизни ничего не изменится. Ничего не начнется, если не следовать избранному пути.

Это и есть самопосвящение и самопризвание. Все остальное будет служить нам на этапах пути к Истине.

Обычно происходит иначе. Мы что-то делаем, куда-то движемся, не понимая, зачем и куда. Ходим на тренинги, курсы и посвящения, забывая о главном — стремлении найти Истину.

Можно долго плутать, постоянно находя что-то новое, но это новое лишь укрепит нас в старом ложном состоянии. Нас смущает внешний мир, его красочное многообразие сбивает с толку.

Внешний мир — только видимость, настоящее волшебство начинается внутри, с твердого решения найти Истину.

Мы живем в ложной личности. Ложная личность — начальное состояние. Это состояние механическое, автоматический режим, состояние автопилота. Личность действует сама, независимо от нас. Коварство состояния в том, что мы не чувствуем автоматизма.

Личность сформирована ложным эго (ахамкарой), поэтому она ложная. Работа над собой бесполезна, пока находимся в ложной личности.

Первое, что надо сделать, — выявить ложную личность. Остальные начинания бессмысленны. Что можно совершенствовать, находясь в ложном состоянии?

Чтобы начать понимать, надо пробудиться, выйти из ложного состояния, в котором мы находимся благодаря гипнозу. Благодаря гипнозу мы считаем себя личностью, которой не являемся. Люди видят ложный образ, но его не видим мы.

Что в жизни главное, а что — второстепенное? Что бы мы ни говорили, все начинают с быта, главное — удобно устроиться. Работа, семья, достаток. А второстепенное — это кто мы и что мы.

Сначала личность устраивает свой быт, а потом занимает круговую оборону. А мы не можем ничего понять: хотели как лучше, а получилось как всегда.

Мы вспоминаем о работе над собой, когда ахамкара (ложное эго) восседает на троне. Личность утвердилась, обросла достижениями и готова заняться имитацией духовного пути.

Мы пытаемся что-то найти с «высоты» ложной личности, на основе ее «продвинутых» представлений.

Второе, что надо сделать, — перестать служить ахамкаре (ложному эго).

Работа над собой — это освобождение от диктата ложного эго. Ахамкара — это тень, сгусток негативной энергии. Как такового его не существует. Но есть механизм, с помощью которого ахамкара вводит нас в заблуждение. Надо выявить механизм, и чары ахамкары рассеются.

Когда увидим, что мы не личность, первое, что захотим, — избавиться от наследия. Ахамкара везде оставил следы, их надо удалить.

Работа над собой — это очищение. Надо избавить личность от функций, ей не свойственных. В том числе от стремления выдавать себя за сущность.

Системы и школы полезны, они могут помочь. В том числе йога, мантры, медитации. Но никакие школы и учения не сделают за нас ту работу, что мы должны выполнить сами. А внутренний рост напрямую зависит от работы над собой.

23. СРЕДСТВО ПРОБУЖДЕНИЯ

«Вы должны научиться отделять реальное от придуманного. Чтобы начать самонаблюдение и самоизучение, необходимо разделить себя. Человек должен понять, что в действительности он состоит из двух людей».

«Самонаблюдение приводит человека к пониманию необходимости изменить себя. Наблюдая себя, человек замечает, что самонаблюдение само по себе производит некоторые изменения в его внутренних процессах. Он начинает понимать, что самонаблюдение — это орудие изменения себя, средство пробуждения».

«Вместо человека, каким он представлял себя, он увидит совершенно другого. И этот „другой" — он сам, и в то же время не он. Это он, каким его знают другие люди, каким он воображает себя и каким является в своих действиях, словах и так далее; но не совсем такой, каков он есть на самом деле. Ибо человек понимает, что в этом другом человеке, которого знают все и знает он сам, много нереального, надуманного, искусственного».

Сам факт того, что мы способны наблюдать за собой, говорит о нашей двойственности. Как минимум должен быть кто-то еще, кто будет наблюдать.

Мы не можем наблюдать за собой, когда что-то говорим или делаем, потому что в это время мы говорим или делаем. Мы не можем делать два дела одновременно. Если мы — только душа, в единственном числе.

В том-то и дело, что мы не только душа, но и дух, о котором все почему-то забывают. Мы думаем, что можем прожить без духа. Нам и так хорошо, ничто не связывает, не ограничивает. Можно позволить все, что придет в голову.

Мы хотим свободы, имея в виду вседозволенность. Находясь в тюрьме физического тела, под жестким диктатом ложного эго, мы воображаем себя свободными. Иллюзия свободы играет с нами злую шутку. Единственная свобода, которой мы обладаем, это свобода делать глупости, свобода быть безумными.

Мы не понимаем, как нам повезло. У нас есть дух! Помимо души у нас есть дух. С его помощью можно увидеть наше безумие.

Возможность есть, но мы не торопимся ей воспользоваться. Безумец хорошо замаскирован, он выдает себя за умника, а мы хлопаем ушами.

Дух есть, но эго делает так, что мы не знаем. Предложение понаблюдать энтузиазма не вызывает. Чтобы наблюдать, надо задействовать дух, а эго против. Нам кажется, что наблюдать — это какая-то ерунда. Что там можно увидеть, если мы и так все знаем?

За самонадеянностью эго прячет свою ущербность. Ахамкара боится, что мы узнаем правду. Допуская, что он может обманывать людей, мы не думаем, что в первую очередь эго дурачит нас.

Главная загадка для человека — он сам. Мы думаем, что знаем себя. Мысли, слова и поступки у нас перед глазами. Что нового даст наблюдение?

Мистика начнется сразу, достаточно переключить внимание на себя. Как бы ни старались, мы не сможем этого сделать. Внимание будет соскакивать обратно, на внешний мир, словно приковано к нему цепями. Это позволит ощутить силу гипноза.

Что происходит? Почему мы не можем переключить внимание? Оно не удерживается, соскальзывает, мешает какая-то сила, не желающая наших наблюдений. Этой силой пронизан внешний мир, она находится внутри. Нам мешают внутри и снаружи.

Единственное, на что мы способны, — наблюдать урывками, исподтишка. Но даже такое прерывистое наблюдение даст результаты.

Однажды мы заметим, что в теле не одни, там есть кто-то еще. Этот кто-то постоянно прячется.

В нас есть кто-то другой. Какое-то существо, похожее на тень. Помимо нас мы заметим кого-то еще.

Кто он, этот другой? Мы видим только тень, существо ускользает и прячется от света.

Не очень убедительно для грозного и всесильного ахамкары — ложного эго. Мы надеялись увидеть монстра, а там только тень.

Мы знали, что у нас есть «образ», показываемый на людях. Так называемый имидж — образ, призванный производить нужное впечатление. Мы думали образ, а там целая личность. Практически другой человек со своими интересами и взглядами. Мы не заметили, как образ ожил и стал жить своей жизнью.

Ладно бы просто жить, оживший образ стал выдавать себя за нас! Он стал жить не своей, а нашей жизнью! Ахамкара прибрал нас к рукам так ловко, что мы не заметили. Вот что такое гипноз и ложная личность!

Искусственный образ, созданный для контактов. Внутри, в основе образа маячит странное существо животной природы. Даже не существо, а какая-то тень, сгусток инстинктов. Механизм, работающий по законам джунглей.

С человеческой точки зрения существо безумно, как любое животное. Оно живет инстинктами. Следование инстинктам создает иллюзию ума, ограниченного сознания.

С бытовой точки зрения мы умны. Но тот ли это уровень, чтобы говорить об уме? Наблюдая проявления своего «ума», мы можем пробудиться. Деятельность ахамкары — очень эффективное средство пробуждения. Шок и потрясение гарантированы.

24. ВИДЕТЬ РЕПЕРТУАР

«Вы должны понять, что у каждого человека имеется определенный „репертуар ролей", которые он играет в обычных обстоятельствах. У него есть роль для любого рода обстоятельств, в которых он обыкновенно оказывается в жизни. Но поместите его в другие обстоятельства, хотя бы чуть-чуть иные, и он уже не в состоянии найти подходящую роль, так что на какое-то время становится самим собой».

«Видеть свой репертуар, знать свои роли и прежде всего ограниченность репертуара — это уже знать многое. Но дело в том, что за пределами репертуара человек чувствует себя очень неуютно, и если что-то выбьет его из колеи, даже на короткое время, он изо всех сил старается вернуться к одной из своих обычных ролей. Как только он попадает в свою колею, все в его жизни опять течет гладко, исчезает чувство неловкости и напряженности».

Если вспомнить терминологию шаманов Карлоса Кастанеды, все позиции точки сборки хорошо известны. Знакомые обстоятельства, привычные ситуации, предсказуемые люди. Все это приводит к образованию накатанной колеи, в которой успешно движется ложная личность. Одна маска сменяет другую, вторая роль переходит в третью. Когда жизнь отлажена, можно расслабиться и плыть по течению.

Внутри привычного сновидения на «посторонние вещи» можно не обращать внимания. Так устроена психика, она гасит источники раздражения. Столкнувшись с неприятным, обойдет его стороной. С одной стороны, это защитная реакция, с другой — продолжение сна.

Мы избегаем того, что может нас разбудить. Ложная личность «заботливо» оберегает наш сон. Случайно проснувшись, можно увидеть, что она собой представляет, весь репертуар привычных ролей.

Пока спим, мы уверены: роли — это наша жизнь. Так надо, а как иначе?

Репертуар ролей делает жизнь разнообразной. Какие-то роли приятны, другие не очень, есть те, которых избегаем. Нам их навязывают, они заведомо проигрышные. Но даже неприятные роли хорошо знакомы. Они привычны, мы знаем, как себя вести.

Испытанием становятся новые обстоятельства, когда ни одна из ролей не подходит. Мы не можем привычно лгать, делая вид, что у нас все в порядке.

Мы привыкли прятаться за щиты ложной личности, заслуги и достижения. У нас масса достоинств, прекрасный имидж.

Вдруг ложный образ дает осечку. Он пыжится в растерянности, не в силах ничего придумать.

Мы выбиты из колеи, не зная, что делать и как себя вести. Получилось так, что надо быть собой. А что такое быть собой?

Чтобы быть собой, надо знать, кто мы. А мы ничего про себя не знаем. У нас есть роли на все случаи жизни. Кто мы на самом деле, мы не знаем.

В поисках себя надо двигаться от противного, от того, кем не являемся. Есть роли, фальшь которых очевидна. Их можно отбросить сразу. Есть роли, в которых сомневаемся, их следует проверить. И есть роли, где чувствуем себя неуверенно.

Я долго не мог понять, кто я? Помог приятель, он тоже изучал типы. Однажды в беседе он пошутил, в ответ на мою реплику назвав меня одним из типов. Я не принял это всерьез, но позже вспомнил. Что-то в этом есть, раз проявилось.

Ролей много, но не бесконечно. За каждой ролью стоит одна из планет Солнечной системы. Планет может быть две или три, но роль несет в себе характерные черты одной из планет. Она заметна в определенный суточный цикл.

Наблюдая за циклами, можно выявить весь набор. И найти в нем себя. Ролями заведует ахамкара (ложное эго). Они написаны под диктовку. В определенной степени это связано с кармой. Ахамкара — результат предыдущих воплощений. Мы приходим в жизнь с готовым ложным эго. Ахамкара — это сгусток наклонностей. По мере роста и взросления наклонности проявляются, формируя ложную личность.

Нам не остановить этот процесс. Это судьба. Ахамкара, словно спрут, проникает во все сферы жизни. Его цель — экспансия. Захват и расширение. Ложная личность растет, везде укрепляя позиции.

Все роли написаны под диктовку эго. Лишь одна роль — другая. Простая и неприметная, она выбивается из контекста. Ее можно заметить на фоне яркого многообразия актерского арсенала ложной личности.

В этой роли мы не играем и чувствуем себя неуверенно. Она почти не пользуется спросом, мы часто о ней забываем. Речь идет о сущности, том, что в нас истинно, и нашем отношении к этому.

Годы лжи и обмана превращают нас в кукол. Мы так привыкаем врать, что без игры чувствуем себя неуютно.

Жертва начинает любить палача, собака — собачью жизнь. Человек, просидевший в тюрьме 20 лет, совершает бессмысленное преступление, лишь бы попасть обратно. Он не знает, как жить на воле. Свобода ему не нужна.

Мы говорим о свободе, но много людей не хотят свободы. Они мечтают о тюрьме со всеми удобствами. И жизни механических кукол, где ни за что не надо отвечать, все случается, все происходит само.

25. БРОСИТЬ ВСЕ

«На словах он избирает работу, а на самом деле не желает терять спокойствие. И в результате оказывается между двух стульев. Это положение — самое неприятное из всех, ибо человек и не выполняет работу, и лишен покоя. Но человеку очень трудно бросить все к черту и начать настоящую работу. В чем же здесь трудность? Главным образом в том, что его жизнь слишком легка; и даже если он считает ее плохой, он привык к ней, и для него лучше, чтобы она была плохой, но знакомой. А тут что-то новое и неизвестное. Он даже не знает, приведет ли это к какому-нибудь результату».

Что такое обычная жизнь? Это накатанная колея. Единственное, что от нас требуется, — скользить по ней. То, что положено, получим в любом случае. Карма есть карма.

Но одно дело — сидеть в тюрьме, зная за что, и стремиться на волю. Другое — сидеть в тюрьме и считать тюремную жизнь настоящей.

В тюрьме тоже ставят спектакли, играют и воображают, что они на воле. А мы не просто сидим, мы даже не знаем, что находимся в тюрьме. Гипноз так велик, что, сидя в тюрьме, мы находимся в поисках счастья.

Так работает Майя — Вселенская Иллюзия. Так устроен механизм иллюзорного мира.

С каждым человеком у Майи особые отношения. Потому что каждый имеет собственные представления, отличные от других. Они могут быть похожи, аналогичны, но это наши мысли, слова и поступки. Это наш узор. Такой же узор мы получим обратно. Все, что ушло, к нам и вернется.

Мы только проводники. Улавливаем и проводим разного рода энергии. В жизни они выглядят как желания. Сначала возникает мысль. Мы думаем, что мысль наша, но это не так. Она приходит в готовом виде. Не возникает в нас, она приходит к нам. Мы улавливаем ее и озвучиваем. И что-то делаем, чтобы слово стало делом.

Так работает Майя. Она снабжает мыслями. Она говорит, она заставляет делать. Тело и эго принадлежат Майе, они ее инструменты. С их помощью Майя вводит нас в заблуждение.

Майя все делает сама, такова ее Игра. Мы лишь наблюдаем эту Игру. Мы — не тело и эго, мы — дух, наблюдающий Игру Майи.

Но мы считаем себя личностью. И так рьяно отождествляемся с телом, что лишаем дух шанса. Шанса проявить себя, шанса обнаружить Истину.

Даже начав работу (над собой), мы не можем оторваться от эго, его привычек и накатанной колеи механической жизни.

На словах мы выбираем работу, а на деле наступает паралич. Мы не можем сдвинуться с места. Держит масса вещей, к которым привыкли.

Это напоминает повозку, доверху груженную барахлом. Надо двигаться, а мы не можем. Грузим в повозку вещи, хотя уже некуда складывать.

Нас ждет другая жизнь. Надо стать другими, тогда сможем перейти на другой уровень. На этот уровень мы тащим тележку с барахлом, представляющим «большую ценность».

Проще, когда это вещи, их можно выкинуть. Но мы тащим огромный ворох иллюзий. Чего там только нет: обманчивые представления, ложные выводы, заблуждения, предрассудки, страхи.

Мы накопили этот груз за годы жизни в ложной личности. И весь этот мусор хотим взять с собой, в новую жизнь.

Как бы ни плоха была механическая жизнь, в любом случае она легче жизни сознательной. Никакой ответственности, голову ломать не надо, ответ держать не надо, обо всем позаботится Майя.

Люди это чувствуют и идут по пути наименьшего сопротивления.

«Входите тесными вратами, потому что широки врата и пространен путь, ведущие в погибель, и многие идут ими;

Потому что тесны врата и узок путь, ведущие в жизнь, и немногие находят их» (Евангелие от Матфея. Гл. 7).

Механическая жизнь широка, имеет множество вариантов. Что за варианты, мы представляем плохо, но нам нравится выбирать. Пространный выбор дает Майя. Из всех вариантов мы всегда выбираем тот, что легче. Кто же будет выбирать труднее, если есть легче?

Нам трудно найти себя, свое предназначение. Мы идем туда, где больше платят. Если уж не себя, то деньги найдем точно. Логика простая, голову ломать не надо. Работа нужна легче, а оплата — больше. Купил дешевле, продал дороже, вот и вся работа.

В поисках легкой жизни мы упускаем важный момент. Чем легче что-то дается, тем машинальнее становится жизнь.

Что такое механистичность? Максимально легкая жизнь. Никаких усилий, все происходит само. Полный автоматизм.

Многие об этом мечтают. Ни о чем не подозревая, становятся полными автоматами.

Мы хорошо устроились. Все отлажено, можно позволить маленькую слабость. Одна слабость тянет за собой другую, мы не замечаем, как становимся настолько «расслабленными», что не можем собраться.

Когда предлагают бросить все к черту, начать новую сознательную жизнь, мы соглашаемся, а сделать ничего не можем.

Жизнь стала настолько механической, что нам не принадлежит. Тело не слушает, а личность не хочет слышать.

Мы не знаем, с чего начать. Все попытки встречают сопротивление, как внутри, так и снаружи. Мы хотим работать, но не можем двинуться с места.

26. ИДЕЯ ЖЕРТВЫ

«Необходима жертва, если вы ничем не жертвуете, вы ничего не приобретаете. И необходимо пожертвовать чем-то, в данный момент драгоценным, пожертвовать им надолго, пожертвовать многим. Но все-таки не навсегда».

«Без жертвы ничего достичь нельзя. Но если в мире есть что-то непонятное для людей, так это жертва, идея жертвы. Они думают, что им нужно жертвовать чем-то таким, что они имеют. На самом деле жертвовать нужно лишь воображаемым, тем, чем люди в действительности не обладают. Они должны пожертвовать своими фантазиями. Но как раз это для них трудно, очень трудно. Гораздо легче принести в жертву что-то реальное».

Долгая жизнь в плену обманчивых представлений накладывает глубокий отпечаток. Мы не можем понять, что происходит. Постоянно что-то мешает, мы не знаем, что от нас требуется. Мы не хотим брать ответственность и делать выбор, мы ждем, когда его сделают за нас. Тогда жизнь останется такой же легкой, а в случае неудачи есть на кого перевести стрелки.

Бытует мнение, что есть кто-то сильно заинтересованный в нашем продвижении. Буквально спит и видит, как мы, забыв обо всем, шагаем в небо. И этот кто-то — Господь Бог.

Раз Бог заинтересован, можно не напрягаться. Тем более когда твердят, что рано или поздно мы обязательно придем к Богу. Мы просто обречены на святость.

Никуда не денемся, благодать настигнет всех. Нам не скрыться во тьме и невежестве, подарки от Деда Мороза получат все.

Это называется вера. Одни придумывают глупости, другие охотно верят. Глупые фантазии находят массу последователей, формируется целое направление, культ. Годы спустя никто не вспоминает, что культ основан на паре глупых идей.

Что-то нормальное и простое никому не интересно. Нам подавай сложное, замысловатое, чтобы никто не понял. Тогда стойкий интерес и поклонение гарантированы.

Мы полны заблуждений во всем. Наше мировоззрение соткано из ложных представлений. Нужны годы, чтобы размотать этот клубок иллюзий. Чтобы найти тонкую нить истины и идти за ней.

Но что делать, когда люди не понимают, что их жизнь — это вымысел, набор замысловатых фантазий, и все обстоит совсем не так, как они представляют? Что их жизнь — одно сплошное притворство, стремление изобразить то, чего нет.

Что они не принадлежат себе, а просто плывут по течению. И все в их судьбе зависит от воли случая. Все происходит само. Механизм запущен, он исправно работает. И даже Бог не в силах его изменить.

Внешний мир — отлаженный механизм, с ним бесполезно тягаться. Можно перестать быть винтиком в этом механизме. А чтобы перестать им быть, надо им себя увидеть. Мы уверены, что мы не винтик, а как минимум шестеренка или рычаг, без которого механизм не сможет работать.

Мы долго старались, стремясь стать рычагом, мечтая занять особое место. И вдруг оказывается, мы — жалкий винтик, от которого ничего не зависит.

Чтобы увидеть свое реальное положение, надо перестать питать иллюзии по собственному поводу. Каждый винтик мнит себя рычагом.

Чтобы увидеть реальность, необходима жертва. Идея жертвы — мостик между иллюзией и реальностью.

Для нас реально то, что перед глазами. Все остальное иллюзорно. Мы никогда не поверим, что нас окружает иллюзия, сновидение, освещенное солнцем. Но иллюзорна не сама картинка, а то, что мы о ней думаем.

Мы думаем, наша жизнь настоящая. И нас окружают настоящие люди. И мы — настоящие. Но это не так.

«Я тогда по полю, вдоль реки. Света — тьма, нет Бога! А в чистом поле васильки, дальняя дорога. Вдоль дороги — лес густой с бабами-ягами, а в конце дороги той — плаха с топорами.

Где-то кони пляшут в такт, нехотя и плавно. Вдоль дороги все не так, а в конце — подавно. И ни церковь, ни кабак — ничего не свято! Нет, ребята, все не так, все не так, ребята!»

Наше эго, полное амбиций, нас устраивает. Мы себя не на помойке нашли. И никакая жертва нам не нужна. Пусть другие жертвуют, у нас все в порядке. У нас нет иллюзий, мы знаем этот мир и этих людей. Им просто надо помочь.

Это одна из уловок эго, оно готово на жертвы ради других, лишь бы его не трогали. У всех семьи, родные и близкие, их нельзя оставлять, им надо помочь. И пожертвовать собой ради этого. В основном, конечно, работой над собой.

Мы думаем, у нас миссия: принести себя в жертву ради «спасения» родственников. Но это прикрытие, чтобы не заниматься собой. Это иллюзия, что мы можем кому-то помочь, когда не можем помочь себе. Этими фантазиями надо пожертвовать.

Мы сможем кому-то помочь, если поможем себе. Не ахамкаре (эго), а себе (духовной сущности). Это выглядит как жертва, но по сути это помощь духу.

27. КРИСТАЛЛИЗАЦИЯ

*«Другое, чем люди должны пожертвовать, — это их стра-
дание. Пожертвовать своим страданием также очень трудно.
Человек откажется от каких угодно удовольствий, но не откажется от страданий. Человек устроен таким образом, что ни к
чему не привязывается так сильно, как к страданию. Но от страдания необходимо освободиться».*

*«Жертва необходима только тогда, когда идет процесс кри-
сталлизации. Если же кристаллизация достигнута, отречения,
лишения и жертвы более не нужны. Тогда человек может иметь
все, что хочет. Для него нет больше никаких законов; он сам для
себя закон».*

Что такое страдание и почему нам нравится страдать? Можно
ли избавиться от страданий? Страданием называется физическое или
нравственное мучение, боль. Болеть могут тело или душа (психика).

К болезням мы относимся довольно странно. Причину болезни
ищем во внешней среде. «Продуло», «заразили», какой-то орган начал «шалить». Неожиданно заболев, мы удивляемся. Все было хорошо,
и вдруг болезнь! Такой поворот огорчает, вызывает недоумение и недовольство.

Болезнь не входила в наши планы, надо скорее от нее избавиться.
Мы идем к врачу и рассказываем о своем недовольстве происходящим.

Мы почти возмущены, никак не связывая болезнь со своим поведением, образом жизни или системой питания. Словно жизнь — сама по
себе, а болезнь — сама по себе.

Мы уверены, что заболели случайно. Болезнь — это досадное недоразумение, а не следствие нашего поведения. Причина нам не интересна, мы хотим скорее покончить с болезнью.

Но причина все-таки существует. И искать ее надо не во внешней среде, а у нас внутри.

Причина всех страданий — ахамкара (ложное эго). Человеческая машина находится в руках безумца. Что будет, если доверить руль автомобиля не совсем вменяемому человеку? Сначала он будет гнать, а потом устроит аварию.

Аналогичным образом ахамкара поступает с телом, нещадно эксплуатируя его в поисках удовольствий, а потом приводя к краху, как результату варварского использования.

Но почему болеют те, кто бережет здоровье и заботится о теле? Не надо забывать о психике. Причина многих заболеваний — неправильно работающая психика.

Обычно мы не обращаем внимания на проявления своей психики. Считая чем-то несущественным, стараемся их не замечать. Так, какая-то ерунда. Злость, зависть, похоть, гордыня. С кем не бывает, все люди такие. Испытывая негативные эмоции и чувства, считаем это порядком вещей. Не помня, как было раньше, годами варимся в этом котле. Негатив становится нормой.

Такой же нормой становятся страдания и болезни. Страдать и болеть может быть выгодно. К больным другое отношение, им сочувствуют, жалеют, считая болезни и страдания несправедливой напастью.

Ребятам не повезло, как снег на голову свалились страдания. При чем тут ложное эго?

Эго есть у всех, в этом плане мы в одинаковом положении. И личностью никто не обделен. Но что такое личность?

Личность — это набор свойств психики (души). Если проявлениями психики (души) является негатив, это свидетельство того, что психика работает неправильно. Механизм психики испорчен, он имеет дефект.

По своей природе люди не должны испытывать негатив. Эти проявления относятся к животному уровню. Нам не подходит то, что естественно для животных. Вольно или невольно, наша психика постоянно скатывается на животный уровень, мы тонем в негативе.

Неправильно работающая психика осложняет жизнь. Мы неправильно мыслим, делаем неправильные выводы, неправильно поступаем.

Наша психика переполнена негативом, мы не знаем, куда его девать. Негатив переходит на тело. Неправильно работающая психика приводит к болезням тела.

Переполненные негативом, мы выплескиваем его на тех, кто попадает под горячую руку. И остро реагируем, когда получаем негатив обратно. Обмен «любезностями» приводит к бытовым конфликтам. Половина всех тяжких преступлений совершается на бытовой почве.

Испорченная психика порождает страдания, как следствие неправильно работающего механизма. Вместо того чтобы устранить дефект и перестать страдать, мы находим в страданиях выгоду.

Страдать и быть несчастным не так уж плохо. Законный повод ничего не делать. Слабость и беспомощность могут стать козырными картами. Всегда найдутся те, кто готов помочь.

Тем, кто помогает, это тоже выгодно. Они не хотят помочь себе, поработать над собой, поэтому помогают другим.

Мы все страдаем, это входит в привычку. Страдания стимулируют жалость к себе. А жалость к себе — обратная сторона чувства собственной важности. Страдая, мы растем в собственных глазах. Мы уверены, страдания идут от Бога. Бог оценит наши страдания.

Дефект в работе психики мы связываем с промыслом Бога. Если в машине что-то стучит, водитель устраняет дефект, а не заставляет машину страдать, надеясь, что Бог простит.

Мы можем страдать, когда идет процесс кристаллизации исправленной части психики. Она привыкает работать правильно. Но страдать постоянно и ничего не делать — безумие. В таком страдании нет смысла. Страдание — это сигнал о неправильной работе. Сделайте работу правильной и забудьте о страдании.

28. ТРУДНАЯ ЗАДАЧА

«Вам необходимо уяснить себе, что учитель принимает на себя очень трудную задачу — чистку и починку человеческих машин. Конечно, он берется только за те машины, починить которые в его силах. Если в машине вышло из строя что-то существенное, тогда он откажется ее чинить. Но даже те машины, которые по своей природе еще доступны починке, становятся совершенно безнадежными, если начинают лгать».

«Далее, вам следует помнить, что я сумею помочь вам только в той степени, в какой вы помогаете мне. Кроме того, ваша помощь, особенно вначале, будет оцениваться не по фактическим результатам, которые наверняка будут равны нулю, а по размерам и количеству ваших усилий».

Люди как люди, да автоматизм их испортил. Так хочется, чтобы все случалось само, как в сказке. А мы б лежали на печи да ели калачи. Но механическая жизнь — не выход. Можно прожить жизнь на автопилоте, подобно животным, но мы не животные.

Мы рождены в человеческой форме. Форма есть, а где содержание? Форма — это аванс, шанс, данный Богом. По форме мы люди, но этого мало. Надо найти себя, свое содержание. Найти и проявить.

В нас много звеньев, но лишь одно — истинное. Обычно оно не работает, выключено за ненадобностью. Внешний мир таков, что от него нет пользы. Звено мешает благополучной жизни. Своим существованием ставит ее под сомнение.

Идеалы и ценности механической жизни входят в противоречие со смыслом существования истинного звена.

Зачем то, от чего проблемы и головная боль? Не проще ли спрятать звено и реже о нем вспоминать?

Под прессом механической жизни люди теряют себя, впадая в прострацию и забытье.

Зачем искать истинное звено, если живешь в джунглях? Где правят законы подлого чистогана. Продажности нет границ, а прав тот, у кого больше денег.

В итоге люди выбирают ложные, неправильно работающие звенья. Они помогают выживать, добиваться успехов, но какой ценой? Тонкое сломать легко, но что придет на смену? Грубое и примитивное?

В своих бесконечных желаниях люди идут напролом, коверкая себя и все вокруг. Следуя примитивным инстинктам, они уродуют свою тонкую природу.

Что можно сделать с машиной, которая долго работала как придется, в которой все перепутано, перевернуто с ног на голову? Чтобы навести в ней порядок, надо начинать с начала, с чистого листа.

Машина должна знать, что она — машина, механическая кукла. Надо показать машине, как уродливо работает ее механизм. И кто руководит всей этой «успешной» работой.

У куклы есть «ум» — ложное эго, виновник «успехов и побед». Этот умник самонадеян и упрям, настоящее стихийное бедствие. Мы ничего не поймем, пока не увидим его «художеств».

Механическая жизнь превращает людей в механических кукол. Но сами куклы так не считают, они уверены, им крупно повезло, они — «успешные люди».

«Успешные» машины с самонадеянным эго — что может быть хуже?

Чистка и ремонт человеческих машин задача трудная. Трудность состоит в том, что машины так испорчены, что сопротивляются всему, самым простым вещам.

Понаблюдать за собой, отследить поведение, записать мысли, сравнить реакции, сделать выводы. В этом нет ничего сложного. Это интересно любому здравомыслящему человеку. Но на деле для многих это оказывается невозможным.

Сначала они говорят, что им нужен учитель, просят помочь. А когда получают пару простых заданий, опускают руки и делают ноги. Они хотят, чтобы им помогли, но без их участия.

«Пока гром не грянет, мужик не перекрестится». Такова психология ложного эго. Мы не будем делать, пока не возникнет острой нужды. Подход понятный, я тоже ничего не делал, пока не увидел, куда пришел.

Чтобы увидеть, надо понаблюдать, обратить внимание на те моменты, которые являются важными, ключевыми.

Трудности оттого, что эго считает иначе. Эти моменты не кажутся ему важными. У эго свои представления.

Кастанеда, Гурджиев — пройденный этап, прошлый век! Словно оттого, что прошло время, истина стала другой.

Ценность идеи проверяется жизнью, по ходу практического использования. Что является истинным, а что ложным, определяет практика.

Истина, произнесенная вслух, не станет истиной, пока не применим ее в жизни. И не получим обещанный результат. Можно по-разному относиться к личностям Гурджиева и Кастанеды, идеи, которые они сообщили миру, от этого не изменятся.

Истина не свалится с неба, но ее можно найти. Чтобы увидеть проблески истины, надо сделать к ней шаг. И не шаг в сторону, как хочет эго, а шаг в нужном направлении. Задача эго — увести в сторону, заставить пройти мимо. Эго цепляется за пустяки, мешая заметить главное.

А главное — практика. Мы склонны выяснять и спорить, чьи идеи лучше, а учение главнее. И постоянно забываем о жизни. «Суха теория, мой друг, а древо жизни зеленеет!»

Идеи и знания нужны для жизни. Если их негде применить, какой от них прок? Живые идеи делают нас живыми. Они пробуждают от спячки, расширяют сознание, выводя его за рамки эго. Идеи окрыляют, придавая силы. Они дают толчок, который необходим.

29. УЩЕРБНАЯ ПРИРОДА

«Такова природа человека. Человек не желает платить, и прежде всего — за самое важное. Теперь вы знаете, что за все надо платить, и плата должна быть пропорциональна полученному. Но обычно человек думает по-иному. Он отдаст все за пустяки, за вещи, которые ему совершенно не нужны. А за что-нибудь важное — никогда! Он надеется, что оно придет к нему само собой».

«Люди не хотят думать о себе, не хотят работать над собой, а думают о том, как бы заставить других делать то, чего хотят они сами».

Что такое деньги? Это средство, эквивалент затраченных усилий, мера стоимости. Почему люди любят деньги? Потому что с их помощью можно обмануть. Имея деньги, можно не работать и жить в свое удовольствие.

Эквивалент далеко не всегда отражает затраченные усилия. За одну и ту же работу в разных странах люди получают разные суммы. Денежная система несовершенна, а деньги не соответствуют возложенной на них функции.

Но другого способа измерить затраченные усилия у нас нет. Мы не хотим связывать духовный путь с денежным эквивалентом, его нельзя измерить деньгами. Он находится на другом уровне. Но, живя в этом мире, приходится иметь дело с деньгами. Жизнь в физическом теле требует затрат. Надо на что-то жить, питаться, одеваться, передвигаться.

Парадокс в том, что за духовное продвижение мы не хотим платить. Словно оно не требует затрат и усилий, а происходит где-то в безвоздушном пространстве.

В нас живет убеждение, что духовное продвижение не связано с деньгами. Оно должно достаться даром, за красивые глаза.

За все мирское мы платим любые деньги. Духовный путь бесплатен, за него мы платить не будем.

Двадцать лет назад я был уверен, духовный путь и деньги несовместимы. Платить не надо, и деньги брать нельзя. А тот, кто берет, наживается. Вполне советское мировоззрение. Словно духовные люди обязаны прозябать в нищете и голодать где-нибудь в пещере.

Подобные представления не новость, многие так считают. Не задумываясь, отдадут 500 рублей за килограмм колбасы, а платить за консультацию не станут. Надеясь получить даром или по дешевке.

Такова психология ложного эго. Оно все отдаст за пустяки, ерунду или глупость, за вещи, которые не нужны. А за что-то важное, что реально необходимо, эго платить не хочет. Оно надеется на чудо, манну небесную, что свалится с неба.

Как астролог, я делаю прогнозы, сообщаю сетку космических циклов. Это расписание индивидуально, в зависимости от звездного типа. По сути, это код судьбы. Никто не знает, что ждет его завтра. Зная расписание, можно сделать по-умному, спланировать, решить проблемы, сгладить углы.

Даже убедившись, как точно работают циклы, люди не делают выводы. Слушая эго, они идут напролом.

Люди не хотят думать и работать над собой. Мешает ложное эго. Оно не дает делать правильно. Это противоречит природе эго.

У дурака все должно быть по-дурацки, тогда дурак будет спокоен. Главное для дурака — сделать по-своему, согласно своему дурацкому представлению. Дурак не верит тому, что не укладывается в его представлении.

Власть эго — это беда, настоящее наказание, сродни проклятию. Не надо ничего придумывать, достаточно наградить ущербным эго, все остальное люди сделают сами.

Мы боимся, что Бог нас накажет, не зная, что уже наказаны. У нас есть эго — это хуже любого наказания. Механизм эго работает, не спрашивая разрешения. Если мы не ищем себя, нас находит эго.

Суть жизни проста: не хотите искать себя, живите как автоматы. Не хотите искать Бога и правды Его, живите с ущербным эго. Не хотите искать Свет, живите во тьме и убожестве.

Внешний мир правдоподобен, здесь создана видимость многих вещей. По форме они такие же, выглядят как настоящие, а по сути это подделка, искусная бутафория.

И люди выглядят как живые. Они тоже подделка, люди не настоящие, это куклы. Они мало понимают, в них нет глубины. По своей природе куклы поверхностны и ущербны. Они не хотят думать о себе, своем кукольном механизме. Куклы думают о том, как других заставить делать то, что хотят сами.

Куклы живут обманом. Они обманывают себя и других. Один обман тянет за собой другой, одна ложь порождает другую. Мы не замечаем, как все вокруг оказывается ложным. Ложные люди, ложные отношения, ложная кукольная жизнь.

Жизнь есть жизнь, за все приходится платить. Когда мы платим за пустяки, главное проходит мимо. Наше отношение — это наш выбор. Мы ценим и выбираем пустяки, наша жизнь становится пустячной, кукольной, лишенной содержания.

Не желая платить за содержание, получаем жизнь, богатую снаружи, но пустую внутри. Не думая о содержании, мы застреваем на форме. Развитие останавливается на форме. Куклы не оживают, не наполняются духом. Они остаются механическими.

Получая шанс, мы проходим мимо. Ущербная природа побеждает.

30. СОЗНАТЕЛЬНОЕ ЯДРО

«В человечестве, как и в отдельном человеке, все начинается с формирования сознательного ядра. Все механические силы жизни сопротивляются формированию этого сознательного ядра в человеке, подобно тому, как в человеке все механические привычки, вкусы и слабости сражаются против сознательного вспоминания себя».

«Необходимо только научиться сохранять большую часть энергии, вместо того чтобы непродуктивно ее тратить. Энергия расходуется главным образом на ненужные и отрицательные эмоции, на ожидание возможных и невозможных неприятностей, на плохое настроение, излишнюю спешку, нервозность, раздражительность, воображение, мечтания и т.д.».

Каждый день механические силы набрасываются на нас, чтобы сохранить статус-кво, оставить все как есть. Их задача — поддержать гипноз, сон, в котором мы живем. Это настоящий заговор, везде и всюду нас караулят агенты механических сил, как снаружи, во внешнем мире, так и внутри.

Делайте что хотите, но не смейте просыпаться! Внешний мир идет навстречу любому капризу. Явные психические отклонения находят поддержку и одобрение. Нравы в обществе быстро меняются, очевидная патология становится нормой.

Разменяйте жизнь на пустяки! Глупые привычки, слабости, суету, гонку за миражами, бесплодные мечтания, бытовые склоки. В мире столько бестолковой дребедени, которая кажется важной. Мы тонем в том, что не стоит медного гроша, тратим жизнь на абсолютную чушь и чепуху.

Делая механически, мы не придаем этому значения. Сделанное механически, ускользает от внимания. Страшно представить, сколько времени и сил мы тратим впустую.

Драгоценная жизненная сила утекает в песок. Мы кормим ею неорганических существ, присосавшихся к ауре. Они хорошо устроились, чего не скажешь про нас, бездарно расходующих жизнь.

Не ведая, что творим, мы кормим всякую нечисть. Вырастая, бесы управляют нами. За безалаберность надо платить, ничто не остается без последствий. За бессознательные проявления мы платим чистой монетой.

Энергия не пропадает, она расходуется, но не в том направлении. То, что должно быть потрачено на поиски истины, тратится на строительство лжи. Мы выращиваем ложное «я», механического двойника, куклу-подделку.

Существуют тысячи способов не заниматься делом. Чем угодно, только не делом. Тратить время на глупости и всему находить оправдание.

Если проследить, чем занимаются люди, язык не повернется назвать их разумными. Скорее это бунт против разума. Странное поведение диких, беспорядочных существ.

Наше поведение состоит из реакций. Сплошные реакции на череду внешних раздражителей, и ничего более.

Мы погружены в видимый мир, считая его реальным. Каждый день мы видим один и тот же сон под названием «внешний мир». Наше внимание блуждает от одного объекта к другому, не зная, что предпочесть, на чем остановиться. Чаще всего не находя ничего настоящего.

Признаться в этом трудно, мы что-то изображаем, делая вид, что все в порядке.

А вдруг внешний мир не настоящий и нас все разыгрывают?

В итоге люди считают, что быть собой слишком просто, это дурной тон. Надо быть как все, притворяться, изображать, обманывать. Только простаки не притворяются, они не умеют.

Мы быстро привыкаем к обману, обман становится нормой нашей жизни. Если не обманывать, будешь влачить жалкое существование, едва сводя концы с концами.

Быть собой — это не лгать, не обманывать, прежде всего — себя. Но чтобы быть как все, мы быстро забываем об этом. Обман следует за обманом, и ложь становится привычкой.

Окружая себя обманом, мы погружаемся в сон, мы забываем себя.

Сознательный человек не может жить обманом.

Пробуждение связано с истиной. Первое, что надо сделать, — найти грань, которая не лжет. Ее природа иная, ей незачем лгать. Эта грань настоящая, подлинная, вокруг нее формируется сознательное ядро.

Найдя в себе грань истины, мы сможем на нее опереться, обрести почву, перестав тонуть в трясине лжи и обмана.

Что такое сознание? Способность мыслить и отдавать отчет в своих действиях. Мы приходим в сознание, когда начинаем отдавать отчет, знать, что мы делаем.

Бессознательные действия являются механическими. Мы не думаем о последствиях, когда лжем, обманываем, злимся. Сознание выключается, и все происходит механически, автоматом. Нас накрывают и несут волны автоматизма.

Мы живем по воле волн, не успевая ничего понять. Одна волна сменяет другую, одно влияние следует за другим. Все происходит механически, само, без участия сознания.

Космические циклы — это механические волны, они подхватывают нас и несут, бросая из стороны в сторону, словно шлюпку в океане.

Так будет продолжаться, пока не решим проснуться, задействовав сознательную грань.

31. РОЖДЕНИЕ ЧЕЛОВЕКА

«Если человек живет без внутренней борьбы, если с ним все случается без малейшего сопротивления, если он идет туда, куда его ведут влечения, или туда, куда дует ветер, он остается таким, каков есть».

«Процесс эволюции, той эволюции, которая возможна для человечества в целом, совершенно аналогичен процессу эволюции, возможной для индивидуального человека. И начинается она с того же: некоторая группа клеток постепенно становится сознательной, а затем привлекает к себе другие клетки, подчиняет их и мало-помалу заставляет весь организм служить своим целям, а не просто еде, питью и сну. Вот это и есть эволюция, и другой эволюции не бывает».

Эволюция — это переход в другое качество, качественный скачок с одного уровня на другой. Эволюция начинается с количества. Мы действуем по инерции, раз за разом повторяя одно и то же. Мы делаем, не думая, чисто механически.

Однообразие приводит к скуке, скука убивает интерес и приводит к отказу.

Механическая жизнь удобна, но быстро вызывает скуку. Лишь машинам нравится бесконечное повторение. Они работают и работают, не представляя, что возможно что-то еще.

Какое-то время мы живем как машины, совершенно не думая о жизни. Периодически что-то происходит, заставляя задуматься, но длится недолго. Редкий человек до 30 лет пытается понять, что происходит. К этому моменту в нас вырастает фантом — ложная личность, вымышленная копия. Если в человеке нет сомнений, он так и проживет жизнь фантома. Будет есть, пить, спать и развлекаться, считая, что жизнь этим ограничивается. Его можно назвать «человек-фантом», «человек-призрак». По виду человек, а внутри пусто, пустая оболочка.

Если сомнения есть, а на борьбу не хватает сил, это будет жизнь куклы с полным набором негативных качеств. Кукла добьется успеха, но заплатит дорого. Она будет видеть, как шаг за шагом превращается в монстра.

Если сомнений много, борьба неизбежна. Но она может быть безуспешной. Кристаллизация будет в ложном эго, на ложном основании. Таких людей много, они механические, но считают себя настоящими.

И только человек, в результате борьбы укрепивший сущность, сможет родиться в духе, стать настоящим. Для этого необходимы целенаправленные сознательные усилия.

Мы живем в механическом мире, в окружении механических людей. Такова реальность этого мира. Человеком здесь становятся не благодаря, а вопреки. Эволюция — это борьба и преодоление, а не плавный переход одного в другое.

Механическое рождает механическое. Механические люди рождают механических детей. Нам приходится выбирать: быть как все или быть собой.

Разница между механическим и сознательным человеком есть, но немногие смогут ее найти. Они делают одно и то же, но из разных побуждений. Решающее значение имеют внутренние мотивы.

В механическом человеке нет сознательного ядра, им движет сиюминутная выгода. Но никто не скажет, что ищет выгоду. Истинные мотивы скрыты. Они могут быть скрыты даже для самого человека. А на витрине — благие порывы и пламенные речи.

«Берегитесь лжепророков, которые приходят к вам в овечьей одежде, а внутри суть волки хищные. По плодам их узнаете их» (Евангелие от Матфея. Гл. 7).

Мы можем думать и говорить что угодно, решающее значение имеют дела и поступки. Они иллюстрируют мотивы поведения. Какой человек перед нами, механический или сознательный, мы увидим по тому, что он делает.

Наше поведение — свидетельство состояния, в котором пребываем, сознательного или механического. Можно долго думать и много говорить, но проще отследить и увидеть самому.

Мы все находимся в пути, на разных этапах пути к себе. На пути к себе ключевой момент — работа над собой. Люди делятся на две груп-

94

пы: сознательные (пробужденные) и механические (спящие). Основной критерий пробуждения — сознательная работа над собой.

Мы не начнем работать, пока не увидим, кто мы. На пути к себе нас ожидает большой сюрприз — ахамкара (ложное эго). Это существо сделает все, чтобы сбить нас с толку.

Наша личность сформирована ахамкарой, но мы ничего о ней не знаем. Личность — это маска. Ахамкара надел эту маску, чтобы скрыть лицо, свои истинные намерения. Личность — это вымышленный образ, созданный ахамкарой, чтобы мы не искали себя.

Зачем искать, если все уже есть? Хотите быть личностью? Извольте, вот вам личность! Все как полагается — характер, набор свойств и качеств. Хотите сделать личность совершенной? Сейчас столько семинаров и тренингов, они помогут вам окончательно забыть себя.

Мы весьма простодушны, когда плывем по воле волн. Мы идем туда, куда дует ветер, и думаем, что все свалится с неба. Но «без труда не выловишь и рыбу из пруда».

Эволюция и рождение человека в духе невозможны без работы над собой, сознательной и целенаправленной работы.

Без осознания себя, борьбы и сопротивления ложному мы не придем к истине, а останемся добычей лукавого ахамкары и его иллюзорного мира.

32. ГЛАВНЫЙ НЕДОСТАТОК

«В характере каждого человека есть черта, которая является центральной. Она подобна оси, вокруг которой вращается вся его „ложная личность". Как правило, человек не может самостоятельно найти свою главную черту, свой главный недостаток».

«Изучение своего главного недостатка и борьба с ним составляет как бы индивидуальный путь каждого человека; но цель у всех одна — понимание своего ничтожества. Только в том случае, когда человек по-настоящему и искренне пришел к убеждению о своей беспомощности, когда он стал постоянно ее чувствовать, он будет готов для следующих, более трудных стадий работы».

Характер имеет ось — главную черту. Можно определить ее как линию поведения. Гурджиев называл астрологию наукой о типах. Типов много, и каждый тип «гнет свою линию». Если взять знаки зодиака и попробовать выделить главную черту, сделать это будет трудно. Характеристики общие, непонятно, что главное, а что второстепенное.

В конце XX века появилась наука, которая облегчила эту задачу. Главная черта характера превратилась в одну из психических функций. Конечно, не все так просто, как считает соционика — наука о моделях поведения, но кое-что соционике удалось открыть.

Хорошо описаны типы ложных личностей. Ярко, образно, с юмором. Получилось почти как у Линды Гудмен со знаками зодиака. Сразу рисуется образ, и многое бросается в глаза. Но и путаницы возникает не меньше. Заслуга соционики — общее представление. Его легко составить, прочитав описание типов. И еще разделение на функции — правильный подход.

Вникать в соционику глубже, особенно разбираться в наукообразных схемах, не советую. Можно утонуть, ничего не поняв.

Соционика — подспорье, она поможет сориентироваться, облегчит поиск, но полагаться на нее нельзя. Достоверна там лишь небольшая часть, остальное надумано и перепутано.

Основная наука — астрология, лишь она способна ответить на все вопросы. Но, как и везде, в астрологии много мусора. Появилось много «авторов», которые превратили священную науку в развлечение для домохозяек. Знаки зодиака описаны так, что трудно отличить один от другого.

Почему мы не видим главную черту? Потому что ось механическая, на нее нанизаны черты характера. Ось работает автоматом, в эти моменты сознание «плавает». Мы что-то делаем, но отчета не отдаем. В жизненных ситуациях главная черта работает автоматически. Это звено не поддается коррекции, оно полный автомат.

В судьбе есть моменты, которые нельзя исправить, как ни старайся. Мы вынуждены пережить их. Такие моменты связаны с главной чертой — линией поведения.

Парадокс в том, что мы не считаем главную черту недостатком. Напротив, мы считаем ее достоинством. И невольно показываем всем, как «хорошо» у нас получается.

Ахамкара — специфическое существо, к нему нельзя подходить с обычными мерками. Существо ведет себя как человек, чем вводит в заблуждение. Оно имитирует поведение человека, но это не человек. Скорее, это карикатура на человека. Мы обязаны ахамкаре как негативными, так и позитивными проявлениями.

Ложная личность — это мы, но в то же время не мы. Личность состряпана ахамкарой. Эта стряпня — наш дубль, двойник. Довольно грубая подделка. Личность — почти как мы, но только в примитивных, низменных проявлениях. Мы бы не хотели быть такими, но это проскакивает. Чисто автоматически, по недосмотру.

Если не обращать внимания, автоматизм растет. Мы в ловушке, нам некуда деваться. Тело и эго — наши тюремщики. Когда выйдем из тела, расклад изменится. Но сейчас нужна гармония, баланс интересов тела, эго и духа, устойчивое равновесие.

Наше мировоззрение сформировано под диктатом эго. Представления, убеждения, взгляды, все это работа ахамкары. Образ жизни, круг общения, привычки, вкусы, пристрастия, всюду работа эго. Благодаря эго мы стали тем человеком, которого все знают. Но это не тот человек, кем мы являемся на самом деле.

С помощью эго мы успешно выдаем себя за другого. А главный недостаток считаем достоинством.

Истина в том, что мы не тот человек, за кого себя выдаем.

Личность уверена, что все делает правильно. Она же не вчера родилась, у нее богатый жизненный опыт и масса различных успешных дел. Попробуйте ее в чем-то обвинить! На страже интересов личности стоит лукавый лис ахамкара.

Трудно говорить о понимании беспомощности, когда сплошное чувство собственной важности. Таково состояние обычных людей, они не могут найти недостаток в том, что считают достоинством.

Считая себя личностью, мы уверены, что от нас зависит многое. А раз так, можно торговаться, выдвигая свои условия. Мы — не пустое место, мы — уважаемые люди, у нас заслуги и достижения. С нашим мнением должны считаться.

И только понимание, что мы не личность, способно вернуть нас с небес на землю и охладить горячие головы.

Мы не личность, и все труды на ее благо — большое заблуждение.

Индивидуальный путь каждого человека — это путь к себе. Можно долго себя обманывать, меняя одну маску на другую. Можно казаться, делать вид, изображать, но что это даст?

33. ОСОЗНАНИЕ РЕАЛЬНОСТИ

«Такое постоянное осознание своего ничтожества и своей беспомощности в конце концов придает человеку смелость „умереть“, т.е. умереть не просто мысленно, в своем сознании, а на самом деле, отказаться по-настоящему и навсегда от тех аспектов самого себя, которые или не являются необходимыми с точки зрения собственного роста, или препятствуют ему».

Что такое личность? Это нагромождение. Не зная себя, не понимая, что происходит, мы собираем все подряд, без разбора, считая, что всему найдется применение.

Личность похожа на баррикаду. Со всех сторон мы чувствуем угрозу, нам страшно. В целях защиты мы выстраиваем заграждение. Личность — это ответная реакция на давление среды.

Постепенно мы привыкаем, осваиваемся. Защитные барьеры построены, можно расслабиться. Давление не уменьшилось, но мы приспособились, вырастили личность.

Изначальная задача личности — выживание. Младенец растет, необходим посредник между телом и средой, защитное устройство. Защитный механизм растет сам, он имеет тип и структуру.

Тело вырастает, оформляется, с помощью личности мы находим место в социуме. Получаем образование, устраиваемся на работу. Выбираем себе партнера, образуем семью. На этом задача личности заканчивается.

Мы адаптировались, стали частью среды. Нас ждет счастливая механическая жизнь. Карьерный рост, рождение детей и так далее.

Мы в порядке, все идет по плану, доходы растут. И личность растет, она становится матерой, на мякине не проведешь.

Какие могут быть недостатки у того, чья жизнь в достатке? Победителей не судят. Легко попасться на удочку благополучной жизни.

И многие ставят достаток смыслом жизни. На этом их развитие заканчивается.

Главная черта, главный недостаток с пиететом заполняется материальным достатком, словно цементом. Личность обретает черты монумента. А когда-то это был живой человек.

Может сложиться впечатление, что осознание ничтожества — это унижение достоинства. Что надо помнить, что мы — никто. Это не так, посыпать голову пеплом, бить челом об пол не требуется.

Что такое ничтожество? Что-то мелкое, незначительное, речь идет о масштабе. Точка в пространстве, капля в океане.

Такова реальность, реальное положение нашего существа. Того, кто мы, а не того, кем себя воображаем.

Мы — точка в пространстве. Состояние является отправным, изначальным. Мы — отправная точка. Когда мы думаем о себе как о точке, у нас появляется шанс.

Мы не будем расти, если считаем себя личностью. Это самообман, вымысел. Можно сделать личность изощренной, но что это даст?

Фальшивое станет правдоподобным, подделка напомнит подлинник, но ложному не стать истинным.

Личности никогда не стать сущностью, какой бы великой она себя ни воображала.

Да, мы всего лишь точка, что-то мелкое и незначительное. Мы ничтожны, беспомощны, но мы существуем, а личность — нет. Она плод испуганного воображения.

Мы — точка, но мы — есть. Я есть. А личности не существует, она — вымысел, фантазия.

Личность правдоподобна, она создает иллюзию существования. Она имеет тип и знак зодиака. Но это только схема, набор механических проявлений. Куклы могут ходить и говорить, а роботы-автоматы похожи на мыслящих существ.

Так и люди, живущие в ложной личности. Они правдоподобны, почти как настоящие, но это куклы.

Трудно в это поверить, но мы — механические куклы, воображающие себя настоящими людьми, способными любить и понимать.

Мы можем стать людьми, если перестанем воображать.

Одно дело воображать, другое — стать кем-то реально, по-настоящему.

Увы, мы люди лишь в нашем воображении. На деле мы — куклы. Чтобы стать реальными людьми, способными любить и понимать, надо осознать реальность, реальное, а не выдуманное положение.

Противоречие между воображаемым и реальным положением дел — это то, что надо увидеть. Понаблюдав за личностью несколько месяцев, мы убедимся, что она — кукла, фальшивка. Личность не имеет с нами ничего общего, только тело. Личность слушает ахамкару (ложное эго). А эго играет в свою игру.

Мы не эго, не личность и не тело. Идет игра, что-то происходит, но наша роль не ясна. Для чего этот мир, личность и тело, если мы не знаем, что тут делаем?

Мы не начнем действовать, пока не увидим свою роль. Лишь осознание реального положения может побудить к действию. Ничего так не отрезвляет, как истинная картина происходящего.

34. НЕЖЕЛАНИЕ ПОНИМАТЬ

«Не понимают они и того, что знание зависит от бытия, и не только не понимают, но и определенно не желают понимать. В частности, западная культура убеждена в том, что человек может обладать огромными знаниями, быть, например, способным ученым, делать открытия, двигать вперед науку. И в то же время оставаться — и иметь право оставаться — мелочным, эгоистичным, придирчивым, низким, завистливым, тщеславным, наивным, рассеянным человеком».

Что такое понимание? Это способность постигать содержание, значение, смысл. А что делать, если люди не хотят искать смысл и думать о содержании? Они довольствуются формой. Осмыслить и постичь нелегко, а сотворить что-то похожее по форме и пустое по содержанию труда не составляет.

В итоге мы имеем повсеместное выхолащивание. Никто не думает о смысле и содержании. По форме жизнь похожа на человеческую, хромает содержание, оно другое. Примеры есть везде, в любой сфере общественной жизни.

Острое желание осовременить классику приводит к тому, что от классики ничего не остается. Изрядно потрепанная форма и уродливые построения очередного «модного» режиссера.

Авторы статей в газетах и журналах не думают о содержании, их задача — любым способом привлечь внимание. Для этого достаточно формы. Несколько броских заголовков — и продукт куплен. А что там написано, уже и неважно.

Телевидение превратилось в мыльную фабрику. Оно тонет в наспех состряпанных сериалах. Надо успеть напичкать их рекламой. Содержание не имеет значения. Программы делаются на уровне эмоций. Собрались, пошумели, выпустили пар и разошлись. Это не телевидение, а одно сплошное «пусть говорят». Лишь бы поговорить, неважно, о чем и с каким результатом.

От эстрады остались воспоминания. Когда-то мы пели задушевные осмысленные песни. Теперь петь не обязательно, голос не нужен. Стихи и рифмы тоже. Достаточно убогого текста и повтора двух-трех фраз. Кто вспоминает о смысле подобных творений?

А современные продукты питания. По форме и этикеткам это одно, по содержанию совсем другое. Форма остается, а содержание утрачивается и подменяется.

Демократия, рынок, полиция, суды, законы. По форме напоминает, а содержание иное. Цели и задачи иные. Мы думаем одно, нам говорят другое, а получается третье. Иллюзорный мир играет в прятки. Мы ищем хоть что-нибудь настоящее, а получаем имитацию, бутафорию и подделки.

Жизнь не изменится, если не стремиться к пониманию. Довольствоваться тем, что есть, не вникать и не думать о содержании. Нежелание понимать связано с самомнением и ложными ориентирами.

Зачем вникать, если можно получить и так? Зачем учиться и вникать, если можно сделать вид? Если можно сыграть, изобразить? Если можно обмануть?

Вот и учатся студенты в современных вузах по новой технологии. Студенты делают вид, что учатся, а преподаватели — что учат.

Когда нет понимания, образуются буфера — искусственные приспособления. Ложная личность формируется стихийно, нагромождением противоречивой информации. В этих баррикадах трудно разобраться, поэтому образуются буфера. Они связывают несовместимые вещи, обычно исключающие друг друга.

Что делать человеку, у которого в голове — каша? У него нет времени, желания и сил разбираться в этой мешанине. С другой стороны, кто сознается, что в голове — каша?

Будем кивать и поддакивать, делая вид, что понимаем. Хотя понятия не имеем, что и как делать. Мы глупы, но не настолько, чтобы не пытаться произвести впечатление умного человека.

Вот и получается образ сумасшедшего профессора. Он не совсем вменяем, но много знает, говорит умные, никому непонятные вещи. Помимо этого у него скверный характер, в быту он невыносим.

Гений и злодейство несовместимы, но к гениям подход особый. За их таланты и способности мы на многое готовы закрыть глаза. В нашем представлении они не такие, как мы. К одаренным от рождения у нас особое отношение. Им можно позволить больше, чем простым смертным. Пусть будут грешны и порочны, лишь бы творили свои «гениальные» произведения.

Но что может сотворить порочный человек, имеющий массу недостатков? Его творения будут носить отпечаток порочности, изъян, который перечеркнет все достоинства. Хотя в этом мире именно такие работы пользуются спросом. Совершенство пугает, оно становится укором нашему состоянию. На фоне совершенства любые мелочи выглядят уродствами.

Мы хотим оставить за собой право ничего не делать. Получить знание, ничего не делая с бытием. Мы думаем, это возможно. Иметь бытие уровня животных и обладать сокровенными знаниями Вселенной. Нежелание понимать упирается в уровень бытия.

Таланты и способности есть у каждого, как и недостатки. Не обращать на них внимания — заблуждение. Оставаясь такими, какие есть, мы не сможем понять простых вещей. Не позволит уровень бытия.

Чтобы узнать, кто вы, изучите уровень бытия. Можно воображать себя кем угодно, уровень бытия покажет, кто вы на самом деле.

35. ПРИВЫЧКА НАБЛЮДАТЬ

«Знание само по себе не дает понимания; и понимание не увеличивается благодаря росту одного лишь знания. Понимание зависит от отношения знания к бытию, это — равнодействующая знания и бытия».

«Человек, привыкший к самонаблюдению, знает, что в разные периоды своей жизни он понимал одну и ту же мысль, одну и ту же идею совершенно по-разному. Нередко ему кажется странным, как он мог так неправильно понимать то, что сейчас, по его мнению, понимает правильно. В то же время ему понятно, что знание его не изменилось, что раньше он знал о предмете столько же, сколько знает и сейчас. Что же тогда изменилось? Изменилось его бытие. И поскольку оно стало иным, стало иным и его понимание».

Тайное знание существует. Но тайное оно не потому, что его хотят скрыть, сделав недоступным. Опасения связаны с неправильным использованием знания. История знает немало таких примеров. Это все равно что дать ребенку коробок спичек. Люди не готовы поступать правильно, не позволяет уровень бытия.

Истина в том, что знание не дает понимания. Об этом никто не думает. Мы стремимся овладеть знаниями, считая, что этого вполне достаточно.

Используя знания, мы начинаем действовать, стремясь получить результат. Но он оказывается иным. Совсем не тем, на который рассчитывали. Что-то из серии «хотели как лучше, а получилось как всегда».

Раз за разом история повторяется. На повестке дня те же вопросы: «Что делать?» и «Кто виноват?»

Сначала мы не знаем, что делать. Получив знания, что-то делаем. Потом ищем виновных в том, что получилось. Никто не думает, что дело не в знании, а в бытии. Прежде чем делать, надо быть. Быть, а не казаться.

Мы видим несуразное поведение друг друга, ничего не замечая за собой. Мы что-то делаем, а потом обвиняют других. Каждый следит за соседом, за собой не смотрит никто.

Сложного ничего нет, сложности создают люди. Они усложняют простые вещи, а потом ломают голову. Истина проста, но желающих искать мало. Мы надеемся проскочить, не вникая.

Чаще всего поиск связан с внешним миром. Мы ищем людей, способных ответить на вопросы. Мы думаем, что внешний мир и люди — причина наших бед.

Нам кажется, мы знаем, что делать. Но знание — это одно, а понимание — другое. Знание можно накопить. Понимание не растет вместе с количеством знания. Понимание зависит от отношения знания к бытию.

Животные знают, как добывать пищу. Навыки и умения они получили от родителей. Бытие животных — это процесс добывания пищи. На своем уровне бытия они понимают, как это делать.

Но поместите дикое животное в домашние условия. Бытие маленького звереныша изменится, его будут кормить готовой едой, ему не придется ее добывать. Он не сможет получить навыков выживания в дикой природе. Бытие животного станет иным, оно не поможет ему выжить, окажись он на свободе.

Знания животных — инстинкты. Но этого мало, необходимы условия бытия, когда умения и навыки обретаются на практике.

Знания хороши, но бесполезны, если не уметь применять их на практике, в обыденной жизни. Если нет понимания, как и где применять.

Мы знаем много прописных истин, но не следуем им в жизни. Почему?

Потому что не понимаем, как это делать. Истины известны, но что толку? Никто не знает, как по ним жить.

Нам кажется, что понимаем, и этого достаточно. Зачем углубляться, если истины понятны? Спросите любого, получите утвердительный ответ. Кто не знает прописных истин?!

В Иисуса Христа верят многие, но кто живет согласно его заповедям? Мы верим, но для себя готовы сделать исключение. Если буквально следовать заповедям, жить станет невозможно.

Знать-то мы знаем, а когда дело доходит до повседневной жизни, арифметика получается другая. Заповеди остаются в голове, действия получаются другими.

История повторяется, думаем одно, говорим другое, делаем третье. И такой разброд никого не смущает. Все так живут!

Бытие определяет сознание. Уровень бытия сужает наше мышление до уровня приматов. Мы не хотим думать о «высших материях» — зачем, если и так хорошо?

Парадокс в том, что мышление не кажется нам узким. Наоборот, мы успеваем подумать обо всем, что интересует личность. А ее интересы обширны. Кто измерил границы бытия?

Мы знаем, что с нами что-то не так. У нас есть вопросы, тревоги, сомнения. Что-то происходит, трудно понять — что?

Течение жизни остается за кадром. Мы слишком погружены в жизнь. Такая вовлеченность делает нас слабыми. Мы плывем по воле волн.

Наблюдение позволит нам отстраниться, притормозить. Гонка за место под солнцем никуда не денется.

Мы слабо представляем, какой образ жизни ведем и что составляет наше бытие. Мы просто живем, механически, не отдавая отчета в том, что делаем.

Внимательное наблюдение поможет внести ясность. Привычка наблюдать — полезная привычка. Наблюдательный человек замечает детали, а Бог прячется в деталях.

36. ПРАВИЛЬНАЯ ЭВОЛЮЦИЯ

«Развитие человека идет по двум линиям: линии знания и линии бытия. При правильной эволюции линии знания и линии бытия развиваются одновременно, параллельно друг другу, помогая одна другой».

«Человек не должен делать ничего такого, чего он не понимает, за исключением какого-нибудь опыта под руководством и по наставлению учителя. Чем яснее понимает человек то, что делает, тем значительнее будут результаты его усилий».

С развитием по линии знания вопросов нет. Знания доступны, и каждый выбирает то, что нужно на данном этапе жизни. То, что способен принять и усвоить. В лучшем случае знания будут использованы как руководство и как ориентир при выборе направления движения. Знания могут накапливаться в базе данных и извлекаться по мере необходимости.

Знания могут не найти применения, тогда они станут обузой, балластом, не дающим двигаться вперед. Горе бывает от излишней информированности, которая мешает принять правильное решение. Когда знаний много, а системы нет, есть риск запутаться, не сумев отделить главное от второстепенного.

В этом поможет линия бытия. В том случае, если эволюция правильная и две линии: знания и бытия развиваются одновременно.

Любое бытие состоит из потребностей, требующих удовлетворения. Если удовлетворять все нужды без разбора, это приведет к застою и сну. Это все равно что плотно пообедать, вся энергия уйдет на переваривание пищи и потянет в сон.

Чтобы поддерживать организм в активном (пробужденном) состоянии, надо выделить главные потребности. Они связаны с духом. Все остальные потребности — второстепенные.

Обычно бывает наоборот. Место духа занято личностью. И даже те, кто провозглашает интересы духа главными, занимаются самообманом. По ошибке или недоразумению, они выдают желаемое за действительное. Бытием заведует личность, детище ахамкары. Интересы диктуются ахамкарой (ложным эго). Они достаточно просты. Еда, секс, развлечения. Хитрый лис ахамкара ни в чем не знает меры. А личность не имеет тормозов. Это приводит к тому, что мы засыпаем, обильно удовлетворяя потребности тела.

Потребности духа игнорируются, а линия бытия заходит в тупик. Считая себя личностью, мы делаем неправильные выводы. Сквозь призму личности мы не видим реальной картины, знания поступают в искаженном виде.

Проблемы с линией бытия создает ахамкара. Его диктат не заметен. Мы живем вслепую, не понимая, что происходит.

Люди как люди, картину портит линия бытия. Она сильно хромает. Своими силами нам не справиться. Личность самонадеянна и упряма, это машина, построенная ахамкарой. Не слушая никого, она прет напролом.

Мы не должны делать ничего такого, чего не понимаем.

Это правило четвертого пути. Подчиняясь диктату ахамкары, линия бытия идет вниз.

Мы не понимаем зачем, но постепенно втягиваемся в гонку за земным раем. Вместе с «нажитым непосильным трудом» мы превращаемся в механических кукол.

«Посему говорю вам: не заботьтесь для души вашей, что вам есть и что пить, ни для тела вашего, во что одеться. Душа, не больше ли пищи, и тело — одежды?

Взгляните на птиц небесных: они не сеют, ни жнут, ни собирают в житницы; и Отец ваш Небесный питает их. Вы не гораздо ли лучше их?

Да и кто из вас, заботясь, может прибавить себе росту, хотя на один локоть?

И об одежде что заботитесь? Посмотрите на полевые лилии, как они растут: не трудятся, ни прядут;

Итак, не заботьтесь, и не говорите: „что нам есть?" или „что пить?" или „во что одеться?"

Ищите же прежде Царства Божия и правды Его, и это все приложится вам» (Евангелие от Матфея. Гл. 6).

Для нормальной жизни нужен минимум. Тогда будет легко. Но в этом мире все наоборот. Никто не думает о балансе и равновесии. То, что сверх меры, — погружает в гипнотический сон. Лишнее и избыточное нарушает гармонию и равновесие.

Считая себя личностью, мы сильно рискуем. Основная опасность, которую несет в себе личность, — отсутствие тормозов. Стихийная природа не знает тормозов, ей не знакомо чувство меры.

Мы живем во власти стихийного существа, машины, у которой нет тормозов. Мы мчимся в машине на приличной скорости. Как вам понравится такое сравнение?

Ситуация серьезнее, чем многие думают. Мы оказались в машине, не понимая, что делаем. Считая себя личностью, слушали ахамкару, а машина набирала ход.

Мы «не искали правды», пытаясь разобраться в своем устройстве. Глядя на других, мы сразу стали «давить на газ». Но что другие? Они не думают о развитии, цели и задачи у них иные.

Понимание — это результат правильной эволюции. Как ни старайся обойтись без духа, правильная эволюция без него невозможна. Нельзя стать сознательным, не задействовав сознание.

37. СЛАБЫЙ ЙОГИН, ГЛУПЫЙ СВЯТОЙ

«Если знание получает перевес над бытием, человек знает, но не может делать. Это бесполезное знание. Если бытие получает перевес над знанием, человек способен делать, но не знает... что именно надо делать».

«Развитие линии знания без развития линии бытия дает слабого йогина. Человек много знает, но ничего не может сделать; это человек, который не понимает того, что знает, человек, не обладающий правильной оценкой».

«А развитие линии бытия без знания дает глупого святого, т.е. человека, который может сделать много, но не знает, что делать или зачем делать».

Серединный, сбалансированный путь — такая же большая редкость, как проявленный, реализованный человек. Мы постоянно сталкиваемся с крайностями. Одни гуру предлагают забросить мирскую жизнь, сосредоточившись на духовной, другие — идти служить в мир, не заботясь о духе. Никто не думает о понимании.

Зачем разбираться, вникать, делайте то, что говорит гуру! Зачем думать, анализировать, идите и служите.

Для начала надо уяснить, что на пути духа общие рекомендации не проходят. Что полезно для одного, для другого может быть пустым и даже вредным.

Общие рекомендации хороши на начальном, подготовительном этапе. Он может затянуться, если на все вопросы мы получаем одни и те же общие ответы. Люди разные, на конкретные вопросы всегда есть конкретные ответы.

Линия знания и линия бытия должны развиваться параллельно, взаимно дополняя друг друга. Недостаток или избыток тормозят развитие.

Мы часто топчемся на месте, не понимая, что происходит. Занимаясь линией знания, мы забываем о линии бытия. Знания кажутся священными. Мы бегаем за ними, не думая, зачем, что с ними делать? Какая польза от знаний, если они сами по себе, а мы сами по себе?

Знаний много, а как применять, не знаем. Нет уверенности, что в данном случае надо делать так, а не иначе. Понять, что делать, не дает отставшая линия бытия.

Как ни странно, но правильная жизнь может стать помехой в развитии. Если уделять ей много внимания. Праведники заходят в тупик. Они полны сил, но не знают, куда идти.

Как линии знания, так и линии бытия можно следовать механически. В один прекрасный момент обнаружив, что это не то, что искали, к чему стремились. Механически можно делать не только плохое, но и хорошее. Оказывая помощь, мы действуем автоматически, недолго думая осознание приходит потом. Когда видим, что нас использовали.

С другой стороны, надеясь на помощь, мы ведем себя как дети, полагаясь во всем на взрослых. Мы торопимся вручить свою жизнь, сняв с себя всякую ответственность за нее.

Пусть взрослые решают наши проблемы. Задача простая — найти взрослого (гуру), который все уладит.

Зачем расти и развиваться? Куда проще повесить на гуру груз накопленных проблем. Пусть разбирается, если такой умный. А мы будем спрашивать, предъявлять претензии.

Для чего нам гуру? Чтобы разгреб завалы, все за нас сделал, а мы бы сидели и радовались, как нам повезло!

На линии знания и линии бытия возникают одни и те же ошибки. Обычно мы делаем уклон на одну из линий, на другую не обращая внимания, она кажется второстепенной.

Для людей, мыслящих логически, главной линией является линия знания, про линию бытия они забывают.

Люди, настроенные этически, отдают предпочтение линии бытия, игнорируя линию знания.

В авторитеты мы выбираем тех, кто мыслит в нашем ключе. Кто преуспел в одном направлении, на линии знания или бытия.

Мы забываем, что задача не только найти в себе потенциал, но и применить его в жизни. Тем самым выражая и реализуя себя. И здесь одной линией не обойтись. Только так мы станем настоящими, а не потенциальными людьми.

Что такое четвертый путь? Это четыре этапа самореализации.

Первый этап: обнаружение подмены, выявление ложного образа — ложной личности, определение типа и знака.

Второй этап: обнаружение двойственности, отрицание и ослабление личности.

Третий этап: обнаружение сущности, очищение и укрепление духа.

Четвертый этап: восстановление порядка, Божьего промысла, баланса и гармонии тела и духа.

Многие останавливаются на первом этапе. Выявив ложный образ, своего двойника, определив тип и знак, миссию считают выполненной. Двигаться дальше не позволяет линия бытия. Она занята ложной личностью, не желающей сдавать позиции. Люди ищут, но не могут найти себя, всюду царит ложная личность.

В этом случае необходима помощь извне. Если к данной ситуации применить закон октав по Гурджиеву, здесь необходим толчок. Иначе говоря — вмешательство Вселенского Духа.

Никто не отменял гипнотический сон, в котором пребывает человечество. Того, кто спит, необходимо разбудить. Нужна сила, способная вывести сущность из оцепенения.

Кто может обладать подобной силой? Тот, чья миссия — пробуждать. Человек, реализовавший в себе Бога, Мастер. Если намерение искреннее, мы получим необходимый эффект. А дальше все зависит от нас, от нашего стремления двигаться вперед.

38. РАБОТА И ОТНОШЕНИЕ

«Работа может вестись лишь до тех пор, пока люди помнят, что они пришли учиться, а не учить. Если человек перестает доверять учителю, учитель становится, ему не нужен, но и он сам становится не нужен учителю».

«Никто не в состоянии подняться на более высокую ступень, пока не поставит на свое место другого человека. То, что человек получил, он должен немедленно отдать; лишь тогда он сможет получить больше. Иначе у него будет отнято даже то, что уже было дано».

Работа над собой — это трансформация (видоизменение). Ее не будет, если нет доверия. Если есть сомнения в компетентности того, кто передает свои знания.

Никто не сможет научить тому, что не умеет сам. Хотя есть много делающих вид. Нам кажется, мы разбираемся. Прочитав много книг, мы беремся судить, считая, что понимаем. Но понимание не приходит автоматически, одновременно с чтением. Понимание есть результат применения знаний на практике.

Идеи Гурджиева будоражат умы, но читать о них в книге — одно, а следовать им в жизни — другое. При чтении книг кажется, что понимаем, но когда доходит до дела, не знаем, как применить прочитанное.

Пока знания не проверены практикой, бессмысленно о них судить, мы не знаем им цену. Это все равно что судить о вкусе и пользе фруктов по внешнему виду. Знания — это плоды, не вкусив их, бесполезно о них говорить.

Я могу судить лишь о том, что испытал. Наши возможности не так широки, как кажется. Нельзя объять необъятное. Осознания хватит на небольшой участок. Выйти за рамки представлений ложной личности — большое достижение. Для многих эти рамки становятся непреодолимым препятствием.

Звездный тип — наш скрытый духовный потенциал. Он не проявится сам по себе, по взмаху волшебной палочки. Истинное «Я» закрыто личностью, словно щитом. Ничего не произойдет без осознанной работы над собой.

Мы прожили 20, 30, 40 лет, считая себя личностью, а назавтра хотим стать собой, чистым сознанием. Так не бывает. Нам предстоит упорная, кропотливая работа по расчистке.

Озарение можно сравнить с только что рухнувшим зданием. Потрясение длилось несколько секунд. Мы поняли, что не являемся личностью. Здание рухнуло, сущность оказалась под завалами. Наше счастье, что она жива, хоть и находится в стесненных обстоятельствах.

Мы столько лет строили здание ложной личности, а теперь оно рухнуло, оказавшись несостоятельным.

Но это в лучшем случае. Личности многих людей настолько крепки и устойчивы, они стоят как монументы, памятники, под которыми покоится духовная сущность.

Мои возможности ограничены, я не могу проделать работу за вас. И не собираюсь мериться силой с ложной личностью, пытаясь переубедить. Именно личность создает проблемы, считая себя умной. «Умная» личность не желает учиться, она готова «учить».

Моя задача — помочь увидеть реальную картину бытия. Положение личности и состояние сущности. Борьба с личностью в мои планы не входит.

Продолжительность работы зависит от того, насколько твердый настрой. Пробиться сквозь туман обманчивых представлений довольно трудно. Мы окружены плотными слоями иллюзий. Ложная личность годами ткала разношерстные заблуждения, методично опутывая нас ими. Получился огромный кокон, в котором живет «умная» куколка, которая не хочет стать бабочкой.

Куколка решила, что она *homo sapiens*. И ничего делать не надо. Обманчивые представления сделали свое дело. Иллюзии опасны, они могут навредить, законсервировав ложное состояние.

Цель работы — осознать и покинуть ложное состояние.

Нам кажется, наша жизнь настоящая. А личность — предел мечтаний. Мы немного над ней поколдуем, этого достаточно.

«Умная» личность — основное препятствие, она слишком много «знает». Едва начав работу, мы почувствуем сопротивление и ропот, переходящие в недовольство.

Нам не нравятся задания, мы не хотим следовать инструкциям. Мы много знаем, столько книг прочитали, а тут какая-то «ерунда».

Ахамкара — это матёрый хищник, ловкий и сильный зверь, годами формировавший наше мировоззрение. Личность не хочет учиться, считая, что достаточно «продвинута», чтобы заниматься работой.

Пока люди помнят, что целью общения является поиск истины, проблем не возникает. Дело не в учебе, речь идет о пути. Надо пройти определенный путь, чтобы увидеть то, что увидел я. И сделать выводы.

Вселенский Дух снабдил меня знанием звездных типов. Это моя дхарма, предназначение свыше. Знания не свалились на меня как снег на голову. Они пришли в процессе работы над собой. Тот, кто пожелает пройти путь к себе, эти знания получит. Без прохождения пути знания бесполезны. Они обретают ценность по мере восхождения. Знания и путь рождают понимание. Мудр не тот, кто знает, а тот, кто, пройдя путь, обрел понимание.

39. ПОДРАЖАНИЕ РАБОТЕ

«Их работа сводится к простому обезьяньему копированию. Однако подражательная работа подобного рода приносит большое удовлетворение. Один человек чувствует себя „учителем", другой — „учеником", и каждый испытывает удовлетворение. Здесь нельзя обрести понимание своего ничтожества; и если даже люди уверяют, что оно у них есть, все это иллюзия и самообман, если не прямой обман. Наоборот, вместо понимания своего ничтожества члены таких кружков обретают чувство собственной важности, и их ложная личность растет».

Мы живем в фальшивом, искусственном мире. Нас окружают фальшивые, искусственные люди. Надо потратить немалые усилия, чтобы найти здесь что-нибудь настоящее. Здесь все притворяются, делают вид, вольно или невольно. Здесь так принято, таковы негласные правила. О них знают, но вслух не говорят.

Здесь не обязательно испытывать на самом деле, достаточно имитировать. Выражение «весь мир — театр, а люди в нем — актеры» следует понимать буквально. Каков мир, таковы и люди. А мир во многом воображаемый, по форме это одно, а по сути — другое.

Подлунный мир — это мир форм, здесь все облечено в материальную форму, но форма не всегда соответствует содержанию.

Материальный мир — это форма, не ищите в нем содержания, его можно не найти. Иметь содержание необязательно. Как ни старайся, предпочтение отдается форме, внешнему виду.

О содержании много говорят, но предпочтение отдают чему-нибудь похожему, искусственному. С искусственным нет проблем, оно может быть любым, а настоящее только настоящим.

В насквозь искусственном мире настоящее вызывает шок, панику. Сразу становится видна полная несостоятельность мира, его ущербность. Здесь не любят настоящее, оно вызывает раздражение. Здесь не принято быть настоящим, здесь надо притворяться. Здесь все носят маски, а что под ними — никому неинтересно.

Мы живем в этом мире, но мы не форма, мы — содержание. По форме мы такие, как все, но содержание — иное. Если беспокоит содержание — это признак того, что оно есть.

Не надо искать содержание у других, задача — найти его у себя. Найти и сохранить.

«Не давайте святыни псам и не бросайте жемчуга вашего перед свиньями, чтобы они не попрали его ногами своими и, обратившись, не растерзали вас» (Евангелие от Матфея. Гл. 7).

Пусть мир остается таким, каков есть. Что толку менять декорации? Пусть люди носят маски. «The Show must go on». Безумное шоу должно продолжаться.

Давайте разбираться с собой. Что в этом шоу делаем мы? Что за маска у нас на лице?

Внешний мир — это игра, грандиозное представление. Можно ли назвать его жизнью? Нет, скорее это блеф, демонстрация того, чего нет. Мы можем поучаствовать в игре, но что это даст?

Работа над собой тоже может стать игрой. Всегда найдутся те, кто из всего сделает шоу. Но игра нам не нужна. Нам нужна настоящая жизнь, а не лживые игры механических кукол.

Если хотим жить, а не играть в жизнь, следует быть, а не казаться. Жить — это главное правило жизни. Жить или не жить — вот в чем вопрос!

Мы выбираем жизнь, а нам предлагают поиграть. Мы хотим быть, а нам предлагают делать вид.

Чтобы жить, жизнь надо найти. Настоящую, подлинную жизнь, а не искусную имитацию и подражание.

Простым обезьяньим копированием здесь не обойтись. Можно долго делать вид, что-то изображать, но обман вскроется рано или поздно. Можно долго обманывать себя, прятать голову в песок, ничего не замечать. Но реальная действительность обязательно постучится в нашу дверь, и обман рухнет.

Почему Гурджиев так много говорил о «ничтожестве и беспомощности» людей, о том, как важно пережить это состояние?

Потому что это дно, в исследовании себя необходимо дойти до дна. Тогда то, что вырастет на этом месте, будет подлинным. Важно добраться до сути, до истины, какой бы горькой и печальной она ни была. Нашей базой, отправной точкой должна стать истина, а не обманчивые представления.

Есть много желающих поиграть в игру «учитель — ученик». Кому-то очень хочется вообразить себя «учителем», а кому-то — побыть «учеником». А жертвой лукавой игры становится работа над собой.

О ней никто не вспоминает. «Учитель» упивается чувством собственной важности. А «ученики» горды тем, что у них такой «авторитетный учитель».

Глядя на своего «учителя», «ученики» тоже становятся важными. Они воображают себя «посвященными» в какие-то особые тайны, которые никто не понимает. Принадлежность к чему-то особенному, недоступному для простых смертных сильно повышает самооценку.

Результат получается противоположным. Там, где должно возникнуть понимание своего «ничтожества», вырастает чувство собственной важности. Вместе с ним укрепляет позиции ложная личность. Подобное подражание обесценивает работу. Зачем искать истину, если можно стать важной персоной, приближенной своему важному «учителю»?

40. УРОВНИ И ПУТЬ

«Если расхождения в уровнях учителя и ученика превосходят определенную границу, трудности на пути ученика становятся непреодолимыми. Именно в связи с этим законом проявляется одно из фундаментальных правил четвертого пути: на четвертом пути нет одного учителя. Кто выше, тот и учитель. И как учитель необходим для ученика, так и ученик необходим для учителя. Ученик не может идти вперед без учителя, а учитель не может идти вперед без ученика или учеников».

«Достойный человек ведет себя с достоинством, даже если считает, что с ним обошлись несправедливо или неправильно. Но многие люди в этих обстоятельствах показывают такую сторону своей природы, какую иначе не показали бы. Иногда подобный образ действий является необходимым средством для выявления истинной природы человека. Пока вы относитесь к нему хорошо, он хорошо относится к вам. А на что он будет похож, если немного погладить его против шерсти?»

Игра игрой, а жизнь — единственное настоящее, что у нас есть. Нам хочется поиграть, мы думаем, что можем себе это позволить. Что можем распоряжаться жизнью как придется, словно нет никакой ответственности.

Животные и птицы не думают, что с ними будет, они просто живут. А нам дана возможность подумать, осознать себя. Кто мы и что мы? Какую жизнь ведем? На каком уровне?

Не пытаясь узнать, мы остаемся не проявлены. Какая участь нас ожидает? Ничего не делая проскочить под шумок не получится.

Непроявленное существо — это призрак, фантом, по факту его не существует.

Вы уверены, что существуете? Ложная личность — маска, вымысел. Что у нас есть, кроме вымысла? Жизнь в ложной личности — это сон, один из многих бессмысленных снов, что нам снятся.

Мы думаем, что это жизнь. Но это не жизнь, а нелепое сновидение, где мы застряли по недомыслию. Застряли и не можем выбраться, не хватает понимания.

Еще один сон, такой же, как другие. Из них выходим, просыпаясь, из этого не можем, не хватает энергии.

Простое часто оказывается сложным. Так мы устроены, нам нравится усложнять, создавая головную боль, а потом страдать, ничего не понимая. Такова природа ложного эго, хитроумного ахамкары.

Мир — это зеркало. Мы смотрим в зеркало и видим отражение. Нам кажется, что отражение — это мы. Мы не знаем, что смотрим в зеркало. Мы смотрим вокруг и видим мир.

Но мы не отражение, мы тот, кто смотрит в зеркало.

Не осознав себя, мы будем оставаться отражением, тем призраком, которого не существует.

Мы будем мучиться, страдать, как страдают неприкаянные души, привязанные к местам своих похождений.

Мы живем в отражении, в отраженном мире. По форме мир похож на реальность, он правдоподобен, но содержание иное. Форма отражается, а содержание нет.

Мы не смотрим на себя, мы смотрим вокруг. С упорством маньяка мы смотрим куда угодно, только не на себя. Раз смотрим мимо, нам не удается рассмотреть отражение. Мы боимся увидеть действительность, а не то, что кажется.

Мы кем-то себя вообразили и держимся за этот образ. Пусть люди думают, что мы такие, нам так удобно.

Бегство от реальности и попытка спрятаться за вымышленный образ меняют не много. Отношения между учителем и учеником сводятся к шкале из двух полюсов. На одном полюсе истина, на другом — ложь. Одни учителя ведут к истине, другие потворствуют заблуждениям.

Возможно, мы не хотим учиться. И нам не нужны учителя. Хотим мы этого или нет, но жизнь — это школа. Можно называть это по-разному, но учиться приходится. Сдавать экзамены, получать плохие оценки и оставаться на второй год.

Если урок не усвоен, будет повтор. Будет бесконечный «день сурка». Пока Вселенная не получит правильный ответ. Система отлажена, ее невозможно обмануть.

Но мы полны иллюзий. Кажется, будто мир изменился и законы Космоса не работают. Глядя вокруг, трудно поверить, что Бог существует. И Ему есть до нас дело.

Что бывает с теми, кто бросает школу, не желая учиться? Они оказываются «на улице», «на обочине». Бросив одну школу, они тут же попадают в другую. Ее называют школой жизни. И к ним приходят другие «учителя», которые доброму не научат.

Если мы не готовы к переходу, придет учитель, который нас «подготовит». Он приведет личность к краху, избавив от вредных иллюзий, вставших на пути.

На четвертом пути нет одного учителя. Кто выше, тот и учитель. Это правило работает и в другую сторону. Для тех, кто не желает учиться, оно звучит так: кто ниже, тот и учитель.

Если мы не готовы для работы на тонком уровне, работа будет другая. Она зависит от уровня бытия. Каков уровень, таков и учитель. Нам кажется, что время учебы прошло, но Космос считает иначе.

Куда бы мы ни пошли, везде нас будут учить. Можно этого не заметить, но учиться придется. Кто не хочет искать — будет терять. Кто не хочет правды — получит ложь. Кто не хочет учиться — будет учиться на горьком опыте.

Истинную природу не скроешь, и личность тут не поможет. Жизнь любого выведет на чистую воду, слегка погладив против шерсти.

41. ПОМОГАТЬ СЕБЕ

«Но человек, способный чего-то добиться, рано или поздно приходит к выводу, что его свобода — это иллюзия, и соглашается этой иллюзией пожертвовать. Он не боится потерять что-то, потому что знает, что у него ничего нет. И в результате он приобретает все».

«Но, чтобы быть в состоянии помогать людям, человек сначала должен научиться помогать самому себе. Множество людей погружено в мысли и чувства о помощи другим из самой обычной лени. Они слишком ленивы, чтобы работать над собой; и вместе с тем им очень приятно думать, что они способны помогать другим».

Если скажу, что у нас нет свободы, кто мне поверит? Столько говорится о том, что сидим в тюрьме, но все думают, что это оборот речи, а не реальное положение вещей.

«Сижу за решеткой в темнице сырой, вскормленный в неволе орел молодой!» Тюрьма хорошо замаскирована, никто не подозревает, что живет в тюрьме.

Подлунный мир можно считать исправительной колонией. Мы приходим сюда в полном неведении, не помня, за какие грехи, и не зная, на какой срок. Ничего не объяснив, нас сажают в тюремную камеру — физическое тело. С помощью этой «камеры» предстоит искупить вину, получить заслуженное. Жизнь в теле изначально обречена на страдания.

Чтоб не смели роптать, в «камеру» подсаживают ахамкару (ложное эго) — существо животной природы, обладающее гипнозом. Оно быстро растет, парализуя нашу волю. Мы трясемся от страха, находясь в «камере» с диким зверем. По развитию мы — дети; что могут чувствовать дети, находясь в клетке с хищником? Существо воинственно и опасно, оно подчиняет нас своей воле, погружая в гипнотический транс.

С этого момента жизнь кардинально меняется, она переворачивается с ног на голову. Пользуясь своим доминирующим положением, злодей ахамкара диктует новый расклад. Теперь мы не сущность, а личность, пришедшая в этот мир получать удовольствия.

Страдания не для нас, мы пускаемся во все тяжкие в поисках удовольствий. Два полюса — страдание и удовольствие — составляют расписание нашей жизни в этом мире. Мы бежим от страданий в надежде получить удовольствия. Но страдания догоняют нас, лишая возможности насладиться. Удовольствие длится несколько минут, а расплата за него — несколько лет. В поисках удовольствий мы попадаем в ловушки. То, что выглядит удовольствием, оборачивается страданием. Таков этот мир — бесконечная череда иллюзий, а главная иллюзия — наша свобода.

Можно это понять, если испить чашу до дна. Но обычно до этого не доходит. Личность знает о своей фальшивой природе и делает все, чтоб об этом никто не узнал. В сложных ситуациях мы упорствуем, нам страшно и жалко себя.

Кому приятно чувствовать собственную фальшь? И догадываться, что ты — кукла, подделка! Что ты не человек, а только делаешь вид. Спросите об этом у Хари, посланницы Океана, из фильма Андрея Тарковского «Солярис».

Почему злятся люди? Они злятся оттого, что приходится казаться людьми. Трудно выглядеть добрыми, когда переполняет злость. «Порождения ехиднины! Как вы можете говорить доброе, будучи злы? Ибо от избытка сердца говорят уста» (Евангелие от Матфея. Гл. 12).

В поиске себя надо дойти до дна. Личность не считает, что находится в тюрьме, но мы не личность, мы — сущность. И наша свобода начинается с осознания себя.

Множество людей погружено в мысли о помощи другим. Есть и такие, кто, прочитав мои книги, захотел помочь мне. Они посчитали, что это я, а не они нуждаются в помощи. Мою работу над собой они восприняли как напасть и прониклись сочувствием. Мне, несчастному, пришлось заняться собой, а с ними все в порядке. Они торопятся спасать мир!

Какой прок от таких спасателей? Им лень заняться собой. Кого они могут спасти, если не могут помочь себе? Их греет мысль о помощи другим. Чем может помочь сидящий в тюрьме таким же, как он? Он даже не понимает, что находится в тюрьме.

Работа над собой требует усилий. Когда сам в плачевном состоянии, куда проще «помогать» другим. Это повышает самооценку.

Помощь обычно сводится к каким-то материальным вещам, которые далеко не последние, а скорее лишние, да нескольким советам, которым сам дающий никогда не следует.

Помощь — штука хорошая, если оказывается со знанием дела, по адресу и в разумных пределах. Чтобы помогать, надо хорошо знать предмет.

Но мы не любим углубляться в детали, это долго и хлопотно. Куда приятнее «просто помогать», не вникая в подробности.

Собрать денег и раздать страждущим. Или предложить «поделиться» тем, у кого их много.

Мы думаем, что помощь — это перераспределение средств: достаточно их правильно распределить, и все будут довольны.

В основе альтруизма лежит поверхностный подход. Мы готовы бескорыстно действовать на пользу другим, не считаясь с личными интересами.

Но кто стоит за личными интересами? Что мы знаем о себе? Кроме набора негативных качеств, которые стараемся не проявлять. Нас учили не думать о себе, а прежде думать о других.

Вот мы и привыкли «не думать о себе». До такой степени, что и помочь себе не хотим. В нас есть не только ахамкара — злосчастное эго. В нас есть еще духовная сущность, которая нуждается в нашей помощи.

И первое, что мы должны сделать, — помочь себе. Помочь сущности проявить себя. Тогда жизнь обретет смысл. Тогда мы станем собой.

42. ЕДИНСТВЕННАЯ ЦЕЛЬ

«Свобода, освобождение — вот что должно быть целью человека. Стать свободным, избавиться от рабства — вот к чему должен стремиться человек, если он хотя бы отчасти осознает свое положение. Для него более ничего не существует; и пока он остается рабом, как во внутренней, так и во внешней жизни, все остальное невозможно».

«Первая причина внутреннего рабства человека — это его невежество, прежде всего незнание самого себя. Без знания себя, без понимания работы и функций своей машины человек не в состоянии управлять собой, не в состоянии быть свободным; а без этого он навсегда останется рабом и игрушкой действующих на него сил».

«Вот почему во всех древних учениях первым требованием в начале пути к освобождению было правило: познай самого себя!»

Что такое истина в наших условиях? В чем заключается? И почему надо ее найти?

Истина — это то, что неизменно. Мы живем в мире изменчивой материи, она разрушается и умирает на наших глазах, а то, что является неизменным, представляет для нас наибольшую ценность.

Для чего необходимо что-то постоянное? Чтобы на него опереться. Чтобы оно стало точкой отсчета.

Если опираться на то, что меняется, выводы будут ложными. Мы не сможем ничего утверждать: сейчас это одно, через час — другое.

Попытки найти неизменное в окружающем материальном мире обречены на провал. Материя живет недолго, быстро меняется и разрушается. Сейчас это одна материя, а через час — другая.

Но люди — народ упрямый, они упорно ищут истину в окружающем мире. В горах, пещерах, пирамидах. В древних текстах, религиях, монастырях. Где угодно, только не в себе.

Первым требованием на пути к истине является правило: познай самого себя! Без знания себя истину найти невозможно.

«Не придет Царство Божие приметным образом, ибо Царство Божие внутри вас есть».

Что такое Царство Божие? Это Царство Истины, Царство Духа, где все настоящее и ничего ложного. В поисках истины надо обратиться внутрь себя. И найти там грань, которая является истинной.

Эта грань является главной, все остальные второстепенны. Эта грань — наша сущность, маленькая частица Царства Божия. Если ее слушать, сущность приведет нас в Родную Обитель. Чтобы осознать себя, нам следует на нее опереться.

Любая другая грань не даст возможности познать истину, а лишь введет в заблуждение. Вот почему так важно изучить все грани и в своем поиске дойти до конца. Увидеть плачевность своего положения и навсегда перестать питать иллюзии по собственному поводу.

Другие грани введут в заблуждение. Мы не поймем, где находимся, свобода не станет нашей целью. Мы будем думать, что жизнь не так уж плоха.

Так думают многие, считая, что для Царства Божия им не хватает косметического ремонта. Подправить пару-тройку качеств — и можно смело шагать в рай.

Спросите у них, считают они себя рабами во внешнем или внутреннем мире? Они не поймут, о чем речь.

Трудно назвать их невежественными, они столько всего знают. А если у них два высших образования, высокооплачиваемая работа, они не захотят с вами разговаривать, считая себя не рабами внешнего мира, а его хозяевами.

Но эти господа не знают главного — они не знают себя.

Они жертвы ловких манипуляций ахамкары (ложного эго). Они не знают, что с точки зрения сущности они жертвы самообмана.

Без знания себя, без понимания мотивов, без знания схемы поведения мы не в состоянии управлять собой. Без знания ложного эго — мы его рабы, игрушка действующих на него сил.

Работа направлена на стремление приоткрыть завесу неведения. Настолько, насколько это возможно. Помочь осознать положение.

Что такое раб? Это человек, лишенный прав, у которого ничего нет. Его жизнью и судьбой распоряжается кто-то другой, владелец-господин. Раб зависим, угнетен и подвергается жестокой эксплуатации. У раба нет воли, он сломлен и подавлен.

Жуткая картина. Именно так ощущает себя духовная сущность, когда ей удается посылать нам сигналы. Такое настроение нас посещает, когда мы пытаемся что-то понять.

Давление идет со всех сторон, все от нас чего-то хотят, требуют, угрожают. А мы чувствуем бессилие и беспомощность, не зная, как с этим справиться.

И нигде нет спасения, ни внутри, ни снаружи.

Проблески осознания в той или иной степени случаются со всеми. Внезапно, несколько мгновений мы видим свое истинное положение. Но не можем ничего понять. Кто мы и что мы? Кто этот человек, задавленный заботами и проблемами? Неужели это мы? Не может быть!

Кто этот безвольный раб, который поддается любому искушению, лишь бы забыться и не думать о действительности?

Мы плывем по воле волн, не помня себя. Мы ныряем и рыщем в поисках удовольствия. Но какое удовольствие можно найти, находясь в рабстве?

43. УДЕРЖАТЬ УДОВОЛЬСТВИЕ

«Работа в том и заключается, чтобы подвергать себя временным страданиям ради освобождения от страдания вечного. Но люди боятся страдания. Они желают удовольствия сейчас же, раз и навсегда».

«Они не хотят понять, что удовольствие есть принадлежность рая, что его нужно заработать. И это так не в силу каких-то случайных или внутренних законов морали, а потому, что если человек получает удовольствие, не заработав его, он не сумеет удержать его, и удовольствие превратится в страдание. Но все дело как раз в том, чтобы получить удовольствие и суметь удержать его. Тому, кто сумеет достичь этого, учиться нечему. Но путь к этому лежит через страдание».

«А тот, кто думает, что, оставаясь таким, каков он есть, он может доставить себе удовольствие, очень сильно заблуждается».

Наше обычное состояние — автоматический режим, автопилот. Кто знаком с автоматическим управлением, знает, что его возможности ограничены. На автопилоте далеко не улетишь, только по заданной программе — курсу. Одного автопилота недостаточно, необходимо ручное управление. Механическая жизнь проходит в автоматическом режиме, согласно заданному курсу, тому, что положено по судьбе.

Чтобы самостоятельно распоряжаться своей жизнью, помимо автопилота надо подключить ручное управление и осознание. Человек — это машина, управляемый автомат. Автоматизма не избежать, но его можно сократить. Там, где это необходимо, автоматический режим заменить ручным управлением. Чтобы машиной управлять, машину надо знать.

Машина долгое время работала как придется. Водитель (ложное эго) не совсем вменяем, он дик и необуздан, как и полагается существу животного происхождения. После управления ахамкарой машина (тело) находится в плачевном состоянии. Она изуродована ужасными привычками — неправильным питанием, перееданием, курением, злоупотреблением алкоголем, сексом, психическими отклонениями. Чтобы устранить эти уродства, нужны серьезные усилия.

Машина привыкла работать неправильно, она приспособилась под своего безумного хозяина (ахамкару). В ней произошли изменения, возникли искусственные приспособления (буфера). Все это надо исправлять и устранять.

Устранение дурных привычек — процедура болезненная. Это те временные страдания, через которые надо пройти, чтобы наладить правильную работу машины.

Бог не посылает страданий. В страданиях нет никакой воспитательной цели. Неправильно управляя человеческой машиной, люди наказывают себя сами. Не зная, как надо, они упрямо делают по-своему. Получается топорно и уродливо, но личность не сдается, воюет до конца. В результате машина оказывается безнадежно испорченной.

Мы думаем, что рассуждаем правильно. Говорим правильные вещи, делаем правильные выводы. Но все это исходит от ложной личности: по форме правильно, а по сути — не совсем. Не зная своего устройства, мы уверены в своей правоте. Это немного странно и преждевременно.

Что мы делаем, когда покупаем бытовую технику? Внимательно изучаем инструкцию. Потому что не знаем, как правильно с ней обращаться, чтобы не сломать. Чем дороже техника, тем бережнее обращение.

С собой мы поступаем иначе. Не бережем и не щадим, подвергая варварской эксплуатации. Инструкция по работе тела и психики нам не нужна. Мы и так все знаем!

Не разобравшись в ситуации, мы идем напролом, поступая с собой, как слон с посудной лавкой. Каких-нибудь 30–40, лет и психофизическая машина оказывается в безнадежном состоянии.

А ведь можно было почитать инструкцию, подумать, поработать над собой. Кто-то возразит, что у нас нет инструкции. Мы приходим в это тело и этот мир, а инструкцию нам не дают.

В этом и состоит Игра Бога. Что-то скрыто, а что-то лежит на поверхности. Инструкций много, какая из них истинная? Животные живут по программе инстинктов, их инструкция — природа. Мы не животные, у нас есть сознание. И выбор — задействовать сознание или нет.

Самые «хитрые» думают, что, оставаясь такими, какие есть, они могут получить удовольствие. Они пытаются его получить, используя всю свою «хитрость».

Какое удовольствие можно получить, находясь в ложной личности, считая себя тем, кого нет?

Не найдя себя, не став собой, мы пытаемся получить удовольствие. Это сиюминутное удовольствие неизбежно превращается в страдание. Оно по форме удовольствие, а по содержанию — суррогат. Оно так же фальшиво, как ложная личность. В этом мире многое выглядит как удовольствие, а на деле оказывается страданием. Таков иллюзорный мир.

Не ищите удовольствия в мире, ищите его в себе. Истинное удовольствие скрыто внутри. Обманчивое растворяется, а истинное остается навсегда.

44. ГЛАВНАЯ ДВИЖУЩАЯ СИЛА

«Вы думаете, люди ходят в театр или в церковь посмотреть новую пьесу или помолиться? Это лишь видимость. Главная вещь в театре и в церкви — там соберется много женщин и много мужчин. Вот в чем центр тяжести всех собраний. Как, по-вашему, что приводит людей в кафе, рестораны, на различные празднования? Только одно — пол. Это главная движущая сила всей механистичности. От нее зависит весь сон, весь гипноз».

«Вы должны постараться понять, что я имею в виду. Механистичность особенно опасна, когда люди пытаются объяснить ее чем-то иным, а не тем, что есть. Когда пол ясно осознает себя и не прикрывается ничем, это уже не та механистичность, о которой я говорю. Наоборот, пол, который существует сам по себе и независимо от всего прочего, — это уже большое достижение. Зло заключено в постоянном самообмане».

Что такое механистичность? Что такое механический? Машинальный, не регулируемый сознательно, бессознательный. Механистичность — это бессознательность.

Главная движущая сила механистичности — животный автоматизм.

Мы не только люди, но и животные. И нами во многом движет животный автоматизм, инстинктивное, животное начало. Зигмунд Фрейд был прав в том, что придавал большое значение полу, половому влечению.

Мы думаем, что в первую очередь мы — люди, но практика показывает, что в первую очередь мы — животные, а потом — люди. Сначала в нас работают инстинкты, животный автоматизм, а потом могут подключаться какие-то элементы сознания.

Змея Кундалини (животная сила, сила низшей природы) делает свое дело. Мы подвергаемся мощному гипнотическому воздействию и, словно кролики, шагаем в пасть удава, туда, куда зовут инстинкты.

В самих инстинктах нет ничего особенного, они естественны. Зло таится в том, что инстинкты люди пытаются объяснить чем угодно, только не инстинктами. И не столько объяснить, сколько скрыть.

Животные инстинкты являются тайными мотивами людей.

Это та правда, которая умалчивается. О ней не принято говорить вслух. Академические науки не видят в поведении людей животной составляющей. Как обычно, они не видят слона.

«Не существует никакого прогресса. Все осталось таким же, каким было тысячи и десятки тысяч лет назад. Меняется внешняя форма, сущность не меняется. Человек остается таким же, каким был. „Цивилизованные" и „культурные" люди живут совершенно так же, теми же интересами, что и самые невежественные дикари. Современная цивилизация основывается на насилии, рабстве и красивых словах. Но все прекрасные фразы о „прогрессе" и „цивилизации" — это всего лишь слова».

Люди не меняются, они по-прежнему подвержены гипнозу животной силы и склонны подменять действительность игрой воображения. Меняется только ложь, становясь изощренной.

Нами движут инстинкты и игра воображения. Можно с этим не соглашаться, отвергать с возмущением, чувствовать себя оскорбленными и т.д. Суть от этого не изменится.

Откуда в людях негативные проявления? Злость, ненависть, жестокость, зависть, подлость, мстительность. И еще целый набор отрицательных наклонностей. Считается, что все эти свойства присущи человеку, они уравновешивают его добродетели.

Правда состоит в том, что в человеческой природе нет этих негативных проявлений. Эти черты имеют животное происхождение, они свойственны хищным животным.

Испытывая что-нибудь негативное, мы не отдаем себе в этом отчета. Нам кажется нормальным испытывать это, находя массу оправданий. Наши переживания кажутся мелочью по сравнению с тем, что испытывают другие люди.

Испытывая одно, мы объясняем это другим. В этом — самообман, а зачастую и намеренный обман. Скрывая истинные мотивы, мы создаем видимость чего-то положительного, благородного.

«Берегитесь лжепророков, которые приходят к вам в овечьей одежде, а внутри суть волки хищные. По плодам узнаете их» (Евангелие от Матфея. Гл. 7).

Это высказывание относится к лицемерной природе ложной личности. На людях мы демонстрируем лучшие качества, но это не значит, что мы такие на самом деле. Это маска, которой ложная личность скрывает свою истинную природу.

Мы не знаем, какие мы, и узнать не стремимся. Непроявленные существа остаются непроявленными, никто о них не знает. Осознание — это проявление. Существа, не осознавшие себя, для Бога не существуют.

Что мы можем сказать Богу, если не знаем, кто мы? Мы даже назвать себя не сможем. А если назовем, это будет ложь.

Играя в механические игры, мы живем внутри механического мира, где Саша любит Машу, а Маша любит кашу. На уровне инстинктов, пола и выживания мы Богу не интересны. Не тот уровень.

Что интересного в механических игрушках, когда знаешь весь набор их действий?

Пол — главная движущая сила подлунного мира. Пол делает нас куклами, игрушками в руках животной природы. Куклы предсказуемы, они следуют зову инстинктов. Являясь механическими, они воображают себя живыми.

45. МИР СПЯЩИХ

«Можем ли мы, например, сказать, что жизнь управляется группой сознательных людей? Где они? И кто они? Мы видим как раз обратное: жизнью управляют наименее сознательные люди, такие люди, которые глубже всех погружены в сон».

«Можем ли мы сказать, что наблюдаем в жизни преобладание самых лучших, самых сильных и самых храбрых? Ничего подобного! Наоборот, мы видим преобладание всех видов вульгарности и глупости».

«Можем ли мы сказать, что в жизни наблюдается стремление к единству, к единению? Конечно, нет. Мы видим лишь новые разделения, новую вражду, новое непонимание».

«Таким образом, в нынешнем положении человечества нет ничего, что указывало бы на протекающую эволюцию».

Половина иллюзий связана с окружающим миром. Мы полны надежд и ожиданий. Мир непрост, совсем непрост, мы обязательно сделаем его лучше. Потребовав от мира соответствия нашим представлениям. Есть отдельные недочеты, но в целом мир неплох.

Разобраться с собой постоянно мешает подлунный мир, он отвлекает и вводит в заблуждение. Мы думаем, что мир вот-вот изменится, наступит всеобщее счастье и благоденствие. Мы думаем, что люди развиваются, а жизнь налаживается, становится лучше.

Эволюция человечества связана с эволюцией отдельного человека. Чем больше людей, стремящихся стать сознательными, тем больше шансов для эволюции.

Посмотрите вокруг, кто из ваших знакомых, друзей и родственников стремится стать сознательным? Кто ищет истину? Кто познает себя?

Чем заняты окружающие нас люди? Они погружены в заботы и проблемы внешнего мира. Гипноз внешнего мира так силен, что никто не может от него оторваться. Все наши интересы сосредоточены во внешнем мире, внутри себя мы не видим ничего интересного.

Что должно произойти, чтобы человек забыл внешний мир и повернул свой взор в себя? Что-то неприятное, беды и несчастья. Но и в этом случае мы начинаем винить кого угодно, только не себя. Мы не можем понять, откуда на нас сваливаются неприятности, считая их ошибкой. Мы этого не заслужили, нам просто не везет.

В то же время мы видим, как «везет» другим. Мы не можем назвать их сознательными, скорее наоборот. Наверх пробиваются те, кто никогда не отличался добродетелью. Они не гнушались ничем, лишь бы добиться своих целей. Эти люди не ищут сознания, они стремятся к власти и обогащению. Они глубже всех погружены в сон.

Что за странный мир? Здесь выигрывают не лучшие, сильные и храбрые, а трусливые, лживые и подлые. Мы наблюдаем преобладание всех видов наглости, лжи и лицемерия.

В этом нет ничего нового, мир — это джунгли, где в почете весь набор животных наклонностей. Ничего не изменилось, люди те же, что и в каменном веке. На первый взгляд они «культурные» и «цивилизованные», но стоит копнуть глубже, налет гуманизма исчезает. И перед нами оказывается дикое и лживое существо.

Животные наклонности есть в каждом, от случая к случаю они выходят наружу. Считая недоразумением, мы предпочитаем не обращать на это внимания. Нас «довели», и мы «сорвались». Если не уметь «постоять за себя», тебя «заклюют».

Ничего нового — насилие, дикость и красивые слова о человеке, который «звучит гордо».

Делая ставку на внешний мир вновь и вновь, мы неизбежно проигрываем. Иллюзорный мир не может дать то, чего в нем нет. Иллюзия не может стать реальностью.

Мы думаем, что мир настоящий, и не можем понять, в чем обман чувств.

Обманчивость в том, что это мир спящих.

Мир наполнен людьми, которые спят. Они выглядят обычно, это вводит в заблуждение. Мы думаем, что они настоящие.

Но люди не настоящие, это механические куклы. Роботы, считающие себя людьми.

Мы считаем себя людьми априори, что по меньшей мере легкомысленно, но вполне соответствует нашей природе. А как же факты, практика, опыт? Прежде чем считать, как минимум, надо проверить.

Мы люди или куклы? Мы спим или бодрствуем?

Никто не поверит, пока не убедится сам, на личном опыте, живой он человек или кукла-марионетка?

Каждый может сделать выводы, немного понаблюдав за собой. Сутки напролет наблюдать не надо. Нас интересуют циклы и наше поведение. Оно меняется строго по циклам.

Надо обратить внимание на отдельные проявления, которые повторяются. Заметив эти проявления, можно многое понять. Увидев то, о чем не подозревали.

Бессмысленно уповать на иллюзорный мир. Мир спящих никогда не решит наши проблемы. Он только их усугубит.

Не связывайте свои надежды с людьми, они ничем не могут нам помочь. Единственное, на что способны люди, — помочь нам крепче заснуть.

Свяжите свою жизнь с пробуждением. В мире спящих пробуждение — единственная достойная цель.

46. ВСПОМИНАТЬ СЕБЯ

«Оба состояния сознания, сон и бодрствование, одинаково субъективны. Только начиная вспоминать себя, человек по-настоящему пробуждается. И тогда вся окружающая жизнь раскрывается ему в ином аспекте, приобретает иное значение. Он видит, что это жизнь спящих, жизнь во сне. Все, что люди говорят, все, что они делают, — они говорят и делают во сне. И все это лишено какой-либо ценности. Только пробуждение и то, что ведет к пробуждению, имеет действительную ценность».

«Как же пробудиться? Как спастись от сна? Эти вопросы важнее всего; они самые жизненные из тех, которые когда-либо возникают у человека. Но прежде всего необходимо убедиться в самом факте сна, а убедиться в нем можно только тогда, когда мы пытаемся пробудиться».

Что такое гипноз, знают все. Но увидеть сеанс гипноза не повредит никому. Чтобы иметь представление, насколько сложна ситуация, в которой мы находимся.

Мы думаем, что гипноз — это там, на сцене. Поддавшись гипнотическому воздействию, люди говорят и делают какие-то нелепые вещи. В обычном состоянии они бы этого не сделали.

Но дело в том, что обычное состояние людей — гипнотический сон.

То, что мы видим на сцене, происходит с нами в повседневной жизни. Нас не надо вводить в гипнотическое состояние, мы уже в нем.

«Всего существует четыре состояния сознания, возможных для человека.

Два обычных, т.е. низших состояния сознания, — это, во-первых, сон, иными словами, пассивное состояние, в котором человек проводит треть, а очень часто и половину своей жизни.

Во-вторых, состояние, в котором люди проводят остальную часть своей жизни, когда они гуляют по улицам, пишут книги, разговаривают на возвышенные темы, принимают участие в политической деятельности, убивают друг друга. Люди считают это состояние сознания активным, называют его „ясным сознанием", „бодрственным состоянием сознания"».

«Третье состояние сознания — это вспоминание себя, или самосознание, или сознание своего бытия.

Четвертое состояние сознания называют объективным состоянием сознания. В этом состоянии человек может видеть вещи такими, каковы они суть».

Наше бодрствование после ночного сна вовсе не бодрствование, а другая стадия сна — поверхностная, гипнотическая. На этой стадии мы обретаем иллюзию свободы. Мы можем говорить, передвигаться, но делаем только то, что внушает гипнотизер — ложное эго.

Состояние прострации, в котором мы находимся, не позволяет замечать гипнотизера. Мы догадываемся, что у нас есть личность, мы принимаем себя за личность, но понятия не имеем, что она собой представляет. Она — наша, и мы — личность, но мы о ней ничего не знаем.

Этот парадокс — свидетельство гипнотического состояния, в котором мы пребываем. Мы что-то говорим, делаем, но не отдаем отчета, быстро забывая о своих мыслях, словах и поступках. Через 2–3 дня не можем вспомнить, что с нами было.

Чтобы понять, в каком состоянии находимся, надо перейти в третье состояние сознания — самосознание. Необходимо вспомнить и осознать свое бытие. Вспоминание себя — это попытка пробуждения. Личность не помнит себя, она — механическая, автомат не может помнить себя. Чтобы вспомнить себя, свое поведение, надо задействовать сущность, вывести ее из состояния гипнотического транса.

Ничего не изменится, пока не попробуем вспомнить себя, начав процесс самонаблюдения. Можно сомневаться и не верить, но дорогу осилит идущий. Вспоминание и наблюдение — это реальная попытка пробуждения.

Прежде всего, надо убедиться в самом факте сна. Без попытки пробуждения это невозможно.

Система наблюдения за личностью по циклам — это в первую очередь стремление убедиться в самом факте сна. Когда мы находим следы гипнотического воздействия, жизнь переворачивается, в ней появляется смысл.

В наблюдении по циклам нет ничего сложного. Поведение личности циклично, оно строго соответствует циклам. Поведение можно предугадать, оно меняется согласно расписанию.

Какой цикл — такое настроение, поведение и реакции. Это происходит вне зависимости от того, знаем мы, какой цикл, или нет. Достаточно заметить эти детали, чтобы сделать выводы.

Жизнь открывается в ином аспекте, приобретая иное значение. Мы так любили эту жизнь, считая ее настоящей, а она оказалась жизнью спящих, жизнью во сне.

Как мы относимся к снам, которые видим ночью? Как к чему-то абсурдному и несерьезному.

И вдруг оказывается, что наша дневная жизнь ушла недалеко. Она тоже происходит во сне и тоже не имеет большого значения.

Все, что мы думаем, говорим и делаем, мы думаем, говорим и делаем во сне. И все это лишено какой-либо ценности.

Только пробуждение и все, что ему способствует, представляют собой настоящую ценность.

Как пробудиться? Как избавиться от гипноза? Вот что должно беспокоить в первую очередь. Вот что является самым важным в жизни здравомыслящего человека.

47. ОСВОБОЖДЕНИЕ ОТ ЛУНЫ

«Освобождение, которое приходит вместе с ростом умственных сил и способностей, есть освобождение от Луны. Механическая часть нашей жизни зависит от Луны и подчинена ей. Если мы разовьем в себе сознание и волю, подчинив им нашу механическую жизнь и все наши механические проявления, мы выйдем из-под власти Луны».

«Для этого необходимо „быть". Если человек меняется каждую минуту, если в нем нет ничего, способного противостоять внешним влияниям, это означает, что в нем нет ничего, способного противостоять смерти. Но если он становится независимым от внешних влияний, если в нем проявляется нечто, способное жить само по себе, это „нечто", возможно, и не умрет».

«„Быть" — это и означает быть господином самого себя».

Наша реальность — автоматический режим. В этом состоянии автопилота наши возможности ограничены, они сведены к минимуму. Нами управляют нижний ум — ложное эго, чьи интересы и потребности сводятся к интересам и потребностям пола. Пол всему голова.

Мы разделены на мужчин и женщин и в первую очередь думаем о своих мужских или женских интересах. Мы сосредоточены на так называемом личном счастье. Мы хотим счастья для себя и узкого круга своих родных, все остальные люди для нас чужие.

Такими узконаправленными нас делает Луна. Она привыкла иметь дело с животными и растениями. Для флоры и фауны это нормально, но люди другие. Помимо животной души в нас есть человеческий дух, который объединяет людей в единое целое. Человечество — это единое существо с огромным духовным потенциалом.

В духе мы братья и сестры. Но к духу надо прийти, сумев подняться на духовный уровень. Это не произойдет автоматически, как многое в нашей жизни. Для духовного подъема надо затратить сознательные усилия. Мы должны понимать, что делаем и зачем. Духовный уровень — сознательный, на него нельзя подняться бессознательно.

Человек — сложное существо, помимо механической части (личности) в нем есть сознательная (сущность). Духовное сознание не проявится в нас автоматически, для его реализации необходима целенаправленная работа над собой.

В обычном состоянии в нас нет ничего настоящего, все — механическое. Механическое сознание, механическая воля, механические способности. Все механическое имеет особенность постоянно меняться. Механические люди меняются каждую минуту. В них нет ничего, способного противостоять внешним влияниям.

Но если мы найдем в себе нечто постоянное, способное жить само по себе, и разовьем это, мы сможем противостоять переменчивому миру. Мы сможем опереться на ту часть себя, которая неизменна.

Эта константа человеческого существа и является его сущностью, духовным стержнем.

Механическая часть нашей жизни зависит от Луны и подчинена ей. Если мы живем только этой частью, мы полностью зависим от Луны. Эту рабскую зависимость я предлагаю выявить с помощью наблюдений за лунными циклами.

Большую часть своей жизни мы занимались тем, что вольно или невольно развивали в себе механическую часть. Мы укрепляли ложную личность, усиливая зависимость от Луны.

Симптомы лунной зависимости заметить просто. Каждые лунные сутки наше настроение меняется. Вчера было прекрасно, а сегодня все плохо и свет не мил. Эту чехарду настроений предлагаю отследить. Она не случайна, она связана с Луной.

Мы думаем, что меняемся сами. Если захотим, в любой день будем чувствовать себя хорошо. Мы думаем, все в наших руках.

Чтобы понять, как на самом деле, надо провести небольшое исследование. Взять расписание лунных циклов и сравнить со своими ощущениями.

Если нет доверия к сетке циклов, можно сделать наоборот. Сначала отследить и записать впечатления по каждому лунному дню, а потом сравнить полученные наблюдения с прогнозом.

Ложная личность притворяется, собираясь произвести должное впечатление. А надо не казаться, а быть. Не впечатление является целью, а необходимость быть собой.

Сначала выявляем то, что является переменчивым. Эго работает по схеме, оно выдает реакции по расписанию циклов. Механическая часть создает иллюзию многообразия, но все образы вторичны, они подчинены основной черте, главному достоинству-недостатку.

Обезглавив ложную личность, переходим к сознательной части нашего существа, воздавая ей должное. Укрепление и развитие получает то, что является постоянным, — духовную сущность.

Сущность не сможет противостоять личности, если не сделать ее сильнее. Надо понимать, что это вопрос жизни и смерти. Быть или не быть?

Стать сознательным человеком или остаться бестолковой механической куклой?

Быть тем, кто мы есть, или продолжать оставаться неведомой зверушкой? Быть господином самого себя или остаться слугой механических сил?

Пока уровень сознания не перерастет механический, мы будем подвергаться гипнозу и управляться Луной. Сознательное развитие умственных сил, способностей и воли — единственный шанс вырваться на свободу. Освобождение от Луны — вот цель, достойная человека.

48. УБЕРИТЕ СВОЙ МУСОР

«Большую часть времени мы сознаем свое тело и ум, потому что они постоянно кричат о помощи. Боль и страдания — это просто способ тела и ума привлекать внимание. Чтобы выйти за пределы тела, вы должны быть здоровыми. Чтобы выйти за пределы ума, вы должны содержать свой ум в идеальном порядке. Вы не можете оставить позади беспорядок и выйти наружу. Беспорядок затянет вас обратно. Фраза „уберите свой мусор" оказывается законом Вселенной. И справедливым законом».

Мы не одни во Вселенной, но этот вопрос не актуален. Наши усилия направлены на внешний Космос, мы ищем там «братьев по разуму». Но дело в том, что наши братья — животные. По уровню развития они нам ближе всего.

Полеты в Космос наполняют нас гордостью и чувством собственной важности. Еще немного, и полетим на Марс. Только непонятно, почему никто не выходит на контакт?

Другая жизнь существует, тому есть масса примеров. Планету зондируют десятки НЛО. Но до сих пор ничего достоверного, все растворяется, не успев принять отчетливые очертания.

Что происходит? Почему Космос не выходит на связь? Неужели мы никому не интересны? Или, может быть, не там ищем?

У нас много вопросов. Мы посылаем их в Космос, а он упорно молчит. Ничего не добившись, начинаем разговаривать с собой. Наверное, Космос ни при чем, все дело в нас.

И тогда из космической пустоты появляется фраза «Уберите свой мусор». Она звучит оскорбительно. Какой еще мусор? При чем тут мусор?

Мы достигли таких успехов, летаем в Космос, а нам предлагают убрать мусор!

Мы — высокоразвитые существа, а нам предлагают заняться мусором.

Что это значит? кто мы, если к нам такое отношение? И что за мусор надо убрать?

Считая себя разумными, мы ведем себя «немного странно», убивая друг друга и отравляя все вокруг. В погоне за деньгами мы готовы на любые подлости. А по жестокости с нами не сравнится ни одно животное.

В конечном итоге мы не видим простых вещей. В первую очередь того, что себе не принадлежим. Наша психика работает сама, это такой же автомат, как и тело. Нами кто-то управляет, а мы не замечаем.

И в этой сложной ситуации мы зачем-то ищем пришельцев. Нам бы с собой разобраться, а мы рвемся в Космос.

Внешний Космос — совсем не то, что нам нужно. Нам нужен Космос внутренний. Вот источник всех бед. Наш внутренний мир пребывает в жутко запущенном состоянии. Мы слабо представляем, что там происходит.

Во внутреннем мире находится душа (психика). Парадокс в том, что наша душа для нас загадка. Там идут какие-то процессы, а что конкретно — мы не знаем. В итоге этих процессов возникают болезни.

Мы болеем и не можем понять, откуда что берется? Простуда, инфекция, вирусы, бактерии. Мы не виноваты, это явное недоразумение, какая-то ошибка в организме.

Тело работает как автомат, автоматика вещь капризная, с ней постоянно что-то случается. То сердце щемит, то бронхи воспаляются, то желудок язвит.

С телом понятно, а как быть с психикой? Наша душа (психика) такой же автомат, как и тело.

Дело в том, что автоматизм нашей психики беспокойства не вызывает. Мы не торопимся что-то делать. Испытывать негативные эмоции, вариться в котле негативных чувств нам кажется естественным. Обычное дело, что в этом особенного?

Мы так привыкли к негативным проявлениям, что считаем их своими. А когда этот мусор переходит на тело, мы называем это ошибкой!

Наша психика — источник негативных вибраций, а мы не обращаем на это внимания.

Злость, ненависть, зависть, обида, раздражение, апатия. Нам приходится в этом плавать. Неужели этот мусор — наш удел?

Сначала негатив пропитывает психику, делая ее ядовитой, а потом переходит на тело. В отравленной атмосфере тело не может оставаться здоровым.

Болезнь — это сигнал, крик о помощи. Пока не поздно, надо принимать меры, исправлять ситуацию.

Боль и страдания не обязательные атрибуты нашей жизни. Они лишь свидетельства нашей безалаберности и неправильного поведения.

Источником бед является душа (психика). Именно там коренится зло, а мы ищем его во внешней среде. В исправлении нуждается не мир вокруг, а наша неправильно работающая душа (психика).

Пока не разберемся в душе, не будет порядка во внешней жизни. Негатив и хаос внутри будет образовывать негатив и хаос снаружи.

Тело работает само, автоматически, мы не следим за его работой. В этом нет необходимости. Точно так же должна работать душа (психика). Ее механизм нуждается в капитальном ремонте. Работая на низких вибрациях, психика снабжает нас негативом. Ситуацию надо исправить.

Нездоровая психика уродует личность. Внутренний негатив делает личность негативной. Она видит мир сквозь призму негативности.

Нам не выйти за пределы личности, пока психика не станет здоровой. Хаос, негатив и искаженное восприятие действительности затянут обратно.

49. НАЧАТЬ С СЕБЯ

«Вы можете потратить вечность в поисках истины и любви, понимания и доброты, умоляя Бога и людей помочь вам, и все впустую. Вы должны начать с себя. Это неумолимый закон. Вы не можете изменить отражение, не изменив лица. Сначала поймите, что ваш мир — лишь отражение вас самих, и перестаньте искать недостатки в отражении. Обратитесь к себе, исправьте себя ментально и эмоционально. Физические изменения последуют автоматически».

Мы таковы, что никто не хочет начинать с себя. Истину мы ищем в гималайских пещерах, любовь — на краю света, а понимание — в джунглях Амазонки. Нам кажется, что шаманы Южной Америки поймут нас лучше.

Игры ложного эго бесконечны. У нас есть личность — порождение ахамкары, и нам кажется, что ее позиции безупречны. Наша личность — ВИП-персона, она неприкосновенна. Попробуйте ее тронуть!

Личность охраняется стихийной природой, в этом случае уместна поговорка «не буди лихо, пока спит тихо».

И все-таки придется обратить внимание на нашу личность, как бы она ни сопротивлялась. Нет другого выхода.

Почему мы так болезненно реагируем, когда предлагают посмотреть на себя?

«На воре и шапка горит». Кому хочется быть пойманным за руку? Личность знает, где собака зарыта. И постоянно переводит стрелки.

Мы отчаянно избегаем разбора полетов. Кто знает, а вдруг пронесет?

Наше заблуждение может быть искренним. Мы в поисках истины и любви, при чем здесь личность?

Мы заняты благородным делом, а нам предлагают ерунду — копаться в себе и выискивать недостатки. Это мелко и скучно.

Сначала мы займемся миром, найдем в нем то, что нам нужно. А уж потом, когда будет время, покопаемся в себе. Есть главное и второстепенное, главное для нас — устроиться в мире.

Получить образование, найти работу, создать семью. А когда это будет, мы, так и быть, займемся собой. Если найдем время. Жизнь так устроена, что всегда находятся дела поважнее, чем копание в себе.

Да, мы не без греха, но наши грехи не так существенны, как у соседа. Мы же не для себя стараемся, у нас семья.

Сначала мы заняты налаживанием личной жизни. Потом используем ее, чтобы не заниматься собой.

Никто не заставляет, мы обманываем себя сами. Сначала себя, потом других. Внимание останавливается на механической части. Из всех возможных вариантов жизни мы выбираем примитивный — механический.

Не утруждая себя изучением возможностей, мы выбираем механическую жизнь. Опрометчиво доверяя первому, что приходит в голову. А потом упорствуя, боясь признать ошибку.

Наша личность — кармический автомат. Его назначение — снабжать кармой, возвращать все, что заработали, приятное и неприятное. Функции автомата ограничены, какая уж там широта мышления. Но мы уверены в правоте ложной личности, многое принимая на веру.

Мы верим тому, что говорят, — а кто будет проверять? В своих поисках мы забываем о том, что путь к истине связан с разрушением ложного. Чтобы найти ложь, надо сомневаться.

«Сомневайся во всем!» — гласит призыв мудрецов древности. В этом мире все подлежит сомнению. В первую очередь — ложная личность, ее постулаты и убеждения.

В наших взглядах и представлениях много надуманного. Это не взгляды, а то, чему мы поверили, получив готовое описание. Его передали те, кто живет на уровне ложного эго. Они не видят всей картины, а только часть, фрагмент, и довольствуются этим. На основе фрагмента они судят о картине в целом. Такое описание не может быть достоверным.

В своем развитии мы остановились в механической части и смотрим на мир глазами автомата, механической куклы. Мы одеты в маскарадный костюм и участвуем в кукольном шоу. Участие в маскараде не мешает нам тешить себя иллюзиями, что мы не такие, как все. Нам кажется, что у нас нет маски и роли мы выбираем сами. Это сосед запутался во лжи, а наша ложь иная, она ради помощи другим.

Реальность такова, что даже мысли не являются нашими. Они внушаются через скрытое устройство. Что-то наподобие наушника в студии телевидения, когда ведущему диктуют, что ему делать.

Такое устройство есть в каждом. Можно назвать его «эго» или «ахамкара», но это диктатор, мелкий тиран, если вспомнить Кастанеду. В нас живет мелкий тиран, диктующий мысли, слова и поступки. Это наш личный тайный гипнотизер. В гипнозе мы слышим голос, считая его своим.

Кто поверит, что внутри есть кто-то, диктующий свою волю?

Мы никогда не узнаем правды о себе, если не проведем самоисследование. Отследить мысли и поймать на них ахамкару дело безнадежное, но еще есть слова и поступки. Наше спасение — слова и поступки, из которых состоит поведение. Как бы ни был хитер ахамкара, его выдаст поведение.

Диктат ахамкары скрыт, но это темное существо проявляет себя по схеме, как все животные. Поведение ложного эго схематично, это машина животных инстинктов.

С помощью циклов, их повторяемости можно поймать ахамкару на месте преступления.

50. ТОЧКА ОТСЧЕТА

«Незнание — причина неизбежности. В первую очередь незнание себя. А также незнание истинной природы вещей, их причин и следствий. Вы смотрите вокруг, не понимая, и принимаете видимость за реальность. Вы верите, что знаете себя и мир, но только ваше незнание заставляет вас говорить: „Я знаю“. Начните с признания, что вы не знаете, и двигайтесь от этой точки».

Решив начать с себя, сложнее всего начать с признания, что мы — незнайки. Приятно считать себя знайкой, но вся информация, которой мы владеем, — о мире и людях. А что касается нас — темный лес.

Мы не знаем, кто мы, куда идем и что происходит? Но оттого, что мы незнайки, жизнь не останавливается. Она продолжается, а мы продолжаем тешить себя иллюзиями. В конце концов, у нас есть работа, семья, нам есть чем заняться.

Нельзя сказать, что мы ничего не делаем. По мере своих возможностей мы пытаемся отгадать загадку нашей жизни. Мы ищем духовность, читаем специальную литературу, очищаем организм. Изучаем психологию, работаем над личностным ростом, посещаем тренинги.

Мы столько прочитали, работали над собой, неужели не сдвинулись с мертвой точки?

Наша Реальность — Колесо Сансары. Оно крутится на определенном уровне, уровне ложной личности. Все, что мы узнаем на этом уровне, становится балластом, удерживающим на этом уровне.

Надо подняться выше, мы пытаемся, а нас сносит обратно. Мы не можем понять почему?

Камень преткновения — ложная личность. Она механическая и обрастает знаниями как снежный ком. Это настоящие дебри, где можно заблудиться, каждый раз находя новые аргументы. Какой прок от механических знаний? Не проверенные практикой, они бесполезны. Проверка знаний в планы личности не входит, у нее задача проще — стоять до конца.

Трудно в этом признаться, но мы — банкроты. Мы запутались, не понимая, что происходит.

Нам кажется, признание будет катастрофой, равносильной самоубийству.

Хотя речь не о публичном признании. Мы боимся признаться себе!

Признание может стать отправной точкой, с которой начнется переход на другой уровень. Личность боится перехода, за ней прячется эго, наш мелкий тиран. Личность для ахакары — отличное прикрытие, за которым можно проворачивать свои темные делишки.

Сейчас личность — центр Вселенной, все крутится вокруг нее, все внимание достается ей. А что будет, когда окажется, что она — фантом, призрак, состоящий из ложных убеждений? И все, что известно, лишь набор бесполезных знаний.

Признание подведет итог и поставит на личности крест. Мы сможем начать с начала, с чистого листа. Не механически, а осознанно.

Признание незнания станет точкой отсчета.

В нашей жизни появится точка, откуда мы начнем движение. Нас будет сносить, но эго не сможет вернуть нас обратно. Мы начнем с нуля, а эго преисполнено важности. Так много достижений — и полное обнуление. Для эго это шок.

С признанием вернется чувство реальности. Мы перестанем принимать видимость за реальность, «откроются глаза» и начнут «слышать уши». «Другими глазами» мы увидим многое, что было скрыто. В первую очередь в себе. Мы увидим много ложного.

«Вместо человека, каким он представлял себя, он увидит совершенно другого. И этот „другой" — он сам, и в то же время не он. Это он, каким его знают другие люди, каким он воображает себя и каким является в своих действиях, словах и так далее; но не совсем такой, каков он есть на самом деле. Ибо человек понимает, что в этом другом человеке, которого знают все и знает он сам, много нереального, надуманного, искусственного. Вы должны научиться отделять реальное от придуманного. Чтобы начать самонаблюдение и самоизучение, необходимо разделить себя. Человек должен понять, что в действительности он состоит из двух людей».

Главная находка, что нас ожидает, — еще один «человек». Ничто не сравнится с ощущением двойственности. Всегда был один, а стало два. Трудно передать словами, когда находишь в себе надуманного, искусственного человека, механическую куклу.

У куклы есть характер, пол и привычки. Кукла правдоподобна, она как живая. Но все-таки это машина, четкий, отлаженный механизм. Он работает сам по себе, как компьютер, имеющий свою программу.

Этот другой человек — ненастоящий, он искусственный, он управляется извне, а все мысли, слова и поступки — механические.

Сознание робота ограничено интересами физического тела. Его уровень подобен инстинктивному уровню животных, а природа — стихийна.

Что испытывает человек, когда находит в себе машину животных инстинктов? Потрясение и шок!

Машина опасна. Она сильна, неуправляема, и, что самое страшное, у машины нет тормозов. По сути, мы имеем дело с диким зверем, хищником, который непредсказуем. Его поведение стихийно и зависит от смены циклов.

Что может чувствовать человек, окажись он в клетке наедине с опасным хищником?

Ужас и беспомощность. Что делать? Как выйти из трудной ситуации? Реальность может стать точкой отсчета, она поможет найти выход.

51. НАЙТИ ВЫХОД

«Пока вы заинтересованы в своем текущем образе жизни, вы не откажетесь от него. Неизвестное не откроет себя вам, пока вы цепляетесь за известное. Только тогда, когда вы полностью осознаете беспредельную печаль своей жизни и взбунтуетесь против нее, вы сможете найти выход».

«Пока вас устраивают более низкие состояния, вы не можете достичь наивысшего. Все, что доставляет вам удовольствие, удерживает вас на месте. Пока вы не осознали неудовлетворительность всего, его непродолжительность и ограниченность, и не собрали всю вашу энергию в одну великую устремленность, вы не сделали и первого шага».

Мы постоянно что-то ищем, не совсем понимая — что. Чего-то не хватает. Для полного счастья не хватает пустяка, какой-нибудь мелочи.

Нам не хватает любви, понимания, денег. Метров жилой площади, новой машины, интересной работы.

Не хватает деталей, а в целом у нас порядок и все устраивает.

Пока мы так думаем, не сдвинемся с места. Сразу видно, насколько легковесны наши намерения.

Мы не сможем найти выход, не осознав реальность. Когда ищем немного духовности, мы полагаем, что осталось чуть-чуть — и достигнем нирваны.

Настолько наши представления далеки от действительности. Такова сансара, здесь все пребывают в неведении. И даже божества погружены в иллюзии.

Сознание ограничено телесными потребностями, нам трудно думать о духе, мы полны инстинктов. За телом надо следить, его надо кормить. А что такое дух? Что-то эфемерное и непонятное.

Ничего не зная о духе, мы говорим о духовности так, словно это что-то обыденное и нам присущее. Стоит позаботиться о ком-нибудь, сделать доброе дело, мы начинаем считать себя духовными.

Существует такое мнение, что духовные люди обязаны всем помогать. Если откажут — перестанут быть духовными. С духовностью люди связывают доброту и всепрощение. Если вы духовны, обязаны помочь пришедшему к вам человеку.

Аналогичным образом мы относимся к Богу. Он нужен для того, чтобы исполнять наши желания, делать то, что просят. Если Бог не идет навстречу, мы обижаемся и отказываемся в Него верить.

Зачем нам Бог, который не исполняет наши желания?!

Таковы представления людей о Боге и духовности. Они очень далеки от действительности.

Именно представления мешают найти выход. Они глубоко сидят в сознании, никто не думает в них усомниться.

Что такое представления? Это то, как мы видим, мысленный образ, модель. Стереотип, который сложился давным-давно. Шаблон, по которому мы что-то сформировали. Узнав, мы составили об этом представление.

Пусть это было в детстве, когда мы мало понимали. Детские представления живут в нас до сих пор. Мы используем их, не задумываясь. Мы так к ним привыкли, что считаем своими принципами, убеждениями, взглядами.

Мы живем, опираясь на эти представления. О добре и зле, любви и ненависти, Боге и духовности, мире и людях.

Сложившиеся представления мы считаем правильными. Они сложились давно, зачем в них сомневаться?

Откуда они взялись, мы не помним, но в них уверены. Возможно, они вырабатывались годами, меняясь время от времени. Так или иначе, нам нравятся наши представления, мы не собираемся их менять, для этого нет основания.

На этих представлениях основан наш образ жизни, и он нас устраивает.

Пока мы полны ложных представлений, мы не найдем выход. Наш сосуд полон.

Мы полны мифов и иллюзий. Нам кажется одно, на деле оказывается другое. Мы думаем, что знаем, а сделать ничего не можем. Потому что не знаем как.

Тем не менее ситуация не внушает опасений. Трудности бывают, но они временны. Мы сможем их преодолеть. Может быть, наши представления ошибочны, но жизнь не так плоха, чтобы срочно искать выход.

В итоге мы сидим и ждем, когда будут агитировать, звать за собой в даль светлую. Мы рассмотрим все предложения, взвесив «за» и «против».

Таковы наши представления о пути духа. Мы думаем, что в Царство Божье нас будут тянуть за уши, заманивая и расписывая преимущества. Как хороши райские кущи! Как чудесна жизнь в нирване.

А мы будем сопротивляться. Ну что вы, спасибо! Нам и здесь хорошо!

Мы живем в иллюзорном мире и полны решимости достичь в нем успеха. Еще немного, и мы обретем счастье!

Мы очарованы иллюзорным миром и хотим обмануться, а не найти истину. Мы не сдвинемся с места, пока не научимся отличать правду от вымысла.

Пока мы думаем, что для счастья нужны вещи и бытовые условия, мы будем за них цепляться. А также верить, что их отсутствие делает нас несчастными. Мы думаем, что мы — тело. На этом основаны наши представления. Но тело — это только форма, оболочка. Помимо формы есть содержание.

Ситуация такова, что мы зациклены на форме. Наше содержание преданно служит форме. А должно быть наоборот.

Не стоит придавать форме так много значения. Лучше заняться тем, что она скрывает.

52. ЛОЖНЫЙ ОБРАЗ СЕБЯ

«Пока вы не будете прилагать неимоверные усилия, вы не убедитесь, что усилия никуда вас не приведут. „Я" так самоуверенно, что пока оно полностью не обескуражено, оно не сдастся. Простого убеждения на словах недостаточно. Только жесткие факты могут показать абсолютную ничтожность образа себя».

Образ жизни и образ себя прочно связаны. Сначала мы создаем публичный образ себя, потом формируем образ жизни. Чтобы один образ поддерживал другой.

Возникает вопрос: для чего нужен искусственный образ? Не проще ли быть собой?

Быть собой, конечно, проще, если знаешь, кто ты, но кто может сказать, что знает себя?

Ситуация складывается так, что сущность слаба и не может себя проявить. Мы чувствуем неуверенность в себе, а эго растет быстрее. Пользуясь ситуацией, ахамкара совершает подмену, занимая место духовной сущности.

Ничего про это не зная, мы считаем эго собой. Не успевая разобраться в себе, мы становимся жертвой подмены.

На месте сущности оказывается ложное эго.

Не зная себя, мы придумываем образ, понимая, что он далек от реальности. Не мы формируем личность, это делает ахамкара (ложное эго), притворяясь духовной сущностью.

Так рождается личность, которую Гурджиев называл ложной. Ложное эго производит ложную личность. Самозванец торопится прикрыть обман, ложь и несостоятельность.

Не думайте, что эго способно выдумать что-то новое. Ахамкара всего лишь автомат, машина, его возможности ограничены. Эго выдает одну из моделей, описанных соционикой.

Соционика описывает модели поведения в обществе. Поведение дома и на людях — это большая разница. На людях мы надеваем маску, так как хотим понравиться, произвести впечатление. Мы делаем это механически, что-то изображая и демонстрируя свою «компетентность». Чтобы скрыть изъян, мы говорим о том, в чем плохо разбираемся. Хочется доказать, что не лыком шиты. Не забывайте, эго — фантом, изображающий нашу сущность. Ахамкара прилагает неимоверные усилия, скрывая подмену. Все должны поверить, что эго настоящее.

Надо признать, получается правдоподобно. Какое-то время ложному эго удается морочить голову.

Эго создает ложный образ и упорно его поддерживает. Силе и упрямству эго можно позавидовать. Оно бьется до конца, лишь неопровержимые факты могут прижать эго к стенке.

Обычно мы разрываемся между стремлением быть собой и амбициями эго. Идет внутренняя борьба. Чаще всего амбиции берут верх. Мы хотим хорошо жить, а за это надо платить.

Эго есть эго. Оно не будет ждать у моря погоды. Ему надо все и сразу. В моей жизни был период, когда я отпустил вожжи. В какой-то степени это был эксперимент. Мне хотелось узнать, как далеко можно зайти, если дать эго волю.

Словно бешеный скакун, мое эго ушло в отрыв. Иногда полезно пойти навстречу тайным желаниям. Можно увидеть, что такое ложное эго.

Амбиций эго хватило на несколько месяцев. За это время я убедился в его ущербности.

Миллионы людей прилагают неимоверные усилия, чтобы с комфортом устроиться в этом мире. Словно на скачках, они несутся вперед, обгоняя друг друга. Они торопятся насытить аппетиты своих эго, которые постоянно растут.

Эго самоуверенно, оно слышит только себя. Оно не сдастся, пока не станет банкротом. Слов убеждения мало, нужны неоспоримые факты.

Эго — ловкий манипулятор, оно не дает нам быть честными с собой, внося смуту, разброд и шатания.

Трудно найти покой, когда внутри бьет фонтан желаний. Мир полон вещей, которые не нужны, но эго считает иначе. Словно малое дитя, оно хватает одну игрушку за другой. Играет и не может наиграться.

Огромные деньги уходят на амбиции эго. Новая игрушка быстро надоедает, хочется другую.

Можно долго плутать во тьме и неведении, не понимая, что происходит. Тьма и неведение — это не только образование и развитие. В первую очередь это нахождение в ложном образе, жизнь в ложной личности. Выйти из тьмы — это выйти из ложного образа, перестать обманывать себя.

Нам не найти Истинное «Я», пока не разберемся с ложным. Нельзя быть честным и лживым одновременно. Мы живем двойной жизнью, думая одно, говоря другое, а делая третье. В нас нет единства мысли, слова и дела. Несоответствие — наше обычное состояние.

Внутри нас живет один человек, а снаружи — другой. Эти двое никак не соприкасаются, функционируя каждый сам по себе. Чаще всего тот, кто внутри, почти не проявлен, словно его нет. Проявиться и заявить о себе мешает внешний человек.

Мы можем прожить жизнь, так и не узнав, что внутри нас живет Ангел, чистый, невинный ребенок, которого мы просто не заметили, несясь как сумасшедшие в безумной гонке за место под солнцем.

53. ГРЕШИТЕ ОТКРЫТО

«Если вы хотите грешить, грешите от всего сердца и открыто. Грехи могут стать такими же хорошими учителями для искреннего грешника, как добродетели — для искреннего святого. Самое опасное — это их смешение. Самым эффективным препятствием является компромисс, поскольку он указывает на отсутствие искренней устремленности, без которой ничто не может быть сделано».

Что такое ложная личность? Это продукт нашего воображения. Не зная себя, мы начинаем выдумывать. Это легче, чем заниматься наблюдением и анализом, это путь наименьшего сопротивления.

Приписав себе массу разных качеств, мы надеемся такими стать. Когда-нибудь, если получится. Сначала мы создаем публичный образ, а потом вынуждены его поддерживать.

Пусть думают о нас лучше, чем есть на самом деле. Пусть считают, что мы такие.

Стремясь произвести впечатление, мы привыкаем делать вид, что-то из себя изображать. Нам не все равно, что о нас подумают.

В нашей голове существует образ, имеющий набор качеств, которые нам нравятся. У нас нет этих качеств, но образ создается механически. В итоге мы имитируем то, чего нет.

Ложная личность — это кукла-пустышка, наподобие дипломата с миллионом. Открыв его, мы обнаружим пачки денег с бумагой внутри. Многие так женятся и выходят замуж, понадеявшись на личность своих благоверных. А личность оказывается пустым муляжом с набором дутых качеств.

Нам кажется, мы выглядим на миллион, такая необычная, незаурядная личность!

Коварство этого мира состоит в том, что ложная личность действительно на многое способна. Поверив в то, чего нет, можно многого добиться. Но за все придется платить.

Создав ложный образ, избрав этот путь, мы сильно рискуем. Неправильный выбор может стать трагедией всей жизни.

Воображение — вещь опасная, оно может сослужить дурную службу. Сначала мы обманываем себя, считая вымысел безобидной игрой. Потом игре воображения поддается окружение, поверив в созданный миф. А главной жертвой становится сущность. Мы не стремимся быть собой, привыкнув к тому, что мы — личность.

Однажды созданный образ оживает, начиная жить своей жизнью. Мы оживляем механическую куклу, намеренно вдыхая в нее жизнь. Нетрудно догадаться о последствиях. Кукла овладевает человеком. И уже нет человека, а только кукла-фальшивка.

В своем неведении мы невинны. Мы ошибаемся по неопытности. Но мы виновны, когда упорствуем, не признавая ошибку.

Мы грешим по незнанию. Никто не хочет становиться куклой. Куклой нас делают упрямство и самонадеянность.

Сам по себе грех не опасен. Опасна механистичность, повторяемость греха. На ошибках учатся и делают выводы. То, что нас привлекает грех, обычное дело. Мы не в курсе, поэтому нам что-то кажется.

Запретный плод сладок. Но сладок он сам или потому, что запретный? Сделать первый шаг нас толкают желания. Мы не знаем точно, греховные они или нет. Мы догадываемся, не понимая, почему грех тянет как магнит. Мотивы не известны.

Мотивы — это скрытые причины, лежащие на дне ложной личности. Чтобы узнать правду, надо исследовать личность.

На первый взгляд это не сложно. Несколько вопросов — и мотивы у нас в кармане. Но на деле сложнее. До правды, а тем более до истины добраться трудно. Люди настолько привыкают лгать, что делают это по инерции, на всякий случай.

В первую очередь мы лжем себе, чтоб не мучила совесть. Считая себя правдивыми, мы верим, что говорим правду, не зная, что есть правда, а что ложь. В итоге занимаемся самообманом.

Мои поиски правды закончились тем, что я запутался. Не понимая, что происходит, я на все махнул рукой. Сколько можно? Будь что будет! Не так страшен черт, как его малюют.

Меня доконали желания. Откуда они во мне? Желания странные, как минимум сомнительные и не совсем приличные.

«Нельзя, но если очень хочется, то можно». Я не видел другого способа разобраться в том, что происходит. Позже я понял, что с моей стороны это был эффективный, хоть весьма коварный прием. Сам того не ведая, я вывел на чистую воду ложную личность. Передо мной открылся скрытый механизм работы ложного эго.

Дав волю желаниям, я был абсолютно искренен. Я делал то, что желало эго. Обычно мы подавляем желания эго, боясь, что нас осудят. В итоге ахамкара остается за кадром, как тайный кукловод.

Этого хотят все, но немногие могут позволить. Не просто что-то делать, а делать открыто, ничего не скрывая. У меня был период, когда я искренне грешил, находя в этом удовольствие.

Самозабвенно предаваясь греху, я не понимал, почему все это скрывают? Желания естественны, зачем их скрывать?

Я был честен и отдавал отчет своим действиям. Я делал то, о чем втайне мечтало эго. Тайное стало явным. Эго вышло из сумеречной зоны, оно проявило себя «во всем блеске и великолепии».

Сам того не желая, я смог подцепить эго на крючок, вытащить на свет и как следует разглядеть. Я был для эго проводником, транслируя все его желания. У меня не осталось сомнений по поводу ущербной природы ахамкары, его ограниченности и уродства. Полученный негативный опыт открыл мне глаза. Он научил меня не идти на компромисс.

54. РЕАЛЬНОСТЬ — ЭТО ВЗРЫВ

«Когда реальность взрывается в вас, вы можете назвать это переживанием Бога. Или, скорее, это Бог испытывает переживание вас. Бог узнает вас, когда вы узнаете себя. Реальность — не результат процесса, это взрыв. Она определенно за пределами ума, но все, что вы можете сделать, — это хорошо изучить свой ум. Не то чтобы ум мог помочь вам, но, узнав свой ум, вы можете избежать его разрушительного влияния. Вы должны быть очень внимательны, или ум обведет вас вокруг пальца. Это все равно что наблюдать за вором — не то чтобы вы чего-то ожидали от него, просто вы не хотите, чтобы вас обокрали».

Взрыв не произойдет, если процесс идет не в том направлении. Если нет поисков, искренних заблуждений и устремленности вперед. Мы быстро опускаем руки и впадаем в уныние, становясь похожими на перегоревшую лампочку или дырявый горшок. Лампочка не горит, а в горшке ничего не держится.

Это только начало, а мы думаем, что уже конец. Жизнь испытывает нас на прочность, а мы расписываемся в бессилии, считая, что терять уже нечего. В итоге мы теряем себя, когда делаем то, что считали неприемлемым. Кажется, что мы проиграли и бороться бессмысленно. Но проходит время, и все меняется.

Мы напрасно забываем о циклах. Природа циклична.

На смену зиме приходит весна, а весну сменяет лето. На две трети мы — творение Природы. Под Природой в данном случае я подразумеваю биологическую жизнь Земли. Не только тело, но и душа (ум) является творением Природы.

Наблюдение за циклами — это ключ к пониманию. Душой обычно называют психику. Личность является структурой души (психики). Этой структурой заведует ахамкара (ложное эго). Именно эго формирует личность, наполняет ее содержанием. Наблюдая за ней, можно отследить, как работает этот механизм. Отследить и сделать выводы.

Мы увидим, что душа не свободна. Она находится во власти эго. Психику контролирует ахамкара. Не мы, а какое-то странное порождение Природы. Обычно его называют ум.

Душа во власти ума (ахамкары) относится к разрушительному аспекту трех составляющих бытия. Три аспекта — это созидание, сохранение, разрушение. В устройстве человека: дух, душа и тело, каждый аспект имеет своего представителя. Дух — созидание, тело — сохранение, а душа (эго) — разрушение.

Животворящий дух оживляет материю (тело), вдыхая в нее жизнь, а ум стремится ее (его) разрушить.

Парадокс состоит в том, что дух оживляет и ум (эго). Ум восстает против того, кто вдохнул в него жизнь. В силу своей ограниченности ум становится разрушителем. Люди забывают того, кто их создал. Так устроено эго.

В нас нет понимания, пока мы не связаны с духом. Это похоже на взрыв или мощную вспышку света. Реальность взрывается в нас, и все становится другим. Мир переворачивается.

Мы узнаем себя, а Бог узнает нас. Один миг меняет всю жизнь. До этого мига Бог не знал о нашем существовании. До этого нас просто не было, была только кукла. Тело и личность ничего не меняют. Личность — это плод воображения, образ, придуманный ложным эго.

Мы стараемся поддерживать этот образ, надеясь на авось. Мы строим свою жизнь на лжи и притворстве.

Неужели кто-то думает, что Богу интересны такие лживые проходимцы, как мы?

Реальность существует. Она начинается за пределами ума, которыми мы ограничены. Когда читаем умные книги, нам кажется, что мы понимаем. Возможно, что-то понимаем, но ничего не делаем. Мы не следуем тому, что написано в книгах. Мы принимаем это к сведению. Мы — себе на уме.

Мы ждем, когда нас будут убеждать и кто-то поразит наше воображение. Нам покажут фокус-покус, мы поверим и пойдем за ним как завороженные.

Мы ждем чуда, а если его нет, отказываемся верить.

Считая себя умными, мы доверяем своему уму, но ничего про него не знаем. В нас кто-то рассуждает и делает выводы. Это все, что мы знаем про свой ум (ложное эго).

Вор ахамкара не глупец, чтобы позволить нам видеть и понимать. Ум (эго) обязательно обведет нас вокруг пальца, если не поставить его под сомнение, начав изучать.

Мы находимся в обществе вора. Надо признать, не самая лучшая компания. Мы оказались в ней по неопытности. Так бывает по малолетству. Дети попадают в дурную компанию.

Наша сущность слаба. Мы плутали во мраке и заблудились. А тут вдруг «добрый дядя» по имени Ум. Он появился из ниоткуда, быстро окреп и прибрал нас к рукам. Мы и глазом моргнуть не успели.

Дети доверчивы, их легко обмануть. По наивности мы попали в скверную историю, нами верховодит «добрый дядюшка» Ум.

Являясь обыкновенным мошенником, он выдает себя за Робин Гуда. На людях он имитирует нашу сущность, а нас держит за семью замками под гипнозом.

Этот мошенник дьявольски хитер. Он проворачивает свои дела от нашего имени, а ответственность ложится на нас.

Если мы не хотим, чтобы нас обокрали, надо перестать делать вид, что у нас все в порядке.

Мы всего лишь сидим взаперти, а нашей жизнью управляет вор и мошенник. С кем не бывает.

55. ВЫ НЕ ТО, ЧТО ВЫ ВИДИТЕ

«Прежде чем вы сможете принять Бога, вы должны принять себя, что еще страшнее. Первые шаги в принятии себя не слишком приятны, поскольку то, что вы видите, не очень радостно. Нужно все мужество, чтобы идти дальше. Вам поможет только внутренняя тишина. Наблюдайте себя в полном безмолвии, не описывайте себя. Наблюдайте за тем существом, которым себя считаете, и помните — вы не то, что вы видите».

В самоисследовании нас ожидает много сюрпризов. Обычно мы соотносим свой характер со знаком зодиака, под которым родились, называя себя Львом, Раком или Водолеем. А по восточной астрологии добавляем себе характеристику по году рождения, считая себя Змеей, Драконом или Котом.

В результате получается гибрид, смесь бульдога с носорогом. Овен — Кабан, Рак — Обезьяна и так далее.

С помощью западной и восточной астрологий мы надеемся составить о себе представление, нарисовать портрет. Не все характеристики сходятся, а некоторые не соответствуют, но нам хочется обозначить свою персону, очертить контур. Мы не знаем, какие мы внутри, снаружи — другое дело. Нам кажется, мы видны как на ладони.

Первый сюрприз ожидает снаружи. То, что казалось легче всего, оказывается трудным.

Мы видим других, но не видим себя. А наше поведение не соответствует поведению того знака зодиака, каким мы себя считали. Этот знак зодиака относится к телу. Тело имеет особенности, характерные для этого знака зодиака. Наше поведение и характер имеют черты совершенно другого знака зодиака. Или планеты, которая является обителью этого знака зодиака.

В западной астрологии это называется асцендент (восходящий знак). Характер нашей личности имеет черты асцендента, планеты, являющейся обителью совершенно другого Знака Зодиака. Личность имеет черты восходящего знака зодиака.

Человек триедин, он состоит из тела, души и духа. Каждая составляющая часть имеет свой тип. Физическое тело имеет один знак зодиака. Душа (психика, личность) имеет другой знак зодиака. Духовная сущность тоже имеет тип.

По дате рождения я — Козерог, но этот знак относится к моему физическому телу. Оно имеет особенности Козерога.

А моя душа (психика, личность) имеет другой знак зодиака. Долгое время в своем характере я находил черты Козерога, пока не узнал о ложной личности. Оказалось, что я не Козерог. Только тело имеет устройство и особенности Козерога.

Асцендент указывает на характер человека. Если вы способны определить, где у человека асцендент, вы — астролог.

Асцендент указывает на душу (психику, личность). Мы не сможем узнать, что такое ложная личность, если не знаем ее тип, знак зодиака.

Определить тип — половина дела. Другая половина — найти в поведении характерные черты этого типа. Увидеть эти черты в простых и понятных примерах из собственной жизни.

Задача не из легких, если учесть, что описаний знаков зодиака много и они часто противоречат друг другу. По крайней мере, общее представление о знаках зодиака составить можно.

Есть другое описание типов, более конкретное. Это те же знаки зодиака, описанные под другим углом. В соционике их 16, но это неважно. Для определения особенностей имеет значение яркость описания. В соционике попаданий больше, несмотря на множество ошибок.

Ложная личность — это маска, мифическое существо. Оно имеет признаки, по которым его можно распознать. То, что мы обнаружим, не стоит принимать близко к сердцу. Все-таки это не мы, а плод воспаленного воображения. Чтобы узнать себя, надо от него оттолкнуться.

Познавая себя, Истинное «Я» должно столкнуться с «не-Я», своей противоположностью.

Испытание не для слабонервных. Не хочется ворошить прошлое. Мы были неопытны, самонадеянны, наломали дров.

Став старше и мудрее, думаем иначе, но где взять мужество, чтобы вернуться и вновь пережить неприятные моменты?

Мы боимся расплаты, суда совести. Но что такое наш страх по сравнению с ужасом от встречи с существом, которое находим в себе?

Столкновение с «не-Я» — настоящий триллер. Существо вызывает панику. Хочется убежать и спрятаться. Тень ахамкары наводит ужас. Никто не ожидал оказаться в клетке тела наедине с диким и темным «не-Я». Картина испуга навсегда остается в памяти, словно вспышка, освещающая реальность.

Столкновение с «не-Я» приводит в чувство, мы обретаем трезвость мышления.

В нас живет ахамкара, ложное эго, которым мы считали себя. Ясно, что это не мы, тогда кто же мы?

Долгое время мы были одним, не находя в себе ни личности, ни сущности. Мы думали одно, говорили другое, делали третье. И вот теперь нас двое. Мы осознаем, что не являемся «не-Я», мы — тот, кто наблюдает, является свидетелем.

Какую ответственность несет свидетель, наблюдая за происходящим и не имея возможности вмешаться? Какой спрос с наблюдателя?

Откуда берется наша карма? Почему мы платим за то, чего не совершали?

Дело в том, что мы не только свидетели, мы — заложники темного существа. Мы связаны одним телом.

56. СВИДЕТЕЛЬ

«Когда ум спокоен, мы осознаем себя как чистых свидетелей. Мы отстраняемся от переживаний и переживающего и стоим поодаль, в чистом восприятии, которое находится между и за пределами того и другого».

«Позиция свидетеля — это тоже вера, это вера в себя. Вы верите, что не являетесь тем, что воспринимаете, и смотрите на все как бы со стороны. Позиция свидетеля предполагает отсутствие каких бы то ни было усилий. Вы понимаете, что являетесь только свидетелем, и это понимание действует».

Чистоты и тишины ума невозможно достичь, не проделав работы над собой.

Когда я увидел реальность своего положения, это стало отправной точкой. Смириться с этим было нельзя.

Мы не только свидетели, но и заложники. Мы связаны с ложным эго, хотим того или нет. У нас одно тело и общая судьба. Нам некуда деваться, разбор полетов неизбежен.

Мы не можем изменить прошлого, но карма не приговор, а информация к размышлению. Карма действует на уровне эго, пока мыслим его категориями. Пока видим себя телом и личностью и ведем себя как тело и личность. Считая, что мы — Иван Петров, мы ведем себя как Иван Петров.

Чтобы сознание изменилось, мы должны убедиться, что мы — не Иван Петров. Убедиться в этом на конкретных примерах из повседневной жизни. Кроме наблюдения, нет другого способа получить примеры. Необходимо стать наблюдателем (свидетелем) не на словах, а на деле. Отстраниться и посмотреть на себя со стороны. Тогда мы заметим, что телом кто-то управляет. И этот кто-то — не мы.

Нам станет не по себе. Тело, которым себя считали, не является нами! Мы видим, как оно движется, и не чувствуем с ним связи. Тело движется само, им кто-то управляет. Это тело — наше, но управляем им не мы! Там есть какое-то существо. А что тут делаем мы?!

На фоне смешанных чувств приходит неожиданное открытие. Мы — не тело и мы — не умрем! Страх смерти, висящий над нами, словно дамоклов меч, исчезает без следа.

Мы — не тело и личность, мы — только свидетели, зрители в зале. Наше тело — тюрьма, а эго — цепной пес, живущий рядом. Мы не можем встать и уйти, мы слабы и беспомощны.

Озарение длится миг, а жизнь продолжается. Надо жить и что-то делать. Теперь мы знаем истину. Мы только свидетели безумного спектакля, где правит ахамкара.

Ситуация не из приятных. Она напоминает сон, когда происходит что-то страшное, а мы бессильны. Мы не можем двинуться с места, словно парализованные. Все видим, а сделать ничего не можем.

Бог видит наши страдания, а вмешаться не имеет права. Он связан законами этого мира. Здесь многое зависит от нас. Нам страшно, мы слабы и беспомощны, но эта жизнь наша и разбираться в ней нам. Никто не сделает это за нас.

Так ли страшен черт, как его малюют? Он страшен, пока неизвестен, пока не схвачен за хвост.

Что такое ложное эго? Это рудимент, оставшийся от прошлых жизней. Это тень предков, душа животного, мы были ею в одном из воплощений. По ошибке мы приняли ее за себя. Несколько опрометчивых поступков, и эго выросло, окрепло.

Не разобравшись, мы выбрали не тот путь, приняв эго за себя, а казачок оказался засланным. Внутри оказался диверсант, устроивший переворот. Все наши представления он перевернул с ног на голову.

Много лет мы строили, а фундамент оказался ложным. В основу жизни мы заложили ложные представления.

Мы не участник, мы — свидетель. Себя мы нашли, а что делать с нашими представлениями? Они остаются перевернутыми. Мы не ложное эго, а наши представления остаются ложными.

Мы смотрели на мир сквозь призму ложного эго. Накопили массу ложных впечатлений, сделали массу ложных выводов, совершили массу опрометчивых поступков.

Что с этим делать? Нас ожидает долгая кропотливая работа. Представления о жизни никуда не годятся, они не соответствуют действительности. Такими же скверными являются представления о людях, не говоря о нас самих.

В пересмотре нуждается все мировоззрение. Взгляды, убеждения, принципы. Абсолютно все является ложным. Мы смотрели и не видели, мы слушали и не слышали.

Теперь у нас открылись глаза и уши, мы видим и слышим. Мы видим то, что раньше не замечали. Мы слышим то, что не хотели слышать.

Жизнь изменилась, она стала объемной. Мы видели только часть, это создавало проблемы. Угол зрения стал шире, мы видим то, что было скрыто.

Призма эго сужала интересы до примитива. Мы обросли массой вредных привычек, ненужных вещей, пустых занятий. Обзавелись уймой случайных связей, бесполезных знакомств, бесплодных отношений.

Свобода — это избавление от лишнего. Того, что мешает и уводит от цели.

57. СЕКРЕТ УСПЕХА

«Тело и ум ограничены и потому уязвимы, они нуждаются в защите, что порождает страх. Пока вы отождествляете себя с ними, вы будете вынуждены страдать. Реализуйте свою независимость и будьте счастливы. Верьте мне, в этом секрет успеха. Вера в то, что ваше счастье зависит от вещей и людей, вызвана незнанием своей истинной природы. Знать, что вы ни в чем не нуждаетесь, чтобы быть счастливым, кроме знания себя, — это мудрость».

«Как вызывающая раздражение пылинка в глазу может стереть весь мир, так и ложная идея «я есть тело-ум» приводит к озабоченности собой, которая затмевает всю Вселенную. Бесполезно бороться с ощущением, что вы ограниченная и отдельная личность, пока не вскроются его корни. Эгоизм основывается на ошибочных представлениях о себе. Очищение ума — это Йога».

Признаемся честно — нами руководит страх. Он удерживает нас в рамках ложной личности. Мы озабочены одним желанием — удобнее и безопаснее пристроить тело. Первоочередная задача на все времена. Основной инстинкт. Пристроив тело, начинаем размножаться.

Желания эго доминируют, что бы мы ни говорили. Они завуалированы замысловатой риторикой, но эго есть эго. Своих позиций оно не сдаст и шелковым не станет.

В обычном состоянии мы — единая личность. В нас нет двойственности, нет трений, никто не борется. Мы не понимаем, о каком эго идет речь? Где взять это эго? Есть личность, часть ее склонна к эгоизму. Но это так, отдельные черты. А в целом личность положительная.

И где тут ложное эго? Где духовная сущность?

Начнем с того, что мы не знаем себя. Нам что-то известно, но этого мало. Того, что мы знаем, не хватит, чтобы стать счастливыми.

Мы всегда мечтали о счастье, но никогда не связывали представления о счастье и знание себя. При чем тут знание себя?

Мы хотим быть счастливыми, знаем себя или нет. Но как можно быть счастливыми, не зная себя?

Есть люди, внезапно утратившие память. Они не знают, кто они и что с ними произошло. Они не помнят близких, не помнят себя. Они словно чистый лист бумаги.

У нас история другая. Наш лист исписан сценарием. Наша роль — личность. Худо-бедно мы тащим эту роль, словно перегруженную телегу. Как вьючное животное, придавленное грузом, мы с трудом передвигаем ноги.

Нам говорят, что это и есть счастье. Надо немного потерпеть, оно вот-вот наступит. Надо прихватить еще, а то счастья не будет. А потом еще и еще. Для счастья надо много.

Мы слушаем и верим, впрягаясь еще сильнее. Мы смотрим вокруг и тащим свою телегу. А как иначе? Все так живут!

Пока мы смотрим друг на друга, копируя чужое «счастье», будем оставаться вьючным животным с шорами на глазах. Находясь в упряжке, животное не видит, что ходит по кругу.

Эго затмевает все, убежденного эгоиста невозможно сдвинуть с места. Попробуйте сдвинуть осла, у которого завязаны глаза! Боль — единственное, что заставит его двигаться.

Мы будем страдать, пока ведем себя как ослы. Продолжая считать себя телом и личностью.

Тело и ум (личность) ограниченны, они живут в страхе. А мир таков, что причин для страха всегда достаточно. «Волков бояться — в лес не ходить!»

Если боятся — ходить по кругу, как ослы в упряжке. Ходить по кругу и мечтать о счастье!

С эго трудно, оно полно изъянов, неотесанно и беспокойно. Оно упрямо и не способно к различению.

Тело и эго (ум) — наша карма, злая судьба. Эгоизм основан на ошибочных представлениях, явных заблуждениях по поводу собственной персоны. Эгоизм — наш персональный миф, внутри которого пытаемся жить, ища там счастье.

Мы замкнуты на себе, мы варимся в собственном соку, в котле бесконечных желаний эго. Наш мир — это набор ложных представлений. Мы ничего не видим и ничего не слышим. На глазах шоры, а в ушах беруши. Мы уверены, что являемся отдельной самостоятельной личностью. Мы — личность, и у нас есть тело, но это части человеческого существа. Это лишь вершина айсберга.

Личность не способна к прозрению. Прозрение приходит из глубины, от сущности. Пока сущность принимает себя за эго, человек спит. Эгоист не будет познавать себя, ему и так хорошо.

Сомнение — вот начало всего. Если вы сомневаетесь, у вас есть шанс. Путь к себе начинается с сомнения.

58. СТАВИТЬ ПОД СОМНЕНИЕ

«Только отрицая и можно жить. Утверждение — это рабство. Ставить под сомнение и отрицать необходимо. Это самая суть протеста, а без протеста не может быть свободы. Нет никакого второго, или высшего „Я", которое следовало бы искать. Вы и есть высшее „Я", просто отбросьте свои ошибочные представления о себе. И вера, и рассудок говорят вам, что вы не являетесь ни телом с его желаниями и страхами, ни умом с его причудливыми идеями, ни той ролью, которую навязывает вам общество, ни личностью, которой вас считают. Отбросьте ложное, и истинное само возьмет свое».

Мы смотрим вокруг и верим тому, что происходит, забывая о призыве мудрецов древности: «Сомневайся во всем!»

Мы верим и ищем объяснение. В увиденном нам хочется найти здравый смысл.

С таким же успехом можно искать здравый смысл в кошмарных снах, что изредка нам снятся.

У снов есть предназначение — вызвать страх. Тогда мы захотим проснуться!

Мы так устроены, что быстро ко всему привыкаем. То, что нас пугало, становится привычным.

Привыкнув жить в безумном мире, мы даже норовим получить удовольствие!

Глядя на мир глазами ребенка, мы приходим в ужас. Мир полон насилия, жестокости и лжи. Став взрослыми, привыкаем. Привыкаем делать вид, что живем в земном раю, а не в преддверии ада.

Планета хорошая, условия жизни нормальные. Все портят существа, которые называются себя гомо сапиенс. С этим видом что-то не так. По виду это люди, а ведут себя странно.

Они быстро привыкают лгать. Обманывать, притворяться, делать вид. Это игра такая: «Хочешь жить — умей вертеться!» Чтобы хорошо жить — надо притворяться. Не быть собой, а играть роль, создавая ложный образ — имидж.

Не надо искать себя, надо подстраиваться под запросы публики. Чем удачнее выбран образ, тем лучше результат.

Нам всегда не хватает денег, внимания, успеха. Для игры причин много. Чтобы уверенно выглядеть, произвести впечатление, не обмануть ожиданий.

Мы стараемся поддерживать созданный образ, иначе что о нас подумают?

Вместо того чтобы двигаться внутрь, познавая себя, мы идем наружу. Вместо того чтобы быть собой, мы играем роль.

У нас и без того большой репертуар. Роли навязывают, требуют, грозят. Сначала мы соглашаемся, раз надо — так надо, а потом задумываемся. Не слишком ли много от нас хотят?

Мы всем что-то должны, у нас сплошные обязанности. И выплате долгов нет конца. Мы только и делаем, что играем навязанные роли.

В этой ситуации уместно вспомнить Евангелие от Матфея, главу 10.

«Не думайте, что Я пришел принести мир на землю; не мир пришел Я принести, но меч, ибо Я пришел разделить человека с отцом его, и дочь с матерью ее, и невестку со свекровью ее.

И враги человеку — домашние его. Кто любит отца или мать более, нежели Меня, не достоин Меня; и кто любит сына или дочь более, нежели Меня, не достоин Меня; и кто не берет креста своего и не следует за Мною, тот не достоин Меня».

В череде ролей мы забываем о предназначении. В первую очередь мы — дети Бога. Наша истинная природа — дух. Мы — дети Духа, Вселенского Разума, который нас создал. Это наш Господь, Бог-Создатель.

У нас много ролей, но игра не главное. Главное — найти себя. Мы застряли на уровне личности.

У личности много долгов, они тянутся из прошлых жизней. Это карма, мы вынуждены ее принять. От судьбы не уйдешь, но выход есть.

Карма работает на уровне личности. Пока мы верим, что мы — личность, мы будем получать воздаяние и реагировать на том же уровне, создавая новые причины. Это замкнутый круг.

Пока мы отдаем предпочтение кому угодно, только не духу, нам не выйти из круга. Забывая о своей духовной природе, любовь к близким мы ставим на первое место.

Мы не ищем себя, не ищем Бога, а ведь Бог — источник любви. Не найдя в себе Бога, мы пытаемся кого-то любить. Как можно любить, если не связан с источником любви?

Связь с Богом не дается механически, только потому, что мы находимся в человеческом теле. Связь легко утратить и трудно восстановить.

Являясь высшим «Я», мы не находим с ним ничего общего. Это кажется странным. Если мы — дети Бога, почему не живем как Боги, а влачим жалкое существование?

Мы скрыты от Бога множеством масок. Не Бог скрыт от нас, а мы спрятаны от Него набором лживых масок. Носить маски — это наш выбор.

Мы играем чужие роли, за которыми забыли себя. Иллюзорный мир диктует лживые роли. Мы свыклись с ними. Мы запутались в них. Ложь, фальшь и притворство — наша реальность.

В этой ситуации только отрицая и можно жить. Постепенно, слой за слоем, избавляясь от всего, что является ложным. Ставить под сомнение, отрицать — единственный выход. Мы не личность, мы — сущность.

Личность не уйдет сама, а ложные представления не исчезнут по взмаху волшебной палочки. Без борьбы и протеста не может быть свободы. Как бы ни хотелось отсидеться в сторонке и спустить все на тормозах. Это наша жизнь, никто не проживет ее за нас.

59. ГОСПОДСТВО ЭГО

«Если бы вы действительно воевали со своим эго, вы бы зада-ли еще много вопросов. У вас кончились вопросы, потому что вы не заинтересованы по-настоящему. В настоящее время вами дви-жет принцип удовольствия-боли, то есть эго. Вы сотрудничаете с эго, а не боретесь с ним. Вы даже не осознаете, насколько полно находитесь во власти личных соображений. Человек должен всегда бунтовать против самого себя, поскольку эго, как кривое зеркало, ограничивает и искажает. Это наихудший из всех тиранов, оно господствует над вами абсолютно».

Что такое эго? Нам кажется, мы знаем. В какой-то степени мы все эгоисты и попадали в ситуации, когда приходилось делать выбор в поль-зу эго. Было стыдно, мы преследовали корыстные интересы, игнорируя интересы других людей. Мы знаем, в нас это есть, но неизвестны мас-штабы.

Нам кажется, мы легко откажемся от своих интересов, если потре-бует ситуация. Если будет нужда в нашей помощи.

Мы уверены, эго — это пара черт нашего характера. Мы можем злиться, ругаться. Но в целом у нас все хорошо, не хуже, чем у других. Да наше эго по сравнению с другими — ангел!

Мы грешим, но наши грехи — ничто по сравнению с тем, как гре-шат другие.

Чтобы разобраться с эго, дается целая жизнь. А мы думаем, что эго — какой-то пустяк. Стоит немного поработать над собой, и эго ста-нет шелковым. Мы можем не злиться, не ругаться, нас вынуждают. Нас вынуждают быть эгоистами. Фокус в том, что это правда.

Нас подталкивают и вынуждают быть эгоистами.

Условия жизни таковы, что мы вынуждены проявлять эго. Так устроен, так работает механизм подлунного мира.

И наш характер — не несколько черт, а весь характер — является механизмом ложного эго. Не несколько черт, а вся личность является ложной. Не ряд свойств души, а вся душа не является нашей. Не ряд проявлений психики, а вся психика не является нашей.

Речь идет о целом существе, другом человеке, которым мы не являемся. Хотя его трудно назвать человеком. В нас живет инородное существо, по ошибке мы считаем его собой. Это уже не диверсия, это похоже на заговор.

Мы не являемся тем человеком, которым себя считаем. Непроизвольно, автоматически мы выдаем себя за человека, которым не являемся. Этот человек — фантом, призрак, наш персональный миф. Люди видят его и считают фантом нами. Но этот призрак не мы. Мы можем стать собой, если увидим подмену.

Главное — увидеть подмену. Именно эту цель преследует моя система наблюдений за циклами.

Господство эго — основная причина страданий человечества. Господство эго во всех и каждом в отдельности.

Может показаться, мы не относимся к числу тех, в ком господствует эго. Это заблуждение. Эго господствует во всех — и в грешниках, и в праведниках. И в тех, кто не считает себя тем или другим. Если вы думаете, что отличаетесь от других, то существуют два критерия, по которым можно отличить одного человека от другого.

Первый критерий — знание себя, своего устройства. Если вы знаете тип личности, асцендент (восходящий знак), вы будете отличаться тем, что можете сдерживать себя (свое эго).

Второй критерий — работа над собой (с ложным эго). Если работа проведена, вы будете отличаться тем, что можете контролировать себя (свое эго).

В этом случае господство будет нивелировано. Чтобы управлять, мы должны знать устройство, как работает механизм.

Чтобы управлять собой, надо знать, как мы устроены, как работает механизм эго.

А что мы можем знать, если познание себя интересует нас меньше всего? Мы готовы лететь на Луну, нырнуть в Марианскую впадину, лишь бы не искать себя! В немыслимые дали нас гонит ахамкара. Он не хочет, чтоб мы узнали истину.

178

Между господством эго и познанием себя существует прямая зависимость. Самопознание — это постепенное освобождение от господства эго.

Человек — это тайна за семью печатями.

Те, кто не стремится узнать эту тайну, безнадежны. Не думайте, что вас будут уговаривать и тянуть за уши. Личное дело каждого, искать или не искать. Никто не будет нянчиться с замшелым эгоистом. Познание себя и поиск истины — это выбор, господство эго — приговор.

Власть эго беспощадна, мы подвергаемся безжалостному разрушению. После обработки эго мы ни на что не годны.

Эго — это тиран, жестокий и мстительный самодур, наш враг номер один. С эго надо бороться в первую очередь.

А мы не заинтересованы по-настоящему, мы все еще находимся во власти личных соображений. Мы все еще колеблемся и взвешиваем, выгодно или не выгодно бороться с эго?

Речь идет не о выгоде и предпочтениях. Речь идет о жизни и смерти, о том, чтобы остаться в живых. Быть или не быть? Вот в чем вопрос.

60. МИР — ЭТО ШОУ

«Мир — это шоу, блестящее и пустое. Он есть, и его нет. Он есть, пока я хочу его видеть и принимать в нем участие. Когда мне становится все равно, он растворяется. У него нет причин, он не служит никаким целям. Он просто происходит, когда мы рассеянны. Он кажется именно таким, каким мы его видим, но в нем нет глубины, нет смысла. Реален только наблюдающий его — „Я“, или Атман».

«Почему вы беспокоитесь о мире, вместо того чтобы позаботиться о себе? Вы хотите спасти мир, не так ли? Вы можете спасти мир до того, как спасете себя? И что значит спасти себя? Спасти от чего? От иллюзии. Спасение означает видеть вещи такими, какие они есть».

А как же достижения цивилизации? Если мир — пустое шоу, для чего нужны достижения?

Я уже слышу подобные возражения, они витают в воздухе. С достижениями все в порядке, они свидетельства высоты человеческого духа. Мир нужен для того, чтобы проявить в нем себя. А уж какие будут проявления, истинные или ложные, зависит от степени духовной зрелости.

В основном мы проявляем себя в качестве ложных личностей. Это придает шоу блеск, но несет пустоту. Ложное боится глубины, оно эффектно, но сиюминутно, построено на обмане. Обман может быть непроизвольным. Когда мы рассеянны, мы говорим первое, что приходит в голову, не думая о последствиях. Многое в мире происходит подобным образом.

Внешний мир похож на дурной сон. Когда что-то угрожает, мы начинаем действовать. А наломав дров, хватаемся за голову. До этого момента сон остается сумбурным и бессмысленным.

Внешний мир — это шоу, красочное представление, поставленное для каждого человека. Это «Шоу Трумэна» с Джимом Керри в главной роли. Мы все находимся в роли простака Трумэна и наблюдаем друг за другом, считая простаками других.

Это они верят в подлинность происходящего, а мы на этом собаку съели. Это их обманывают, обводя вокруг пальца, нас на мякине не проведешь. Мы уверены, у нас достаточно опыта, чтобы выйти сухими из воды.

Мы надеемся на свою особенность, мы не такие, как все. Мы видим — люди играют роли. Они лгут, обманывают, фальшивят. Мы так не делаем. А если позволяем себе, то чуть-чуть. Мы не такие, мы хотим спасти мир!

Мы носимся со своим благородством как с писаной торбой. «Спасая мир», потому что лень заниматься собой. Мы находим в мире и людях массу несовершенств, ничего не замечая в себе.

Мир нужен как инструмент, нельзя его изменить, не изменив себя. Чтобы получить подлинное, прежде надо самим стать подлинными. Не замечая своей фальши, мы кажемся себе настоящими.

Надо отдать должное режиссеру, шоу поставлено с размахом. Оно похоже на правду. Мы ловко встроены в спектакль, не думая, что играем роль. Мы уверены, что сами вершим свою судьбу.

Жить в мире трудно, а играть — легко. Как быть, если жизнь — игра? Сначала мы пытаемся жить, получается плохо. Потом начинаем играть, потому что так делают все.

Жизнь — дело серьезное, а игра — забава. Если жизнь — игра, то забавная игра. Сначала забавляемся мы, потом забавляются с нами.

Если хотим жить, надо быть. Сначала быть, а потом играть. Быть или не быть — вот в чем вопрос.

Не найдя себя, мы живем на автомате. Так нельзя, это жизнь во сне. Поиск себя ведет к пробуждению. Не найдя себя, мы начинаем играть. Неуклюжая игра вызывает смех, нам сочувствуют.

На помощь приходят такие же, как мы, горе-игроки, научившиеся делать вид, притворяться. Не найдя себя, свое предназначение, они приглашают следовать их примеру. Они неплохо устроились, пусть им приходится притворяться и обманывать, но за это хорошо платят!

«Ибо кто хочет душу свою сберечь, тот потеряет ее, а кто потеряет душу свою ради Меня, тот обретет ее; какая польза человеку, если он приобретет весь мир, а душе своей повредит?» (Евангелие от Матфея, Гл. 16.)

Мы хотим спасти душу, не удосужившись проверить, а наша ли это душа.

Может быть, это не душа вовсе, а «шкура»?! И мы преследуем «шкурные» интересы?

И тело и личность — только оболочки. Ради оболочек мы готовы предать свою сущность. Участие в шоу хорошо оплачивается, чего не сделаешь ради благополучия семьи!

Для внешних оболочек, тела и души (эго) — единственная реальность — внешний мир. Ничего другого для них не существует. Они так устроены и на больше не способны. Мы будем «спасать» мир, пока смотрим вокруг с точки зрения внешних оболочек.

Мир вокруг — это шоу, блестящая и пустая иллюзия, существующая в нашем воображении. Он существует, пока мы в него верим.

Но стоит усомниться, как мир начинает трещать по швам и разваливаться на глазах. Чего ни коснись, все оказывается бутафорским. Ничего настоящего, муляжи, декорации и пустота внутри.

61. ПОРЯДОК И ГАРМОНИЯ

«В природе нет места хаосу. Хаос существует только в уме человека. Ум не может охватить целое — его фокус очень узок. Он видит только фрагменты и не может увидеть всю картину целиком. Исправьте свой ум, и все будет хорошо. Когда вы знаете, что мир един, что человечество едино, вы ведете себя соответственно. Но прежде всего вы должны уделить внимание тому, как вы чувствуете, думаете и живете. Пока в вас самих не будет порядка, никакого порядка не будет и в мире».

«Вы хотите немедленных результатов. Мы здесь не раздаем магию. Все делают одни и те же ошибки: отбрасывают середину и хотят конец. Вы хотите покоя и гармонии в мире, но отказываетесь иметь их в себе».

Сложное начинается с простого. Мы недовольны, когда вокруг беспорядок. Не связывая его с тем, что творится внутри. Чтобы сверить, посмотрите, как выглядит ваше рабочее место или комната, где живете.

Если внутри порядок, на беспорядок снаружи реагируем спокойно, по мере возможности упорядочивая внешнюю среду. Когда начинаем с себя, личный опыт дает понимание, как трудно наводить и поддерживать порядок.

Когда заставляют следить за порядком, отношение другое. Мы следим за порядком снаружи, не имея его внутри. Внимание сосредоточено на внешнем мире. Мы зорко следим за людьми, требуя того, чем не обладаем сами.

Хаос внутри подталкивает быть придирчивыми. Не обращая внимания на себя, свое запущенное состояние, мы бросаемся на борьбу за порядок снаружи.

Удобная позиция. Ничего не делая с собой, находим хорошее оправдание. Тратим себя ради других! Не думая о себе, спасаем от беспорядка мир!

Никто, кроме нас, не будет поддерживать порядок во внешнем мире. Порядок держится на тех, кто привел в порядок, упорядочил свою жизнь.

В первую очередь надо найти истинное звено, которое неизменно. Это наша суть, она не меняется, на нее можно опереться. Сущность постоянна, она — основа, стержень.

Наблюдая за циклами, мы заметим, что есть много того, что часто меняется, крутится, вертится, словно флюгер. Сегодня так, завтра по-другому. Сегодня хорошее настроение, завтра — плохое.

Как сделать так, чтобы ничего не менялось? Чтобы постоянно, изо дня в день, пребывать в хорошем расположении духа. Найдя в себе точку опоры, сделать настроение ровным и спокойным.

Для этого существует система наблюдений за циклами. Отслеживая перемены, можно выявить массу ложного, не присущего сущности. Мы обнаружим ложное на фоне истинного, того, что неизменно.

Фальшь и притворство, лишнее и пустое. Мы обнаружим такие завалы, что справиться будет не под силу.

Это все равно что, прожив жизнь в маленькой комнатке, найти еще 5 дверей, ведущих в комнаты, до потолка заваленные хламом. Нужны годы, чтобы очистить квартиру от мусора.

Так же и с личностью. Однажды мы узнаем, что она собой представляет. И нам становится дурно. Нужны невероятные усилия, чтобы привести личность в порядок. Постепенно, шаг за шагом, вдумчиво и терпеливо, слой за слоем разбираясь с этим запущенным порождением Луны.

Чистота и порядок — результат кропотливого труда и целенаправленных усилий. Если хотим настоящих результатов, надо прилагать настоящие усилия.

Мы не придаем значения тому, как чувствуем и живем. А это главное. Мы не видим фальши проявлений. Нам что-то кажется, но в этом нет глубины. Мы что-то чувствуем, но чувства поверхностны. Мы что-то думаем, но мысли сумбурны.

Живем, словно во сне, грезя наяву, не чувствуя и не понимая. Но исправно делая вид, что все в порядке. Не замечая механического уровня проявлений, автоматизма всего, что мы чувствуем и делаем. Если в нас самих нет правды, нет истины, откуда взяться им во внешнем мире?

Люди хотят немедленных результатов, предлагая сообщить им звездный тип, тип духовной сущности. Словно жизнь тут же изменится волшебным образом, как в сказке, и они окажутся в раю.

А куда девать ложную личность с чувством собственной важности? Куда девать злодея ахамкару, темное и дикое существо-призрак?

Тайна нуждается в разгадке, но нельзя отбросить середину — процесс разгадывания тайны — и сразу получить конец. Это все равно что родиться и сразу умереть, забыв прожить жизнь.

Для чего дается жизнь? Чтобы найти себя. Успех зависит от серьезности намерений. Себя находят те, кто настойчиво и последовательно идет к своей цели.

Самопознание — это процесс. Нельзя получить результат, отбросив процесс.

Познание себя — это пробуждение, выход из механического состояния. Познавая себя, мы пробуждаемся, постепенно, шаг за шагом расширяя сознание. Выходя за уровень эго, понимая то, что не понимали раньше.

Познание себя — это рождение в духе, переход на другой, сознательный уровень. Он не может пройти механически. Это наш сознательный выбор.

62. ИЗМЕНИТЬ ОТНОШЕНИЕ

«Мир — это океан боли и страха, беспокойства и отчаяния. Удовольствия — как рыбы: их мало и они очень юрки, редко приходят, быстро уходят. Человек с неразвитым умом верит, несмотря на все основания, что является чем-то исключительным и что мир обязан дать ему счастье. Но мир не может дать то, чего у него нет. Будучи полностью иллюзорным, он не поможет обрести истинное счастье».

«Вы не можете изменить течение событий, но вы можете изменить свое отношение, ведь именно отношение имеет значение, а не само событие. Мир — это притон желаний и страхов. Вы не найдете в нем покоя. Чтобы найти покой, вам надо выйти за пределы мира. Основная причина мира — это любовь к себе. Из-за нее мы ищем удовольствий и избегаем боли. Замените любовь к себе любовью к Высшему „Я“, и картина изменится».

Мы в сложной ситуации. Она связана с отношением к мирской жизни. Мы считаем, что мир должен дать нам счастье, а то мы обидимся. Это не означает, что мы не хотим работать. Никто не собирается сидеть сложа руки и ждать у моря погоды. Мы будем стараться, у нас много способностей. Кому-то не везет, но только не нам. Мы не такие, как все. Мы своего добьемся.

Наша личность полна амбиций. С одной стороны, это хорошо, с другой — сплошная головная боль. Амбиции заводят далеко. Богатство, власть и слава — не предел. Какое-то время мы тешим тщеславие, потом «счастье» исчезает. Самомнение остается, эйфория улетучивается.

Мы долго идем к цели, а удовольствия хватает на пару дней. Оказывается, для счастья нужно больше. Больше денег, славы, успеха. Есть люди, у которых этого «счастья» гораздо больше.

Подобная гонка за счастьем бесконечна. Пока считаем себя личностью, будем искать свое особенное счастье, не такое, как у других. Это они, став богатыми, не чувствуют счастья, мы — другие, у нас будет по-другому. Надо только разбогатеть.

Сколько людей — столько и мнений. У каждого человека свой собственный иллюзорный мир, полный своих представлений о счастье.

Эти представления далеки от реальности. Мы проецируем их на внешний мир, ничего о нем не зная, веря тому, что говорят. Погрузившись в мирскую жизнь, мы находимся в гуще событий.

Каждый день что-то происходит, мир меняется. Чтобы выжить, приходится реагировать. Наши отношения с миром просты. Нам больно, когда мир несет неприятности. Мы рады, когда мир доставляет удовольствие.

Мы выбираем позитив, негатив стараемся игнорировать. Приятные вещи оставляем, неприятные отметаем. Наша жизнь — это поиск удовольствий и бегство от страданий.

Жить с удовольствием неплохо, но что получается на деле?

В своем стремлении к счастью мы идем напролом, не обращая внимания на происходящее вокруг. Мы строим личное счастье в мире, полном боли, страха и отчаяния. Как одержимые, закрыв на все глаза, мы надеемся прорваться к счастью.

Мы уверены — счастье «расположено» во внешнем мире. Там и надо его строить, а что творится внутри, разберемся потом. Надо пристроить тело, создать условия, обеспечить потребности.

Что такое дух, душа, внутренний мир? Какие-то непонятные высокие материи.

В итоге жизнь проходит в стремлении сделать счастливым тело, а тело приходит в негодность.

Почему мир полон страха и боли? Причина проста и понятна. Мы боимся умереть, считая себя телом. Мы боимся боли и страданий. Ничего нет страшнее перспективы умереть, перестать существовать. Считая себя телом, мы не хотим умирать, мы боимся смерти, боли и страданий.

Невежество является основной причиной наших страданий. Считая себя физическим телом, мы игнорируем духовную основу. В духе человечество едино. Это единый духовный организм. Причиняя боль другому, мы причиняем ее себе.

Мы не можем изменить мир, он живет по своей программе. Но мы можем изменить отношение к миру, перестав жить его интересами. Интересы внешнего мира для нас второстепенны.

Мы любим свои тело и личность, не являясь ни тем ни другим. Мы преданны и считаем главными тех, кем не являемся. Это происходит механически, по недомыслию. Интересы тела и личности для нас второстепенны.

Тело и личность — одежда, ее назначение — служить для удобства. Придет время, мы сбросим одежду, как неудобную, пришедшую в негодность. Не стоит так рьяно заботиться об одежде, забывая о том, кто ее носит.

Мы не одежда, мы — тот, кто ее носит.

Мы зациклены на физической форме, но мы не форма, мы — содержание, Высшее «Я». Тело и личность имеют значение, но они второстепенны, главное — содержание.

Мы любим свою форму — тело и личность, но этого мало. Мы любим их, считая собой. Но мы не тело и личность, мы гораздо больше, мы — Высшее «Я». Тело и личность, с которыми столько носимся, инструменты Высшего «Я».

Мы любим инструменты, забыв о себе. Все решает любовь. Она изменит нашу жизнь, если мы вспомним о Высшем «Я».

Тело и личность не останутся без внимания, если мы подумаем о себе. Любовь к себе — это любовь к Высшему «Я».

63. ИСТИННАЯ ПРИРОДА

«Мы ищем реальное, потому что несчастливы с нереальным. Счастье — наша истинная природа, и мы не успокоимся, пока не найдем его. Но мы редко знаем, где искать. Поняв, что мир — не что иное, как ошибочная видимость реальности, и не является тем, чем кажется, вы свободны от его наваждений. Только то, что совместимо с вашим истинным бытием, может сделать вас счастливыми, а мир — такой, каким вы его воспринимаете, — это его полное отрицание».

«Истинное счастье нельзя найти в вещах, которые меняются и уходят. Удовольствие и боль неумолимо сменяют друг друга. Счастье исходит из „Я“ и может быть найдено только в „Я“. Найдите свое Истинное „Я“ (сварупа), и все остальное тоже придет».

Считая реальностью внешний мир, мы не понимаем, о какой реальности идет речь, кроме той, что нас окружает. Где ее взять? То, что видим снаружи, вполне правдоподобно.

А внутри ничего нет. Закрыв глаза, мы оказываемся в темноте. Внутренний мир существует, но он иллюзорен. Это мир наших снов.

Внешний мир перед глазами, в нем что-то происходит, а внутри — темнота и неизвестность. Внутренний мир оживает ночью, когда видим сны.

Глаза закрыты, личность отдыхает, а мы что-то видим. Иногда так же ясно, как днем. Тем не менее трудно провести равенство между миром внешним и внутренним. Мысль о том, что внешний мир — разновидность сновидения, кажется крамольной.

Но реальность такова, что внешний мир, с которым мы столько носимся, всего лишь наваждение, созданное Луной. Земная плантация растущей планеты. Как мы содержим натуральное хозяйство, выращивая фрукты, овощи, домашних животных, так и Луна содержит земной огород. Вместе с другими животными Луна выращивает людей.

Мы думаем, что свободны, но наша свобода напоминает свободу домашних животных. Их кормят, выгуливают, а потом пускают под нож.

Особенностью Лунной плантации является наличие гипнотического сна. Мы находимся под гипнозом, цель которого — поддерживать иллюзию свободы. Можно делать все, но лишь на уровне, напоминающем животный. Можно безумствовать, но нельзя просыпаться.

Возможности личности ограничены поставленной задачей. Под гипнозом мы должны считать себя личностью. Что и делаем.

Сама по себе личность не является счастливой. Чтобы стать счастливой, нужны определенные условия. Так считает личность. Сколько личностей, столько и условий для счастья.

Считая себя личностью, мы не представляем, что можно быть счастливым, не имея ничего. Мы привыкли связывать счастье с комфортными бытовыми условиями, материальным достатком, приятным окружением.

В чем счастье, если ничего этого нет?

Неважные бытовые условия, нехватка денег, неудачная личная жизнь, неинтересная работа. Зависимость от этих аспектов нашего бытия делает нас несчастными.

Нам кажется, достаточно «пристроить» тело, и счастье придет само. Ради этого мы идем на все. Ради денег, бытовых условий, личных отношений мы идем на любые компромиссы.

В конечном итоге мы получаем желаемое, но «счастье» длится недолго. Но мы рады и этому. Кое-чем из «атрибутов счастья» мы сумели завладеть. А как стать счастливым, не имея ничего?

Радетели материального благополучия впадают в уныние, когда им говорят, что счастье не связано с обладанием вещами. У них выбивают почву из-под ног, то, ради чего они живут, на чем базируются их мировоззрение и образ жизни.

Материальные условия — не цель жизни, это то, что сопровождает. Никто не призывает игнорировать бытовые условия. Речь о том, чтобы не отдавать материальной стороне главенствующую роль. Материя того не стоит, она второстепенна. Много у нас материи или нет, значения не имеет.

Главное — найти счастье, стать счастливым. Сначала стать счастливым, а потом обрастать материей, если это необходимо.

Ошибка в том, что мы делаем наоборот. Сначала торопимся заполучить весомые куски материи, а потом вспоминаем о счастье. Став «тяжелыми и неуклюжими», мы утрачиваем способность воспринимать счастье. Наши головы «твердеют», а тела заплывают жиром.

Материя становится основным препятствием на пути. Те, кто обзавелся большими кусками материи, ни о чем другом думать не в состоянии. Свое будущее они связывают с материей. Но счастье — это не обладание чем-то или кем-то, счастье — это внутреннее состояние, оно не связано с внешним миром.

Счастье исходит из «Я», человеческой духовной сущности, которую надо найти. Мы не найдем Истинное «Я» во внешнем мире, оно находится внутри. Истинная природа спрятана внутри. Мы не успокоимся, пока не обретем истинную природу.

Счастье, о котором мы мечтаем, является физическим и психическим удовлетворением. Чувственное или эмоциональное удовольствие не является настоящим счастьем. Это игра ложной личности, предел ее мечтаний. Но мы не личность и не тело. Мы — тот, кто носит эти одежды.

Наше счастье связано с истиной и простым желанием — быть собой.

64. ЗАМКНУТЫЙ КРУГ

«Любое наслаждение, физическое или ментальное, нуждается в инструменте. Физические и ментальные инструменты материальны, они устают и изнашиваются. Удовольствие, которое они приносят, всегда ограничено по интенсивности и продолжительности. И на заднем фоне всех ваших удовольствий — боль. Вы стремитесь к ним, потому что страдаете. С другой стороны, сам поиск удовольствий становится причиной боли. Это замкнутый круг».

«Вы можете только перестать быть тем, кем себя сейчас считаете. В моих словах нет ничего жестокого. Пробудить человека от кошмара — сострадание. Вы пришли сюда, потому что вам больно, я говорю вам: пробудитесь, познайте себя, будьте собой. Прекращение боли лежит не в удовольствиях. Когда вы поймете, что вы за пределами боли и удовольствий, отчуждения и неприступности, тогда погоня за счастьем закончится и исчезнет печаль. Потому что боль нацелена на удовольствия, а удовольствия неумолимо заканчиваются болью».

Мы давно находимся в ловушке, но признать, что нам больно, не хотим. Чтобы заглушить боль, мы ищем удовольствий. Без конца наслаждаться трудно, возможности тела ограничены.

Склонность зацикливаться на механизмах удовольствий, будь то секс, еда и напитки, играет против нас. Инструменты для удовольствий не вечны, их ресурс ограничен. Тело не резиновое, а нам хочется еще. Ощущения притупляются, поиск остроты ведет к извращениям.

Остановится трудно, хочется унять боль, заменив ее удовольствием. Считая себя телом, мы варварски с ним обходимся. Это ведет к болезням. Боль толкает на поиски удовольствий, а удовольствия приводят к боли. Это замкнутый круг.

Нам не выбраться, если не увидим, что ходим по кругу. Тянуть за уши и спасать никто не будет.

Невозможно спасти человека от него самого.

Ловушка называется «ложная личность». Мы не те, за кого себя выдаем. И не те, за кого принимаем. Наши представления ошибочны. Чтобы понять это, надо спокойно разобраться.

Ситуация запутана. Мы бегаем по кругу, ничего не замечая. Что движет нами? Поиск удовольствий. Это единственное, что осталось, что стимулирует интерес к жизни. Если убрать удовольствия, лишив последней радости, что останется? Ради чего жить?

Ошибочны не только представления, но и рассуждения о смысле жизни.

Мы приходим в этот мир в физическом теле. Но не ради тела. Тело — лишь инструмент, транспортное средство. Находясь в теле, можно двигаться. Когда садимся в автомобиль, мы не становимся автомобилем. Так и с телом. Можно его использовать в разумных пределах.

Когда покупаем дорогой автомобиль, автоматически его бережем. Чем провинилось тело?

Тело — инструмент, его возможности ограничены. Зачем запихивать в него столько еды? Заливать напитками, изнурять сексом?

Тело не станок для получения удовольствий. Это прибор для ориентировки в физическом мире. У него есть шкала: приятно — неприятно, холодно — тепло и т.д. Зачем его ломать, перегружая излишками?

За этим процессом маячит тень ахамкары (ложного эго). Мы разрушаем тело, но кто нас подталкивает, навязывая подобное поведение? Тело — это машина, биологический автомат, а личность выбирает линию поведения, образ жизни. Личность управляет телом, в этом ее назначение.

Почему личность заводит привычки, ведущие к болезням и смерти тела? Кто формирует личность, которая разрушает тело? Это похоже на заговор.

Мы считаем себя личностью, а ей кто-то управляет. Мы знаем, что у нас есть эго — ахамкара, но не думаем, что эго желает нам смерти.

Художества ахамкары можно отследить. Одно дело читать об этом в книге, другое — найти в реальной жизни.

Чтобы выйти из круга, надо наблюдать личность. Ложная личность — инструмент ахамкары, того, кто водит нас за нос.

Считая себя личностью, мы находимся в процессе. Наблюдая, делаем попытку отстраниться, увидеть себя со стороны. С этой попытки начинается важная процедура — размежевание с личностью. Потому что невозможно увидеть себя, находясь в процессе.

Сам факт, что можно наблюдать себя отстраненно, как бы со стороны, говорит о том, что мы не то, кем себя считаем.

Находясь в одном месте, невозможно видеть процесс со стороны, из другого места. Раз такая возможность есть, стало быть, нас — двое. Один управляет, другой наблюдает.

Личность и сущность. Личность управляет, сущность наблюдает. В процессе наблюдения мы задействуем сущность.

До этого момента говорить о сущности бессмысленно. Ясно, что она скрыта. Мы найдем сущность, если будем наблюдать за личностью.

Без нашей помощи, сама по себе, сущность никогда не выйдет наружу. Для этого необходимы целенаправленные усилия.

В этом — смысл работы по Гурджиеву. Это не какая-то абстрактная работа на того или иного гуру. В первую очередь это работа над собой, для своего собственного блага.

65. УСЛОВНЫЕ РЕФЛЕКСЫ

«Человек, которому дали камень и убедили, что это бесценный бриллиант, будет безмерно счастлив, пока не поймет свою ошибку. Так и удовольствия теряют свой вкус, а боль — свое жало, когда „Я" познано. Они видятся тем, что они есть, — условными рефлексами, простыми реакциями, приязнями и неприязнями, основанными на воспоминаниях и предрассудках. Обычно боль и удовольствия испытывают тогда, когда ожидают их. Это следствие привычек и убеждений».

«Секс — это приобретенная привычка. Выйдите за ее пределы. Пока вы фокусируетесь на теле, вы остаетесь в тисках секса и пищи, страха и смерти. Найдите себя и будьте свободны».

«Ум — это набор ментальных привычек, образов мышления и чувствования, и чтобы измениться, они должны быть вынуты на поверхность и исследованы».

Мы сфокусированы на теле и живем его желаниями. Мы так привыкли. Однажды нам сказали, что мы — тело. Прямо и безапелляционно. Других вариантов не было, и мы поверили.

Прошло время, и оказалось, что кроме тела у нас есть душа (психика). Это случилось, когда те, кто считал нас телом, потерпели фиаско.

Разобраться с душой мы не успели, на горизонте появился дух. Выяснилось, что наше строение триедино: тело, душа, дух.

Над нами властно то, что неведомо. Пока не изучили, мы придаем этому значение. Тело было загадкой, пока его не изучили.

Мы склонны верить тому, что говорят. Мы были материалистами, однажды поверив, что мы — тело.

Потом оказалось, что от нас скрывали правду, фактически лишив души. Вместо души нами правила партия.

Новый строй вернул нам душу, но ненадолго. Едва сменилась власть, душу предложили продать за деньги. Целью и смыслом нового строя стали деньги, поставленные во главу угла.

Мы быстро забыли о душе, не успев изучить. Деньги оказались ближе, чем дух. Узнав о духе, мы предпочли ему деньги.

Душа осталась не изученной, а гонка за деньгами вернула на уровень тела. Теперь мы верим, что счастье связано с деньгами, а не с духом.

Дело в том, что мы всему верим, а на прозрение уходят годы. Поверив, мы долго живем с этим, забыв проверить. Вникать и углубляться некогда, поверхностный уровень неустойчив, он требует постоянного внимания. Мы заняты привычными реакциями, из них состоит колея механической жизни. Реакции и привычки могут быть негативными, но они знакомы и понятны. Они не выбивают из наезженной колеи. Привычки удерживают в зоне неведения.

Что должно произойти, чтобы мы проснулись? И начали собственное расследование?

Привычное неведение — зона безопасности и комфорта.

Лучше не знать и жить спокойно, чем искать то, что нарушит покой.

Зачем заниматься собой, пытаясь раскрыть тайну жизни, если можно обойтись чередой привычных удовольствий?

«Пока гром не грянет, мужик не перекрестится». Мы будем тянуть до последнего, надеясь продлить удовольствие. Пока удовольствие не заменит боль. Глубоко задуматься поможет боль, иначе до нас не доходит.

Сделать больно — эффективный способ заставить вникать. Но делать больно намеренно нет необходимости. Мы так устроены, что все сделаем сами. Пока слушаем ум (эго), мы обречены на страдания.

Ошибаются те, кто не хочет исследовать ум. Рано или поздно страдания заставят их заняться собой. Со своей стороны, я заинтересован, чтобы это случилось раньше, чем позже. Времени для исправления может не хватить.

Ум (личность) — это набор привычек, рефлексов и реакций. Его арсенал беден, а возможности ограничены. Ум — это рассуждающая личность, сформированная эго (ахамкарой).

Ум любит преувеличивать, делая из мухи слона. Мы смотрим на мир сквозь призму ума и видим то, чего нет. Ум все искажает.

Привычка заниматься сексом кажется верхом того, к чему надо стремиться. Мы должны испытывать необыкновенные ощущения. Но на телесном уровне можно испытывать только физиологические реакции. Обычные реакции и больше ничего, остальное — миф, плод воспаленного воображения.

Ум искажает любой объект, куда направлен взгляд. Одно ум преувеличивает, другое — преуменьшает, третье — извращает. Искаженные объекты остаются в памяти, становясь основой для выводов. Нетрудно представить, какие будут выводы. Так рождаются предрассудки и предубеждения.

Ум сфокусирован на теле, жить интересами тела — его предназначение. Но в этой формуле не хватает главного — руководства духа. При отсутствии духа задача выполняется неправильно. Воспользовавшись ситуацией, ум злоупотребляет своей функцией.

Велик соблазн сделать по-своему. Устоять способны немногие. Мы как дети, хотим пошалить, надеясь, что простят. Хотим сладкого и не знаем меры. А сладкое в итоге становится горьким. Природа стремится к балансу.

66. СТРАДАНИЕ — ЭТО ПРИЗЫВ

«Мы растем благодаря исследованию, а чтобы исследовать, нам нужен опыт. Мы склонны повторять то, что не поняли. Если мы чувствительны и разумны, нам не нужно страдать. Боль — это призыв к вниманию и наказание за беспечность».

«Боль имеет физическое происхождение, а страдание — психическое. Вне ума нет страданий. Боль — это всего лишь сигнал о том, что тело в опасности и требует внимания. Точно так же страдание предупреждает нас, что структуре воспоминаний и привычек, которую мы называем личностью, угрожает потеря или изменение. Боль необходима для выживания тела, но никто не заставляет вас страдать. Страдание вызывается исключительно цеплянием или сопротивлением, это признак нашего нежелания двигаться вперед, следовать течению жизни».

Наши представления о страдании далеки от действительности. Мы не любим страдать, воспринимая страдание как кару небесную. Мы что-то сделали не так и вынуждены страдать, совершенно не понимая, за что.

Страдание — не расплата, а призыв к изменению. Страдание свидетельствует о несовпадении с ритмами Космоса. Не чувствуя ритмов, мы действуем невпопад. Не замечая перемены циклов, ослепленные желаниями, мы идем напролом.

Космос — отлаженный механизм, он не будет церемониться, если не слушать его ритмы. Всему свое время, природа циклична. После зимы приходит весна, а весну сменяет лето.

Слушая эго, мы хотим, чтобы всегда было лето. Так не бывает. Глупо идти против законов Космоса.

В основе страданий лежат амбиции ложной личности. Эта структура, управляемая ахамкарой, не совсем вменяема, а порой безумна. Всему сопротивляясь, за все цепляясь, эго слушает только себя.

Пока беспечны и невнимательны, мы ничего не замечаем. Когда станет больно, заметить придется.

Космос говорит с нами на языке боли и страданий. Не потому, что хочет нам зла, другого языка мы просто не понимаем.

Страдания не являются неотъемлемой частью нашей жизни. Их можно избежать, если вести себя благоразумно. Можно перестать страдать, если быть внимательным к боли — сигналу, предупреждающему об опасности. На подобные сигналы мы не обращаем внимания, считая недоразумением.

Ни с того ни с сего вдруг что-то заболело. Ничего серьезного, это мы что-то съели или где-то продуло.

В большинстве случаев причину недомогания мы ищем во внешней среде. Нам и в голову не придет искать ее в своем поведении, образе жизни или психике.

Ложная личность — табу, ее трогать нельзя. При чем тут личность, если болеет тело!

Мы не думаем о том, что тело и личность тесно связаны. В нашем представлении болезни тела — одно, а отклонения личности (психики) — другое. Болезни тела лечит терапевт, а отклонения психики — психолог.

Небольшие отклонения опасений не вызывают. Они считаются нормой. Иметь отклонения в психике — личное дело каждого. Это такие черты характера, особенности личности. Жадность, злость, зависть и т.д. Психиатры занимаются существенными отклонениями психики, психологи — небольшими. Психоанализом заниматься некому.

Нерешенные психологические проблемы приводят к заболеваниям тела.

Проблемы в психике есть у каждого, но никто не считает их проблемами. Для ахамкары проблем нет, эго найдет оправдание любому поступку. Личность и эго — сладкая парочка, они никогда ни в чем не виноваты. Личность за эго как за каменной стеной. А эго лучше не трогать.

Ничего не зная про свое эго, про эго соседа мы знаем все. Вот у кого ужасное эго!

Активно сопротивляясь разбору собственных полетов, в отношении других личность цепляется за каждую мелочь. Не желая работать над собой, от других мы требуем совершенства, предъявляя им массу претензий. Свои проблемы мы проецируем на других, перекладывая с больной головы на здоровую. Мы страдаем, не желая в этом признаться. Страдание — это сигнал. Психика работает неправильно и нуждается в исправлении.

Мы рискуем упустить время. Если не заняться собой, исследованием психики и ее реакций, произойдут необратимые изменения. Тонкие механизмы нарушатся, утратив чувствительность, мы станем не способны воспринимать что-либо, кроме своего эго.

Утрата восприимчивости — верный признак превращения в куклу. Она, по сути, мертва, хоть и способна двигаться. Гурджиев говорил о живых мертвецах, что ходят по улицам. Такие люди безнадежны, никто не будет тратить на них время.

Пока хотим расти и развиваться, мы живы. Это потребность людей, сознательных и здравомыслящих. Мы растем благодаря исследованию себя. Нет исследования — нет анализа и правильных выводов. Без анализа мы топчемся на месте, без конца повторяя одни те же ошибки.

67. КАРМА — ЭТО ЛЕКАРСТВО

«Неведение подобно жару — оно вынуждает нас видеть вещи, которых на самом деле нет. Карма — это предписанное божественностью лекарство. Примите его и точно следуйте инструкциям — и выздоровеете».

«Большая часть нашей кармы коллективная. Мы страдаем за грехи других, так же как другие страдают за наши. Человечество едино. Неведение — это факт, который не меняется. Мы могли бы быть гораздо более счастливыми людьми, если бы не наше равнодушие к страданиям других».

«Каждая ситуация — это вызов, который требует правильной реакции. Если реакция неправильная, вызов не принят и проблема остается нерешенной. Ваши нерешенные проблемы — это ваша карма. Решите их правильно и будьте свободны».

Мы часто воспринимаем карму как проклятие. Кому приятны горькие пилюли кармы?

Обычно мы не видим своей болезни, жар неведения не позволяет трезво оценить обстановку. Мы уверены, что здоровы. Больны другие, потому и страдают, такова их карма.

Но почему страдаем мы? Здоровые люди не страдают.

На память приходит фильм Андрея Тарковского «Солярис». Крис тоже был уверен, что здоров. Отправляясь к планете Солярис, он хотел решить все проблемы одним махом. «Что они там, с ума сошли?! Надо действовать, иначе будет поздно».

Знакомая позиция. Судить со стороны и торопиться «спасать мир», не разобравшись в ситуации.

Мы такие же, как все, но нам кажется, что другие. У нас-то порядок, а других надо спасать. Они не понимают, а нам ясно.

Оказавшись на станции «Солярис», Крис испытал шок. К нему явилась Хари, бывшая жена, покончившая с собой.

Самонадеянность Криса испарилась, он растерялся. Оказалось, что он не другой, а такой же, как все. Слабый, запутавшийся человек с массой нерешенных проблем. Подтверждением этого стали нелепые поступки в стремлении избавиться от воскресшей жены.

Так и мы поступаем со своей кармой, не понимая, что каждая кармическая ситуация — вызов, требующий правильной реакции. Если реакция неправильная, начинается «день сурка» — сюжет другого известного фильма.

Не вникая в ситуацию, Крис действовал неправильно. На следующее утро Хари являлась вновь.

Что-то похожее происходит с нами. Реагируя механически, мы делаем неправильно, тем самым усугубляя свое положение.

Если реакция правильная, проблема исчезает. Наша задача — научиться правильно реагировать на удары судьбы, извлекая из них уроки.

Правильная реакция способствует духовному росту. Неправильная — ухудшает карму.

В том, что происходит, нет злонамеренности. Хотя и может сложиться такое впечатление.

Ситуацию усугубляет общая карма. Приходится нести общее бремя ответственности, страдая за грехи других. Но и другие в равной степени страдают из-за нас. Того, что не заслужили, мы не получаем. Весы судьбы, как в аптеке, взвешивают все до мелочей.

Многие поступки совершаются под давлением общества. Являясь его частью, мы действуем автоматически, как часть единого механизма. Реагируя на удары, мы не думаем о последствиях.

«Но вам, слушающим говорю: любите врагов ваших, благотворите ненавидящим вас. Ударившему тебя по щеке подставь и другую; и отнимающему у тебя верхнюю одежду не препятствуй взять и рубашку. Всякому, просящему у тебя, давай, и от взявшего твое не требуй назад. И как хотите, чтобы с вами поступали люди, так и вы поступайте с ними» (Евангелие от Луки. Гл. 6).

То, что делается механически, бездумно, усиливает карму. Есть те, кто нас ненавидит. Они заблуждаются. Мы все — звенья одной цепи, связанные духовным родством. Те, кто ненавидит, не понимают этого. Не стоит им уподобляться, отвечая ударом на удар.

Реагировать на удары нас подталкивает неведение. Карма скрыта, мы не хотим страдать за чужие грехи. Нам кажется, что мы не заслужили. Даже не пытаясь разобраться, мы выделяем себя из общей массы и не хотим нести ответственность.

Но человечество едино, и все находятся в одинаковом положении. Наш счет не является особым, он общий для всех.

Считая иначе, мы постоянно ввязываемся в драку. Словно буйные больные, мы нуждаемся в смирительной рубашке.

Карма — предписанное богом лекарство. Примите его, оно спасет нас от безумия. Излечит от тяжкой болезни, которую мы не замечаем.

«Не здоровые имеют нужду во враче, но больные. Пойдите, научитесь, что значит: „милости хочу, а не жертвы"? ибо Я пришел призвать не праведников, но грешников к покаянию» (Евангелие от Матфея. Гл. 9).

Чтобы перестать реагировать на провокации, надо спокойно наблюдать. И точно следовать инструкциям. Тогда есть шанс подняться над ситуацией.

Не надо делать одолжения, строя из себя великомученика. Надо понимать, что мы делаем и зачем.

68. ЗАМЕТИТЬ БЕЗУМИЕ

«Безумие повсеместно, здравомыслие очень редко. И все же надежда есть, потому что когда мы замечаем наше безумие, мы на пути к выздоровлению. Это функция гуру — помочь нам увидеть безумие нашей повседневной жизни».

«В больнице может быть много пациентов. Все они спят, все видят сны, каждый видит свой собственный личный сон. Эти пациенты не связаны друг с другом, не влияют друг на друга, у них только один общий фактор — болезнь. Таким же образом мы отделили себя в своем воображении от реального мира и заключили себя в облако персональных желаний и страхов, образов и мыслей, идей и концепций».

«Зло — это смрад больного ума. Излечите свой ум, и он перестанет проецировать искаженные уродливые картины».

Мы варимся в собственном соку. Этот бульон состряпал ахамкара. Кулинар из него неважный, но мы едим. Потому что неприхотливы и не слишком внимательны, не замечая, какой испорченной пищей нас потчует эго.

А ведь мы — то, что едим, в чем варимся, чем живем. Мы плаваем в котле представлений ложной личности, живем в облаке, созданном воображением.

Есть объективная реальность, и есть субъективные представления ложной личности.

На самом деле мы не личность, но думаем, что личность. А раз думаем, что личность, то и ведем себя как личность. Мы не тело и не личность, но думаем и ведем себя так, словно мы — тело и личность.

Считая себя личностью, мы живем в бреду ее представлений. Чтобы понять, что личность несет бред, надо в этом убедиться, поймать личность на месте, вживую. Пока не поймаем, будем и дальше витать в облаках.

В описаниях знаков зодиака проглядывают типы личностей. Но в этих описаниях многое перепутано, трудно отделить одну личность от другой. Чтобы выделить характерные особенности, надо знать ключевые моменты, основу, на которой возникают различия.

Не мудрствуя лукаво, мы считаем себя знаками зодиака, под которыми родились. Козерог, Водолей, Лев или Рак. Читаем характеристики, с чем-то не согласны, находим другие черты, но продолжаем называть себя тем знаком, под которым родились.

Ключевые отличия знаков зодиака существуют. О них обязательно узнает пытливый исследователь, ступивший на путь самопознания. Сообщать их тем, кто не ищет истину, бессмысленно.

Если говорить о типах личностей, в этом направлении преуспела соционика. Там ярко и выразительно описаны модели поведения. Они четко отличаются и легко запоминаются.

Соционика выделяет функции личности. Это немаловажно, если мы хотим поймать эго на месте преступления.

Линия поведения проявляется автоматически, в соционике — это базовая функция личности, она сразу бросается в глаза. Ее демонстрирует обладатель функции.

Дон-Кихот генерирует идеи, оторванные от действительности. Дюма делится ощущениями. Гюго выдает фонтан чувств. Робеспьер давит интеллектом. Гамлет накаляет страсти. Штирлиц утомляет инструкциями. Жуков командует. Есенин мечтает. И т.д. и т.п.

Соционика описывает типы, не предполагая, что это маски. Поэтому типы выглядят весьма убедительно.

Знаем об этом или нет, мы все носим маски. Маски формируются сами и порой от нас не зависят. Можно прожить жизнь, ничего не зная о маске. Впору петь арию Мистера Икс «Всегда быть в маске — судьба моя».

Дело в том, что носить маску удобно и выгодно. За нее хорошо платят, а все намерения скрыты. Пользуясь маской, можно достичь успеха, стать богатым и влиятельным. Поэтому люди живут в масках и не хотят их снимать. Они не хотят искать себя. Зачем искать, если можно жить припеваючи?!

Но жить в маске — безумие, и оно повсеместно. Самое трудное — заметить безумие повседневной жизни. Считая себя здравомыслящими, мы убеждены в обратном.

В основе «здравомыслия» лежат интересы эго. Схема проста: если думать о других — нас затопчут, а надо как-то выживать. Инстинкт выживания: если не смотреть под ноги и не думать о хлебе насущном, никто о тебе не позаботится.

Мы ограничиваем себя рамками ложной личности, надеясь сделать жизнь легче. Закрываем себя в пузырь эго, свой отдельный мирок, собираясь испытать в нем счастье. Но получается наоборот. Мы закрываем себя в тюрьму, прячась от действительности.

Так или иначе, мир не оставит нас в покое. Личность и мир — звенья одной цепи. Это две чаши весов, уравновешивающие друг друга.

Считая себя личностью, мы стремимся получать наслаждение, ни в чем себя не ограничивая. Чаша весов сильно перевешивает в нашу сторону. Равновесие нарушается, мир вынужден реагировать. Чтобы восстановить равновесие, мир посылает страдание.

Когда мы счастливы, всегда есть те, кому это не нравится. Они не хотят мириться с нашим счастьем. Хотим мы или нет, мы связаны с ними нитью. Мы все связаны, как братья и сестры по несчастью. В итоге мы будем страдать. Удержать счастье, находясь в ложной личности и живя в иллюзорном мире, задача не из легких.

69. САМОРЕАЛИЗАЦИЯ

«Реализация — это противоположность неведению. Принимать мир как реальное, а свое „Я" как нереальное — это неведение, причина несчастий. Знать, что „Я" — единственная реальность, а все остальное скоротечно и непостоянно, — это свобода, радость и покой».

«Когда вы свободны от мира, вы можете что-то для него сделать. Пока вы заключенный в его тюрьме, вы бессильны его изменить. Наоборот, что бы вы ни делали, это только ухудшит ситуацию».

«Только сам человек может уничтожить в себе корень боли. Другие могут только облегчить боль, но не устранить ее причину, которая состоит в бездонной глупости человечества».

«Не знать и не знать о том, что вы не знаете, — вот причина бесконечного страдания».

Невозможно быть счастливым, ничего не зная. Не зная правды, не зная истины. Не зная, кто мы и кто эти люди, что нас окружают. И что за мир, куда мы пришли.

Нам говорят одно, получается другое. Обещают другое, происходит третье. Мы думаем одно, говорим другое, делаем третье. Как все, так и мы.

Никто ничего не знает, но все делают вид, что знают. По крайней мере, они так считают. Мы все так считаем до поры до времени. Пока жареный петух не клюнет.

Мы живем в иллюзорном мире. Мир людей — большая иллюзия, гигантское наваждение, сотворенное всеми и каждым в отдельности. Человечество спит и видит сон — иллюзорный мир.

Индивидуальные сновидения накладываются на общий сон, и в этой каше мы существуем.

Общий сон выглядит достоверным. У нас есть тело, мы можем двигаться, разговаривать, думать. В общем сне приходится засыпать глубже. Ночью — погружаясь в другой сон, где возможности ограничены.

Реальность такова, что жизнь состоит из снов. Проснувшись в одном сне, мы остаемся в другом, менее глубоком. Не зная о том, что не совсем проснулись, принимая сон за реальность.

Физический мир — вид сновидения, дневной сон, имеющий свои особенности. Не зная об этом, по простоте и наивности мы верим в реальность мира. Верим тому, что говорят. У нас нет опыта, мы не знаем, как отличить реальность от сна.

Мы об этом не думали. Мы жили, не вникая, не пытаясь понять. Нам трудно поверить, что живем во сне, как зомби. Глаза открыты, что-то чувствуем, вполне самостоятельны. И тем не менее мы — куклы, усердно имитирующие людей. Во сне этого мира мы куклы, имеющие заводной механизм. Наш хозяин доволен, мы хорошо заводимся.

Заводной механизм называется «ложное эго». Он управляется с помощью космических циклов. Наше поведение зависит от того, какой сейчас цикл.

В этом механистичность подлунного мира, его иллюзорность. Мы думаем, что свободны, но это иллюзия.

Мы заводные механические куклы. Живущие в механическом мире, где все происходит само. Это огромный отлаженный механизм, мы встроены в него в виде танцующих кукол.

Наше поведение в виде разных па зависит от цикла, доминирующего в данный момент. Разнообразие па создает иллюзию свободы. Можно так поступить, можно иначе. Мы думаем, что есть выбор.

Но какой выбор у заводной куклы? Набор танцевальных па, шаг вперед, два шага в сторону.

Ограниченность ложной личности состоит в наборе чередующихся реакций. Сегодня нам хорошо, завтра — плохо, потом лучше, потом нейтрально. И так повторяется в определенной последовательности изо дня в день.

Мы реагируем на окружающий мир по четкой схеме. И мир реагирует точно так же. Личность и мир связаны одной схемой.

Если мы свободные самостоятельные люди, почему живем, реагируя по расписанию? Жизнь по графику, это ли не признак механистичности?

Первое, что я предлагаю сделать: отследить реакции. В стремлении реализовать себя надо проститься с неведением. Внимательно отследив состояние, в котором находимся.

То, что мы обнаружим, станет отправной точкой. С этого момента можно начинать отсчет.

От Истинного «Я» мы отделены множеством ложных наслоений. Они вводят нас в заблуждение, сбивают с толку. Мы ошибаемся, делаем неправильные выводы, принимая ложь за истину.

Наши страдания связаны с тем, что мы принимаем себя за другого человека. Считая себя тем, кем не являемся. Тот, кем не являемся, живет и действует от нашего имени. Этот ложный человек создает все наши проблемы, беды и несчастья.

Мы страдаем, не понимая, что происходит и где искать причины.

Реализация начинается с выявления ложного человека (ахамкары), его реакций. Ложный человек — надзиратель в камере тюрьмы, куда заключено Истинное «Я».

Вырваться из тюрьмы непросто. Надо суметь обмануть надзирателя, обвести его вокруг пальца.

Никто не даст свободу просто так, за красивые глаза. Важно понять, насколько серьезно наше положение. И трудна задача, стоящая перед нами.

Успех зависит от того, насколько твердо и решительно мы настроены. Не просто идти, а идти до конца.

70. ИСКРЕННЯЯ УСТРЕМЛЕННОСТЬ

«Как живое существо вы попали в невыгодную и болезненную ситуацию и ищете выход. Вам предложили несколько схем вашей тюрьмы, и ни одна из них не является достаточно достоверной. Но все они имеют какую-либо ценность, только если вы предельно устремлены. Освобождает искренняя устремленность, не теория».

«Как бы вы это ни называли: волей, постоянством цели или направленностью ума, вы все равно возвращаетесь к устремленности, искренности и честности. Когда вы предельно устремлены, вы склоняете любое событие, любую секунду вашей жизни к своей цели. Вы не теряете время и энергию на другие вещи. Вы полностью посвящаете себя этому, называйте это волей, любовью или честностью».

Мы попали, мы все ищем выход. Отличаясь друг от друга лишь тем, что иначе оцениваем ситуацию, в которую попали. Она невыгодна и болезненна для всех. Мы все находимся в тюрьме, но мало кто правильно и трезво оценивает реальное положение.

Мы что-то замечаем, какие-то фрагменты. Личность так устроена, что видит лишь фрагменты. Ее возможности ограничены, мы смотрим на мир сквозь узкие шоры.

Не зная, что на глазах шоры, мы считаем, что видим прекрасно. Оценивая мир по тому, что видим, мы не подозреваем, что картина искажена. Мы видим искаженную картину, принимая ее за реальность.

На основании того, что видим сквозь шоры, мы думаем, говорим, делаем выводы.

Что можно сказать, если у нас ни о чем нет верного представления?

Шоры ложной личности искажают, мы руководствуемся искаженными представлениями. Мы живем в искусственном, выдуманном мире далеких от реальности представлений.

Это и есть тюрьма, а надзиратель — ложное эго. Попробуйте сказать эго, что оно неправо! Попробуйте доказать, что оно ошибается. В ответ получите бурю негодования.

Наш тюремщик не совсем вменяем, договориться не получится. Мягко говоря, мы не в восторге друг от друга. И это осложняет ситуацию.

Когда мы видим, что такое ложное эго, какую роль оно сыграло в нашей жизни, мы готовы его казнить. Ахамкара заслуживает такой участи, но это не выход.

Будет правильнее признать поражение. На этом этапе мы проиграли, но игра не закончена, жизнь продолжается. Есть время отыграться.

Чтобы выиграть, надо играть по-честному. Это главное правило игры. Только честность и искренняя устремленность помогут нам победить. Игра будет непростая. Чтобы добиться своего, противник готов к любым ухищрениям, а нам надо выстоять.

Ситуация болезненная и неприятная. Она связана с осознанием того, что личность является ложной. Долгие годы мы считали личность собой, на этом фундаменте выстраивая отношения с миром. И вдруг фундамент дал такую трещину, что рассыпались все базовые представления.

Обстоятельства изменились, личность прижали к стенке, поймали за руку, но она по-прежнему сильна, сдавать позиции не собирается.

Личность использует весь свой потенциал, все наработанные связи, чтобы повернуть движение вспять. Вот когда понадобятся стойкость и искренняя устремленность.

Мы увидели реальность, нам открылась истина, но сил мало, опыта нет. А противник — отлаженная, исправно работающая машина, на все возражения отвечающая залпом дальнобойной артиллерии.

Как противостоять этому монстру? Как преодолеть возникающие сомнения и малодушное желание пойти на компромисс?

Лишь стойкость духа и искренняя устремленность могут противостоять нападкам безумной машины эго. Решив однажды стать честными, мы не можем повернуть обратно, начав изворачиваться и лукавить. Намерение должно остаться непоколебимым.

Долгое время, вольно или невольно, нам приходилось лгать, делать вид, принимая участие в лицемерной игре, какой является жизнь обычного человека. В конце концов двойная жизнь опостылела, стало противно оттого, что позволили втянуть себя в болото.

Мы терпели, пока не увязли по уши. Терпеть дальше нет сил. И еще хуже — продолжать обманывать себя.

Падать уже некуда, мы на дне. Все, хватит, достаточно. Эго потерпело фиаско, заведя нас в тупик. Хватит лгать и слушать лживое эго.

Нам нужны правда, искренность и честность. Или пан, или пропал. Или мы тонем во лжи, или на крыльях искренней устремленности взлетаем вверх. Другого не дано.

Лишь поняв, что тонем и вот-вот захлебнемся, мы способны взлететь. В отчаянном порыве устремиться ввысь, оставив позади запутанную жизнь.

71. ВНИМАТЕЛЬНАЯ НЕПОДВИЖНОСТЬ

«Величайший из гуру бессилен, если ученик не стремится к знаниям. Желание и устремленность важнее всего. Уверенность придет с опытом. Будьте преданы своей цели, тогда придет и доверие к тому, кто вас ведет. Если ваши желание и уверенность сильны, они будут действовать сами и приведут вас к цели, потому что вы не будете им мешать сомнениями и компромиссами».

«Абсолютную уверенность можно обрести только в знании себя. Главное — это искренняя устремленность. Будьте честны с самим собой, и ничто не предаст вас. Добродетель и сила — просто детские игрушки. Они полезны в мире, но не помогают выйти за его пределы. Чтобы выйти за пределы мира, вам нужна внимательная неподвижность, неподвижное внимание».

Учитель бессилен, если нет интереса. Мы учились в школе и помним, что не все предметы были нам интересны. Где-то было скучно и тянуло в сон. Где-то мы не понимали, было трудно. Но были и такие, где мы чувствовали себя как рыба в воде. Увлеченно учились, с большим интересом и желанием ходили в школу. Одни учителя нам нравились, другие нет. Это зависело от того, как учитель относился к своему предмету.

Если учитель любил свой предмет, он заражал нас любовью. Таких учителей мы уважали, независимо от предмета, что они вели.

Если нет стремления к самопознанию, я не смогу ничего сделать. Это костер, который горит, огонь, который согревает. Если нет внутри этого костра заинтересованности, я не смогу разжечь его искусственно. Это внутренняя потребность, идущая из глубины. Разжечь костер можно, но чтобы его поддерживать, необходим импульс изнутри.

Любопытство есть у всех, его хватает на несколько шагов. Потом на арену выходит эго и включает десять брандспойтов. Интерес гаснет среди массы желаний эго.

Многим людям самопознание кажется чем-то вроде школьной принудиловки, скучно и неприятно. Подобное бытующее мнение является главным препятствием для начала исследования. Я тоже так считал, пока не увлекся соционикой.

Познание себя — это живой, захватывающий, увлекательный процесс. Если мы себя любим, пусть на уровне эго, мы будем в себе разбираться. Кроме нас, никто этого не сделает.

Предназначение есть у каждого. Это не просто занятие, работа, профессия. Предназначение скрыто на другом уровне, его природа является духовной. Чтобы понять свое предназначение, надо перейти на другой уровень, с механического на сознательный.

Что это значит на практике? Это значит расширить сознание, выйти за пределы личности. А как выйти за пределы, не зная этих пределов?

Личность ограничена, она имеет границы, которые надо выявить.

Уверенность в правоте придет с опытом.

Будьте преданы своей цели, и придет доверие к тому, что я говорю. Дорогу осилит идущий.

На каждом этапе вы получаете столько знаний, сколько способны усвоить. Картина личности проясняется постепенно. Все темные углы должны быть освещены.

Если что-то останется без внимания, процесс может пойти насмарку. Та часть личности, что останется в темноте, впоследствии устроит бунт. Это как мина замедленного действия. Проявив невнимательность, можно пропустить то, что перечеркнет все благие порывы.

С эго нельзя идти на компромисс, это верный проигрыш. У ахамкары нет принципов, нельзя верить ему на слово. Эго не сможет остановиться, у него нет тормозов.

Чтобы понять себя, необходима внимательная неподвижность. Когда мы замираем в тишине, многое выходит наружу.

Мы — это мы, а личность сама по себе. Она обязательно наследит, если будем внимательны и сосредоточенны. Это неугомонное существо не выносит тишины и сосредоточенности, они противоречат его природе.

На фоне внимательной неподвижности причуды эго обретут отчетливые очертания. В суете механической жизни мы их не замечали, считая чем-то обыденным. В тишине неподвижного внимания они сразу бросаются в глаза. Мы смотрим на них, не понимая, как раньше не замечали такого безумия.

Нечто похожее мы испытываем в зале кинотеатра, когда смотрим яркий, захватывающий фильм. В этот момент жизни вокруг не существует, жизнь сосредоточена на экране. Мы настолько поглощены происходящим, что остальной мир нам не интересен.

Благодаря внимательной неподвижности луч внимания превращается в мощный прожектор. Это существенно упрощает задачу, становятся заметны мельчайшие детали.

Одно дело выслушивать чьи-то аргументы, другое — видеть картину своими глазами. Когда слушаем, мы верим или не верим. Стоит увидеть, на смену вере приходит знание. А знанию сопутствует уверенность.

Трудно обрести уверенность во внешнем мире, который постоянно меняется. Вместе с миром меняются люди, они не принесут нам уверенности. Настоящую уверенность можно найти в знании себя. В нас есть то, что никогда не меняется — наше Истинное «Я».

72. ГЛУБОКОЕ ПОГРУЖЕНИЕ

«Простой физический отказ от мира — это всего лишь признак искренности, но одна только искренность не освобождает. Должно быть внимание, которое приходит с внимательной восприимчивостью, жажда поиска и глубокое исследование. Вы должны неутомимо работать над своим спасением от греха и печалей».

«Делайте то, что вам хочется делать. Не изводите себя. Насилие над собой сделает вас жестким и грубым. Не боритесь с тем, что вы принимаете за препятствия на пути. Просто интересуйтесь ими, следите за ними, наблюдайте их, исследуйте. Позвольте случаться всему — и хорошему, и плохому. Но не позволяйте себе быть поглощенным тем, что происходит».

«Вы свободны от того, что поняли. Не ожидайте совершенства. В проявленном нет совершенства. Никакую проблему нельзя решить полностью, но вы можете отстраниться от нее на уровень, на котором она не действует».

Искренность — необходимое условие, но не единственное. Обычно мы выделяем что-то одно, начиная на него уповать, считая главным. Для разных людей главным является разное.

И тут начинаются споры. Мы не согласны, когда то, что является главным для нас, кто-то ставит на второе место и ниже. В споре мы забываем о самом предмете, во имя которого собрались вместе.

Что главное в духовном продвижении? Сева (бескорыстное служение), медитация, симран (мантра) или сатсанг (духовная беседа)? Что стоит на первом месте, что на втором? Что произойдет, если будем уделять много внимания одному, другому меньше, а третьему еще меньше?

Что произойдет, если не выполнять севу, не посещать сатсанги, но много медитировать и повторять мантру? Мы боимся, что продвижения не будет, а усилия будут напрасны.

Я знаю одного святого, который не выполнял севу, не посещал сатсанги, сидел и медитировал. Этот святой стал Мастером.

Что бы нам ни говорили, мы выберем то, что подходит, акцентируя на этом внимание. Остальное будем выполнять по мере возможности. Несмотря на ряд необходимых условий, подход всегда индивидуален. Условия надо соблюдать, но помимо условий существует работа, о которой все забывают. Я имею в виду работу над собой.

Для чего нужны сева, медитация, симран и сатсанг? Чтобы познать себя, работая над собой. Бескорыстное служение уравновешивает эго. Медитация несет заряд духа. Симран убирает негатив. Сатсанг вносит ясность. Все эти мероприятия нужны для того, чтобы познать себя. Мы должны понимать, что и для чего делаем. В противном случае исполнение будет механическим. Сказали выполнять севу, мы выполняем. Сказали медитировать, мы медитируем. А где же поиск истины? Где наблюдение? Где исследование?

Мы опять берем начало и конец, пропуская середину, не обращая внимания на сам предмет.

Сам предмет — это человек. Что происходит с человеком? Кто будет отслеживать происходящие изменения?

Что было вначале? Что происходит сейчас? К чему надо прийти? Каков конечный результат?

Нам нужен сознательный выбор. А не слепое следование указаниям. Если не принимать участия в своей судьбе, а лишь выполнять то, что скажут, тогда кто мы? Чем мы отличаемся от механических кукол?

Чтобы выбор стал сознательным, нужны поиск и исследование. Насилие над собой ни к чему не приведет. Указания не принесут ясность.

Отпустив себя, можно проследить, к чему нас тянет на самом деле. Сам факт наблюдения не позволит с головой нырнуть в то, что нас притянуло. Стоя на краю, мы будем видеть себя.

Глубокое погружение внутрь необходимо, оно принесет ответы на вопросы, которые мы часто и сформулировать-то не можем. Потому что внутри нас — неведомая бездна.

Мы робко плаваем на поверхности, боясь нырнуть вглубь. А вдруг там кто-нибудь поджидает? Большая зубастая акула. Нам страшно, но нырнуть надо. Жизнь проходит в неведении, пора включить свет.

Наша цель — понимание. Мы свободны от того, что сумели понять. Если не понимаем, ситуация нас не отпустит. Она будет повторяться вновь и вновь, как в фильме «День сурка». По сути, жизнь — это бесконечный «день сурка». Мы просыпаемся утром и ничего не можем понять. Кто мы? Что мы тут делаем? Кто эти люди? Почему они так себя ведут? И почему мы ведем себя так же?

Проблема в том, что мы не понимаем. Об этом свидетельствует наше поведение. Каждый день мы реагируем, и реагируем неправильно. Поэтому изо дня в день сталкиваемся с похожими ситуациями.

Ситуации повторяются, а мы, находясь в прострации, выдаем одни и те же реакции, не замечая собственного автоматизма.

Наблюдая за циклами, можно заметить повторяемость похожих ситуаций. Циклы меняются, а ситуации повторяются. Мы не изменим поведения, пока не заметим «дни сурка».

До совершенства нам далеко, но мы в состоянии сдержать себя. На первых порах, чтобы выиграть время, будет достаточно просто отстраниться. Ситуация может разрешиться сама.

Нам кажется, что без нас не обойдутся, не будет сделано то, что надо. Немного отрешенности изменит наше отношение. Мы не сможем решить проблему, но увидим ее под другим углом, где она перестанет нас волновать.

73. СКРЫТЫЕ МОТИВЫ

«Вы совершенны, только вы этого не знаете. Познайте себя, и чудеса откроются вам. Все, что вам нужно, уже есть в вас. Вам нужно только подходить к своему „я" с благоговением и любовью. Проклинать себя и не доверять себе — тяжелейшие ошибки. Ваше постоянное бегство от боли и поиск удовольствий — это признак любви к своему „я". Я прошу вас только об одном: сделайте любовь к себе совершенной».

«Смотрите внутрь. У вас есть все, что вам нужно. Используйте это. Ведите себя безупречно, делайте то, что считаете нужным. Не бойтесь совершать ошибки, вы всегда можете исправить их, важны только намерения. Форма, которую принимают вещи, от вас не зависит, но от вас зависят мотивы ваших действий».

Так совершенны мы или нет? Если совершенны, откуда наши страдания? Если мы — боги, где наша божественная жизнь? Ее даже человеческой назвать трудно. «Собака бывает кусачей только от жизни собачьей». Какая жизнь, такие и мы. Или жизнь такая, потому что мы такие?

Задавшись этим вопросом, я решил провести исследование. Что первично: человек или жизнь? Человек выстраивает свою жизнь? Или жизнь ставит нас перед фактом?

Оказалось, что ни то и ни другое. Человек не выстраивает, он спит. И жизнь не диктует, все происходит само.

Мы гордимся достижениями, выставляя их напоказ, но в этом нет нашей заслуги. Достижения принадлежат эго, не спрашивая разрешения, оно функционирует само. Им кто-то управляет, но только не мы.

Если не верите, попробуйте справиться с эго, когда оно чего-нибудь хочет. Попробуйте его отключить.

Жизнь не диктует, она связана с эго, у них свои счеты. Это то, что именуется кармой.

То, что мы называем жизнью, проходит на поверхностном уровне, на уровне эго. Это не жизнь, а механическая имитация.

Настоящая жизнь протекает на другом уровне, духовном. Обычная жизнь — это сон, дневное сновидение. В дневной сон мы попадаем из ночного. Полного пробуждения не происходит, из глубокого сна мы переходим в поверхностный, гипнотический.

Кто не дает нам проснуться, удерживая во сне? Гипнозом занимается Луна. Мы живем в мире, где правит Луна.

Луна наделяет нас инстинктами. Они становятся для нас камнем преткновения, неподъемным грузом.

Инстинкты тянут нас вниз, в животный мир. Они словно гиря, висящая на шее. Внимание удерживают три нижних чакры. Мы заняты выживанием и размножением, на остальное нет времени. Бытовые условия, еда, секс, развлечения — скрытые мотивы всех телодвижений.

Мотивы лежат в глубине, а на поверхности мы демонстрируем набор того, чего от нас ждут.

Можно не любить и проклинать себя, не зная, кто мы на самом деле. Можно доказывать, что мы не эгоисты. Можно жертвовать собой и совершать подвиги. Но все усилия будут напрасны, пока мы не решимся нырнуть внутрь.

«Не придет Царствие Божие приметным образом, и не скажут: „вот оно здесь“, или: „вот, там“. Ибо вот, Царствие Божие внутри вас есть» (Евангелие от Луки, глава 17, 20–21).

Активная деятельность во внешнем мире ничего не решит. Можно создать благотворительный фонд, взять на попечение детский дом, построить храм. Но прежде следует заглянуть в себя.

Внешний мир, его состояние — это отражение состояния нашего внутреннего мира. Одно состояние отражает другое. Деяния во внешнем мире — это отражение внутренних представлений. Но не зеркальное отражение, а очень специфическое.

Поступки во внешнем мире — это бездействие внутри. Мы делаем снаружи то, что следует делать внутри. Не желая делать внутри, мы делаем снаружи. Мы откупаемся, заменяя сложную внутреннюю работу более простой внешней. Намеренно избегая того, что болезненно и неприятно.

Мы не хотим работать над собой, заменяя самопознание работой над другими. Помогать другим проще, чем работать над собой. Мы видим их проблемы, ошибки, они нас волнуют. Чужое несовершенство не дает нам покоя. А собственное состояние под запретом, мы не хотим его касаться. Заниматься собой, приводить в порядок слишком хлопотно, эту процедуру мы торопимся проскочить. Думать о себе — эгоистично, надо думать о других.

В потенциале мы совершенны, но потенциал нужно раскрыть.

То, что снаружи, несовершенно. Совершенно то, что внутри. Мы боимся заглянуть внутрь, не хватает мужества.

Проходя через заблуждения внешнего мира, дорога к совершенству уходит внутрь. Несовершенными нас делают заблуждения (иллюзии). Мы боимся с ними расстаться. Набор иллюзий — это все, что у нас есть.

74. ЦЕЛОСТНОСТЬ

«Мы сложные существа, внутри и вне нас всегда идет война. Мы все время противоречим сами себе, разрушаем сегодня то, что сделали вчера. Неудивительно, что мы влипли. Немного целостности изменит очень многое».

«До сих пор ваша жизнь была безрадостной и суетливой (тамас и раджас). Внимание, бдительность, осознание, ясность, живость и жизненность — это проявления целостности, единства со своей истинной природой (саттва). Саттва по своей природе такова, что согласовывает и нейтрализует тамас и раджас и перестраивает личность в соответствии с истинной природой „Я“. Саттва — верный слуга „Я“, всегда внимательный и послушный».

Наша реальность — состояние войны. А где война, там разрушение. Мы воюем с собой, другими и всем миром. Нас многое не устраивает, у нас много амбиций. Воинственность — свидетельство ущербности. Состояние войны — патология, серьезное заболевание психики. Разве будет воевать счастливый и разумный человек?

Воюют патологические типы с уродливыми представлениями и извращенной психикой.

Мы больны и основательно влипли. Увязли по уши, но считаем себя здоровыми. Воевать для нас — удаль и геройство. Отстаивая светлые идеалы, мы боремся с вселенским злом. Мы — Робин Гуды и Дон-Кихоты, воюющие с ветряными мельницами. Нам очень хочется победить.

Что происходит? Почему везде идет война? Почему люди убивают друг друга? Почему разрушают себя и все вокруг?

Причина есть, она скрыта в строении человека. Тамас, раджас и саттва. Три гуны, три атрибута природы, присутствующие во всех живых объектах, в том числе устройстве человека.

Тамас — лень, вялость, инерция, невежество.

Раджас — активность, страстность, беспокойство.

Саттва — гармония, чистота, спокойствие, добродетель, благородство, знание.

В повседневной жизни мы заняты тем, что бросаемся из крайности в крайность. В нас нет середины, гармонии, стержня.

Приступы лихорадочной активности сменяются ленью и апатией. То мы страстные и возбужденные, то вялые и пассивные. Люди разные, и есть те, кто постоянно вял и пассивен, и те, кто всегда беспокоен и возбужден. Это зависит от нашей природы, разновидности ложной личности, которыми мы наделены.

Строение человека триедино: тело, душа, дух. Но это в идеале. В реальной жизни мы довольствуемся телом и душой, а дух оказывается за бортом. Его заменяет ложная личность.

В суете мирской жизни мы не замечаем, что в нас чего-то не хватает. Есть тело, душа, можно думать, говорить, делать, а чего-то не хватает. Нам дали тело и душу, но не дали инструкцию, мы не знаем, кто мы, куда идти и что делать?

Тело и личность есть, а понимания нет. Для чего мы здесь? Какой в этом смысл? Какая цель?

Есть ощущение эксперимента, своеобразного испытания, напоминающего игру на выживание.

Ничего неизвестно, но в этом соль. Стоит задача — во всем разобраться. Наш вид называется «человек разумный». Раз называем себя сознательными, надо показать. Слова должны соответствовать делам. Сознательные люди ведут сознательный образ жизни. Уровню сознания соответствует уровень бытия.

Как мы думаем, говорим и делаем, таков уровень нашего сознания.

Если думаем одно, говорим другое, а делаем третье, где тут целостность? Где единство мысли, слова и дела? И каков уровень сознания того, кто говорит одно, а делает другое? Можно ли считать его сознательным?

Вот и получается, что в нас нет главного — духовного стержня, сознательного гармонизирующего звена. В нас нет гармонии, нет равновесия, нет покоя. Только тамас (лень) и раджас (беспокойство).

Нам лень заниматься собой, но мы обеспокоены своим материальным благополучием. Мы не хотим разбираться в себе, но хотим хорошо жить.

Прежде мы намерены добиться благополучия, а потом, возможно, заняться собой.

Подход рациональный, но неправильный. Сначала надо привести в порядок и гармонизировать себя. В нас не работает духовное звено. Его надо оживить, подключив к источнику.

Мы живые наполовину, до уровня животных инстинктов. Этого мало, надо ожить полностью, до уровня человеков. Без духа не обойтись. В нас есть готовый механизм — духовная сущность (сварупа), но он не работает, по ряду причин механизм обесточен.

Нам не обрести целостность, если не работает духовное звено. Мы страдаем, нас лихорадит, бросая из крайности в крайность, но мы упорно стоим на своем.

Что будет с механизмом, если в нем не работает основное звено? Какое-то время механизм будет страдать, работая в неправильном режиме, а потом перегорит.

Нас ожидает что-то похожее, если и дальше продолжать игнорировать свою духовную природу.

75. ОСОЗНАНИЕ

«Если ум сосредоточен в теле, а сознание — в уме, то осознание свободно. У тела есть нужды, у ума — боль и наслаждение. Осознание не привязано и непоколебимо. Оно ясное, тихое, спокойное, бдительное и бесстрашное, лишенное желаний и страхов. Медитируйте на него как на ваше истинное бытие, пытайтесь быть им в вашей повседневной жизни, и вы реализуете его во всей полноте».

«Быть осознанным — значит быть пробужденным. Неосознанность означает сон».

«Осознание, являющееся текучей гармонией (саттва) в действии, рассеивает тупость и успокаивает суету ума и мягко, но неуклонно изменяет саму его природу. Это изменение не должно быть обязательно эффектным, оно может быть едва заметным, в то же время это глубокий и основательный сдвиг от тьмы к свету, от невнимательности к осознанию».

Что такое ум? И что такое сознание? Как можно быть бессознательным, имея сознание? И наконец, что такое осознание?

Ум — это механизм, с помощью которого мы думаем, рассуждаем, делаем выводы. Сознание — сам процесс обдумывания и размышления. У нас есть нижний ум (личность), обладающий ограниченным сознанием. Сознание личности ограничено запросами тела и шкалой «боль-наслаждение». Все остальное личность интересует мало.

Замкнутость ума (личности) на интересах тела позволяет говорить о бессознательности, животном автоматизме. Шире телесных интересов ум мыслить не способен.

Эта особенность личности хорошо замаскирована. Мотивы скрыты, нам о них неизвестно. Считая себя сознательными людьми, мы не знаем о мотивах (причинах) своего поведения! Как такое возможно?

За примерами далеко ходить не надо. В жизни каждого были ситуации, когда на вопрос, почему мы так поступили, мы отвечали: не знаю! Это и есть примеры бессознательного животного автоматизма.

У ложной личности есть сознание, но это не то, чем можно гордиться. Наша цель — выйти за пределы ограниченного сознания личности. Для этого понадобится осознание.

Что такое осознание? Это то, что выходит за пределы ума, что способно охватить ум и мыслить шире. Осознание — это переход на другой, более высокий уровень мышления. Это переход на духовный уровень сознания.

Для осознания мы задействуем другой механизм — духовную сущность. Осознание — это пробуждение. Без пробуждения осознание невозможно. Быть осознанным — значит быть пробужденным.

Наше положение запутанно. Как минимум оно непростое. Положение связано с состоянием, в котором мы пребываем. Оно только кажется обычным — оно необычное, трансовое, гипнотическое. Мы находимся под гипнозом, в состоянии гипнотического сна. Как люди мы спим в гипнотическом сне, убаюканные ложью личности.

Мы не чувствуем состояния сна. На то и гипноз, чтобы спящий ничего не чувствовал. Гипноз делает свое дело, рассеивая внимание и путая сознание. Не зная, кто мы, по ошибке мы принимаем себя за личность. В состоянии гипноза возможно все, в том числе посчитать себя кем угодно. Именно гипноз объясняет специфику нашего положения.

Внешне мы бодры, никакого сна, полная иллюзия свободы. Механизм гипноза скрыт. Мы делаем что хотим. Как сущность мы не спим, но механизм сущности не работает. Он позволяет наблюдать, быть свидетелем, не более.

Мы не личность, мы — свидетель, живущий в режиме ожидания.

Мы есть, но наше существование не связано с жизнью тела. Мы наблюдаем, не имея возможности вмешаться. Мы бы хотели, да не можем. Механизм духовной сущности работает в щадящем режиме экономии. Механизм обесточен.

Когда-то он работал в полную силу, но связь с источником питания была нарушена. Сущность испытывает голод.

«Блаженны нищие духом, ибо их есть Царство Небесное. Блаженны плачущие, ибо они утешатся. Блаженны кроткие, ибо они наследуют землю. Блаженны алчущие и жаждущие правды, ибо они насытятся.

Блаженны милостивые, ибо они помилованы будут. Блаженны чистые сердцем, ибо они Бога узрят» (Евангелие от Матфея. Гл. 5).

Осознание — это таинство. Оно открывает истину. Мы не те, кем себя считали. Мы — нищие духом. Наше состояние плачевно. Но мы чисты и невинны.

Ясное, тихое и спокойное осознание успокаивает суету ложной личности, рассеивает ее навязчивость и тупость. Трансформация происходит мягко. То, что раньше цепляло, не давало покоя, кажется смешным. Мы с удивлением находим, что можно жить иначе.

Мягкое течение саттвы устраняет противоречия, сглаживает и полирует углы личности. Проблемы исчезают сами в связи с отсутствием того, кто их создает. Чувствуя огромное облегчение, мы просыпаемся от кошмарного сна. Тяжкий сон терзал нас долгие годы, снясь каждый день.

Что-то похожее испытывает Крис в фильме Тарковского «Солярис». Это уже не тот Крис. Несколько дней, проведенных на станции, сделали его другим.

76. ПРОЧИЩЕНИЕ ПСИХИКИ

«Помнить о своем „Я" — это добродетель, забыть о своем „Я" — порок. Все сводится к ментальной и психологической связи между духом и материей. Мы можем назвать эту связь психикой. Когда психика груба, неразвита, примитивна, она подвержена грубым иллюзиям. По мере того как развивается ее качество и чувствительность, она становится совершенным связующим звеном между чистой материей и чистым духом и наделяет смыслом материю и проявления духа».

«Высшее состояние универсально, оно здесь и сейчас, все уже в нем. Это состояние бытия — знание и любовь. Кто не любит быть или не знает своего собственного существования? Но мы не пользуемся преимуществом этой радости быть сознательными, мы не углубляемся в это и не очищаем сознание от всего, что ему чуждо. Эта работа по самоочищению, прочищению психики очень существенна».

Реальность такова, что мы не помним себя. Мы забыли, кто мы, забыли о своем «Я», отсюда все проблемы. Мы исключительно порочны, а наша психика груба и примитивна. Мы строим из себя добродетель, но это налет, толстый слой макияжа, под которым сплошное эго. Мы носим лживые маски и требуем правды. У нас море претензий и океан амбиций.

Что такое психика? Это посредник между духом и материей, связующее звено, от которого зависит повседневная жизнь. От того, чем наполнена психика, зависит бытие. А бытие определяет сознание.

В триедином строении человека между духом и материей (телом) лежит душа. Камнем преткновения является душа (психика).

«Тогда Иисус сказал ученикам своим: если кто хочет идти за мною, отвергни себя, и возьми крест свой, и следуй за мною, ибо кто хочет душу свою сберечь, тот потеряет ее, а кто потеряет душу свою ради меня, тот обретет ее; Какая польза человеку, если он приобретет весь мир, а душе своей повредит?» (Евангелие от Матфея. Гл. 16)

Если мы — душа, зачем вредить себе? У нас есть душа (психика), и мы считаем ее собой.

Мы принимаем на веру все, что происходит в нашей душе (психике).

Мы испытываем злость, раздражение, гнев, считая эти проявления своими. Если спросить, почему мы испытываем негативные эмоции, мы ответим, что нас провоцируют. Мы не виноваты, нас злят и раздражают. А если попросить не испытывать негатив, мы поставим ряд условий.

Внешний мир должен подстроиться под нашу психику, тогда мы перестанем переживать негатив.

В конечном итоге так и происходит. Однажды столкнувшись со злобным, раздражительным человеком, в следующий раз мы обойдем его стороной. Никто не станет с ним связываться, но человек от этого не изменится. Свою злость и агрессивность он посчитает проявлением силы, свидетельством правоты. Кто сильнее, тот и прав.

Так работает психика (душа). И такую психику мы хотим сберечь, считая своей. Из чего состоит наш день? Из общения с такими же душами, как мы. Каждый день мы показываем свою «правоту».

«Порождения ехиднины! Как вы можете говорить доброе, будучи злы? Ибо от избытка сердца говорят уста. Добрый человек из доброго сокровища выносит доброе, а злой человек из злого сокровища выносит злое» (Евангелие от Матфея. Гл. 12).

И такую душу мы хотим сберечь, не удосужившись проверить, наша ли это душа?

В чем дело, почему душа (психика) переполнена негативом? Мы не хотим вариться в этом котле, но сделать ничего не можем. Нас перехлестывают негативные эмоции, переполняют негативные чувства, мы полны негативных мыслей. Страх, тревога, беспокойство, апатия, депрессия. Один негатив сменяет другой, и конца им не видно.

Причина в том, что мы забыли себя, свое Высшее «Я». Высшее состояние бытия — знание и любовь, у нас нет ни того ни другого. Мы решили, что мы — тело и душа, и погрузились в эту опасную иллюзию. Следствие заблуждения — наше плачевное состояние.

Мы увязли в материи, изменчивой и недолговечной, полной беспокойства и переживаний. С кем поведешься — от того и наберешься.

Наша психика полна забот телесного уровня, но это не наш уровень. Мы увязли в бессознательном состоянии, режиме автопилота.

Режим автоматический, но чудаку закон не писан. Не надо рулить там, где есть автопилот. Вместо того чтобы подняться выше и занять свое место, мы вмешиваемся в работу автопилота.

Весьма самонадеянно, не замечая автоматизма, мы пытаемся рулить телом. Путь легкий, думать не надо. Материя близорука и поверхностна, живет эмоциями.

Телесный уровень — не наш путь. Наш уровень находится выше, он — сознательный. Сознательный уровень вмещает в себя бессознательный, но мы далеки от него, мы спрятаны за множеством наслоений. Поэтому нуждаемся в чистке.

Прочищение психики — это то, чем следует заняться в первую очередь. Психика работает неправильно, она переполнена чуждыми элементами. Мы тонем в негативных переживаниях, считая их своими. Но все негативное относится к животному уровню. Злость, ненависть, агрессивность и т.д. А мы не животные, мы — люди. Сознание нуждается в генеральной уборке, чистке. И эта работа по самоочищению — самая насущная потребность.

77. ПСИХОАНАЛИЗ

«Между берегом боли и берегом наслаждения течет река жизни. Проблемы появляются только тогда, когда ум отказывается плыть по течению жизни и застревает на одном из берегов. „Плыть по течению жизни" означает приятие, то есть позволять приходить тому, что приходит, и уходить тому, что уходит. Отбросьте желания и страх, наблюдайте за тем, что есть, как и когда оно происходит, поскольку вы не то, что происходит, вы тот, с кем это происходит».

«Наш мир — это мир чувств и концепций, приязней и неприязней, шкалы ценностей, мотивов и стимулов, — ментальный мир. Биологически нам нужно очень мало. Наши проблемы другого свойства. Проблемы, созданные желаниями, страхами и ошибочными представлениями, надо решать на уровне ума. Вы должны победить свой собственный ум, и для этого вы должны выйти за его пределы».

На уровне ума мы находимся внутри. Это неправильно, но мы чувствуем себя так, словно находимся внутри. Мы очень впечатлительны, верим всему, что говорят. Верим, а потом оказываемся внутри.

Поток жизни можно сравнить с киносеансом. Мы сидим в кинотеатре и смотрим захватывающий фильм. Он так нас захватил, что мы чувствуем себя внутри фильма.

Что такое мир? Это многосерийный фильм, который мы смотрим каждый день. Просмотр так увлек нас, что мы забыли, кто мы. Утратив чувство реальности, мы с головой погрузились в иллюзорный выдуманный мир. Мы так увязли, что забыли все на свете, в том числе дорогу домой.

Мы заблудились и не знаем, как вернуться. Теперь мы — тело и личность — живем в странном мире с массой проблем. Одна серия сменяет другую, и «мылу» нет конца. Дошло до того, что однажды мы умерли, нас похоронили, а потом мы родились вновь. Нам дали другое тело, имя, теперь мы всецело принадлежим сериалу.

Кто мы и откуда, мы не знаем. У нас есть личность, роли, и мы играем. Игра бывает увлекательной, изредка мы получаем удовольствие, но чаще нам делают больно. Вокруг сплошь актеры, все хотят денег, благополучной жизни, но на всех не хватает.

Иногда нам нравится эта выдуманная жизнь. Мы ищем в ней счастья и периодически что-то находим, но найденное оказывается ненастоящим. Две минуты наслаждения переходят в две недели страданий.

Страдать не хочется, но ничего другого не остается. «Плыть по течению» не получается, постоянно сносит к берегу. Сначала к берегу удовольствий, потом к берегу боли.

Без наблюдений и психоанализа дорогу домой не найти. Долгое время психика работала на телесном уровне. Мы жили интересами тела, его желаниями, страхами, мотивами и стимулами. Психика увязла в материи, она пропитана материальными заботами, срослась с материальными интересами. Она словно спрут, всеми щупальцами присосавшийся к материи. Мы привыкли к комфортным условиям, тело избаловано уютом, обильным питанием. Мы расслабились, обленились, не собираясь ограничивать себя в удобствах.

Мы привыкли получать удовольствие, на этом фоне будет непросто заняться поиском и анализом довольно неприятных моментов.

Психоанализ — это отслеживание и изучение психических реакций. Психика в свою очередь является совокупностью душевных переживаний. Какими бы они ни были, их надо отследить и проанализировать. Отбросив желания и страхи, перестав гоняться за удовольствиями, надо понаблюдать за тем, что есть, как и по какой схеме работает.

Биологически, на уровне тела, нам надо мало, здесь проблемы другого рода. Источником проблем является ум (эго); его желания, страхи и ошибочные представления мешают нам жить. Именно ум — возмутитель спокойствия и корень всех бед.

Не отследив его проявлений, мы не сможем победить ум (эго). Это главное, без наблюдения ума как такового не существует. Мы слышали о нем, но плохо представляем, что это такое.

Мы представляем совсем не то, что есть в действительности. У нас свое представление о том, что такое ум и что такое личность, сформированная эго.

Ум — это голос в сновидении, тот, что без конца рассуждает, взвешивает, делает выводы. По сути, ум неуловим, нам не за что его ухватить, тем более взять за жабры. Он говорит, но, кроме нас, его никто не слышит. Ум (эго) проявляется во всей красе, когда мы сосредотачиваем на нем внимание. Нам трудно поймать этого ловкого проходимца, но он не одинок, у эго есть продукт — ложная личность. Эта сладкая парочка чем-то напоминает дуэт Кота Базилио и Лисы Алисы. Жулик Ум и хитроумная Личность.

Цели и задачи жулика Ума и обманщицы Личности понятны, они хотят обвести вокруг пальца простака Буратино. Деревянный мальчик — настоящая механическая кукла, но помимо этого проказник Буратино — наша сущность, чистая, наивная и неопытная.

Мы — деревянные куклы и будем оставаться ими, пока не займемся делом — самонаблюдением. Жулик Ум и ловкая Личность будут продолжать вводить нас в заблуждение и провоцировать на поиски счастья и богатства в Стране Дураков.

Мы доверчивы и наивны, мы верим своему эго (уму), не зная, что имеем дело с мошенником. Сладкая парочка — Ум и Личность — ведут нас по жизни без тени сомнения, мы слушаем их, считая собой. Наблюдение и анализ выведут жуликов на чистую воду.

78. ИСТИННОЕ И ЛОЖНОЕ

«Все, что вы видите, чувствуете и о чем думаете, на самом деле не является таковым. Даже пороки и добродетели, достоинства и недостатки не являются тем, чем кажутся. Плохое и хорошее — результат соглашения и обычая, оно приветствуется или избегается в зависимости от использования слов».

«Истина обнаруживается в распознавании ложного. Вы можете знать то, чего нет. Тем, что есть, вы можете только быть. Знание относится к познанному. В некотором смысле это обратная сторона неведения. Там, где нет неведения, зачем нужно знание?»

«Только ложное приводит к страданию — ложные желания и страхи, ложные ценности и идеи, фальшивые отношения между людьми. Отбросьте ложное, и вы свободны от боли. Истинное приносит счастье — истинное освобождает».

Мы живем в иллюзорном мире. Он выглядит правдоподобно, но это обман зрения и чувств. Мы что-то видим, слышим, но это лишь фрагменты, полной картины нет, остальное дорисовывает воображение. Возможности личности ограничены, под узким углом зрения мы видим узкий участок.

Что можно увидеть, если на глазах шоры? Не задумываясь об особенностях ложной личности, мы верим тому, что видим и слышим. И делаем выводы, которые априори ошибочны. А на основе ложных выводов выносим вердикты и совершаем опрометчивые поступки.

Наблюдая, как заблуждаются другие (со стороны увидеть проще), мы не замечаем, как заблуждаемся сами. И не от случая к случаю, а почти каждый день.

Неправильно думая, мы неправильно говорим. Неправильно чувствуя, мы неправильно поступаем. Механизм ложной личности работает неправильно, а мы находимся в неведении, думая, что все в порядке.

Плотная завеса неведения путает все карты.

Таков этот мир. На первый взгляд он прост и понятен, а если копнуть, обман следует за обманом. И ничего настоящего, одна бутафория.

Мы даже не в курсе, кто мы и какие? Настоящие или механические? Живые люди или заводные куклы-марионетки, игрушки планетарных циклов?

Ничего своего у нас нет, все проявления навеяны влиянием планет. Мы всего лишь послушно танцуем, подобно крошкам металла, когда к ним подносят магнит.

Чувствуя, что с нами что-то не так, мы не можем понять, что же именно? Что чувствовала Хари в фильме Андрея Тарковского «Солярис», когда узнала, что не настоящая?

Мы гоним сомнения прочь, делая вид, что все в порядке, все хорошо. Мы такие, как все. Все притворяются, мы ничем не хуже других. Все делают вид, обманывают, изображают.

Мы играем в настоящих людей. Кто ж сознается, что он не настоящий?

«Это неправда! Мы — настоящие! Мы чувствуем! У нас есть сердце! Оно живое!»

Это для ребенка трагедия, когда все считают, что у него железное сердце. Как в фильме Алексея Баталова «Три толстяка». У наследника Тутти оказалось живое сердце! А у взрослых другие ценности.

Суфии считают, что сердце есть не у всех. Есть люди, у которых нет сердца. Сейчас такое время, когда не до сердца, все считают деньги. Но Богу деньги не нужны, Бог ценит сердце.

Как отличить истинное от ложного? Есть такое выражение — «сердцем чувствую». Именно сердце поможет нам понять, где истина, а где ложь. Речь идет не о физическом сердце, а о шестом чувстве.

Что такое сердце? Это сердцевина, внутренний центр духовного существа. Таким центром является «третий глаз». Мы можем не видеть «третьим глазом», но почувствуем фальшь и наигранность. В том числе в себе. Начинать надо с себя.

«Светильник для тела есть око. Итак, если око твое будет чисто, то и все тело твое будет светло; если же око твое будет худо, то все тело твое будет темно. Итак, если свет, который в тебе, тьма, то какова же тьма?» (Евангелие от Матфея. Гл. 6)

Почему не видит наш «третий глаз»? Уровню «третьего глаза» не соответствует уровень развития. Как сущность мы не доросли, «рост» духовной сущности не дотягивает до уровня «третьего глаза». Мы хотим увидеть истинную картину, но наша сущность мала ростом, она, как маленький ребенок, стоит перед высоким забором и не может дотянуться, чтобы узнать, что там происходит.

Почему сущность так слаба и невелика ростом? Потому что никто не уделял ей внимания. Мы заняты другим, не духовным, а физическим. Мы уверены, что физическое выживание важнее. Мы только говорим о духовном, а наше бытие сосредоточено на физическом. Дальше телесного уровня дело не идет. Сознание определяет бытие, а уровень нашего бытия не соответствует уровню сознания «третьего глаза». Бытие — это образ жизни, мысли, слова и поступки.

Чем наполнено наше сознание? Какие мысли не дают покоя? Какие эмоции переживаем? Какие чувства испытываем? Какие слова говорим? Какие поступки совершаем?

Образ жизни и соответствующий ему уровень сознания не позволяют видеть нашему «третьему глазу». Сознание затемнено образом жизни. Око темно, оно не пропускает свет. Мы переполнены ложным. Ложными желаниями, ложными страхами. Ложными ценностями, ложными идеями. Ложными представлениями, ложными отношениями.

Мы не сможем ясно видеть, пока не устраним ложное, пока не очистим каждый уголок своего существа. На место ложного должно прийти истинное, то, что является нашей сутью.

79. СОН И ПРОБУЖДЕНИЕ

«*Бодрствование и сон — это неправильные названия. Мы только спим и видим сны. Нам снится, что мы бодрствуем, нам снится, что мы спим. Три наших состояния — это всего лишь разновидности состояния сна. Отношение ко всему как ко сну приносит свободу. Пока вы считаете сны реальностью, вы остаетесь их рабом*».

«*Мое сердце хочет, чтобы вы пробудились. Я вижу, что вы страдаете во сне, и знаю, что вам надо проснуться, чтобы ваши беды прекратились. Когда вы увидите свой сон как сон, вы проснетесь*».

«*Я не интересуюсь вашим сном. Мне достаточно знать, что вы должны проснуться. Вам не нужно доводить свой сон до определенного вывода или делать его благородным, счастливым или красивым. Единственное, что вам нужно, — осознать, что вы спите. Перестаньте воображать, перестаньте верить. Увидьте противоречия, несоответствия, фальшь и печаль человеческого состояния, необходимость выйти за его пределы*».

Этот мир и наша жизнь в нем — разновидность сновидения. Можно назвать ее наваждением, наведенным трансом, гипнотическим сном, в любом случае это состояние искусственное. Не являясь здоровым, оно напоминает болезненное пристрастие, манию, которая периодически переходит в депрессию, фобию и другие психопатические состояния.

Мы одержимы внешним миром, помешаны на его игрушках, привязаны к его страданиям. У нас мало что получается, многое не нравится, но мы на все закрываем глаза, внушая себе, что так надо. Здесь все так живут и все так делают. Мы не хотим, но участвуем в играх внешнего мира, потому что так принято.

Здесь принято притворяться, делать вид. Здесь принято лукавить, изображать, чтобы произвести нужное впечатление. Здесь принято думать одно, говорить другое, а делать третье.

Здесь все носят маски и путают следы. Никто не является тем, кого изображает. Даже пороки и добродетели, достоинства и недостатки не являются тем, чем кажутся.

Мы не здоровы, нас лихорадит. Ночью мучают кошмары, а днем мы видим один и тот же сон под названием «внешний мир». Каждое утро нам снится, что мы просыпаемся. Но просыпаемся во сне. Очнувшись от ночного сна, мы оказываемся в дневном. Он немного другой, это не обычный ночной сон, а дневное сновидение с элементами гипноза.

Внешний мир кажется явью, не хочется считать его сном. Ночной сон, дневной сон, слишком много снов, чтобы вникнуть. Нам не хочется видеть сон как сон. Мы хотим считать его явью.

Жизнь здесь — только сон, как ни пытайся обмануть себя. Сон всегда останется сном, хороший он или плохой. Можно сделать его красивым, благородным, но какой от этого прок?

Мы не тот, кто живет во сне, мы — тот, кто видит сон как сон.

Достаточно закрыть глаза, и мира не существует. Перестать о нем думать, и что останется? Сиреневая дымка смутных воспоминаний.

Сколько мы помним из того, что было в прошлом? Какие-то фрагменты. Было, да прошло. И уже трудно сказать, было или нет? Иногда мы путаем ночные сны и дневные сновидения. Память не видит разницы, все переплетается, сны и сонная явь.

В дневных сновидениях есть солнце, можно назвать их солнечными, в отличие от ночных, где есть луна.

Помимо луны днем нами правит солнце. Освещая ярким светом, оно высвечивает наши выкрутасы. Чтобы мы увидели вычурность своего поведения, его механистичность.

Но мы далеки от этого, мы заняты реализацией своих желаний. Смакуя подробности, мы находимся в процессе. Чтобы увидеть процесс со стороны, нам надо подняться, взлететь над суетой.

Когда шоры упадут, мы увидим реальность. Увидим сон как сон, и будем потрясены.

Боже мой, какой жуткий сон! Чем мы там занимаемся? Неужели это мы? Почему мы так себя ведем? Что происходит?

Сон имеет массу нестыковок. Мир во сне несовершенен, особенно люди. Они раздражают тем, что неправильно себя ведут! Своим нелепым поведением люди делают сон неприятным.

Нам кажется, что, исправив поведение людей, мы сделаем мир лучше. Мы много не требуем, так, небольшая коррекция.

Но вот незадача — люди не хотят меняться! Они требуют, чтобы изменились мы!

Тогда мы понимаем, что здесь что-то не так. С одной стороны, мы видим странное поведение людей, ничего подобного не замечая за собой. Они в свою очередь видят наше поведение, тоже находя его странным и ничего не замечая за собой.

Почему у всех нас сужен угол зрения? Почему мы видим одно, не замечая другого?

В этом состоит искусственность ситуации, верный признак скрытого воздействия. Наше внимание избирательно, мы видим одно, не замечая другого. Это — гипноз. Нами кто-то манипулирует.

Что надо сделать, чтобы выйти из состояния загипнотизированной куклы? Положение осложняется тем, что никто не верит в реальность гипноза, считая это оборотом речи или образным выражением. Читать об этом в книге — одно, обнаружить в своей жизни — другое.

Первое, что надо сделать, — найти скрытый механизм искусственного воздействия. Это вполне реально: наблюдая за циклами, мы можем его найти. Космические циклы — это средство от гипноза. Принимая его, можно избавиться от сонной болезни.

80. СПОСОБ ВИДЕНИЯ

«*Просто осознайте, что вы видите сон, который называ-
ете миром, и перестаньте искать пути наружу. Этот сон —
не ваша проблема. Ваша проблема в том, что вам нравится одна
его часть и не нравится другая. Любите их все или ни одну из них
и перестаньте жаловаться. Когда вы видите сон как сон, вы дела-
ете все, что должно быть сделано*».

«*Все сны наложены на общий мир. До некоторой степени
они формируют друг друга и влияют друг на друга. Изначальное
единство действует несмотря ни на что. В корне всего этого лежит самозабвение, незнание того, кто я есть*».

«*Ваша личная вселенная не существует сама по себе. Это
просто ограниченная и искаженная проекция реального. В со-
вершенствовании нуждается не эта вселенная, а ваш способ
видения*».

Конечно, непривычно считать сном окружающий мир. Мир-сон
стал для нас родным, мы долго считали его реальностью. В нем мы ро-
ждались и умирали, уходили и возвращались. Не представляя себе ничего другого, мы прочно срослись с миром-сном.

Что-то другое может выбить из колеи. Мы растеряемся и почувствуем себя не в своей тарелке, не зная, что делать. Неизвестность пугает, вызывая тревогу и беспокойство. Будь что будет, только верните
обратно привычную обстановку мира-сна и знакомый набор иллюзий.

Самозабвение — наше привычное состояние, мы находимся в прострации, забытьи, от страха пряча голову в песок, словно страус.

Мы держимся за внешний мир, ища в нем забвения. Одна сторона
мира нам нравится, другая огорчает. Мы хотим погрузиться в то, что
нам нравится и раствориться в нем, отбросив все на свете. Забыться
не дает другая сторона, но дело поправимое, над ней надо поработать,
и все будет в порядке. Небольшие проблемы есть, ну а в целом мир прекрасен.

Наши иллюзии наложены на большую сказку о внешнем мире. Будто этот мир специально создан для счастья, а мы приходим сюда наслаждаться. Почему бы и нет? Мы — дети Бога, а Бог — это любовь и блаженство.

Но здесь что-то не так. Мы — дети, но Бога в этом мире нет. Кто видел здесь Бога? Он не живет в этом мире. А что здесь делаем мы?

Как дети Бога мы здесь спим, не решаясь проснуться.

Что происходит, когда нам снится страшный сон? Поборов ужас, мы стараемся проснуться, быстро вспомнив, что находимся во сне. Сначала мы верим, цепенея от страха, но, приглядевшись, начинаем сомневаться. Слишком много несоответствий, как-то все нарочито, утрированно. Наверное, нас кто-то дурачит?!

Пробуждение начинается с сомнения. Почему мы так доверчивы? И верим всему, что происходит?

Если мир прекрасен, откуда столько проблем? Шагу нельзя ступить, не получив новую проблему. Мы постоянно боремся, преодолеваем. Все от нас чего-то хотят, требуют, предъявляют претензии. Мы терпим, стараемся не замечать. Такова жизнь!

Но в чем смысл такой жизни? Жить и стремиться забыться. Прятаться от проблем, не решая их, а делать вид, что проблем нет. Гоняться за одной стороной мира, которая кажется счастливой, убегая от другой, состоящей из страданий.

К чему эта гонка? Бегать за одним, не замечая другого. Бегать за иллюзией, не замечая реальность.

Этот мир — не наша проблема, он не может дать того, чего у него нет. Мы хотим удовольствий, а получаем полный набор — плюс и минус, удовольствие и страдание. Мир стремится к равновесию, он так устроен. Перебрав одного, получаем другое. Не поняв это сразу, в одной жизни, придется расплачиваться в другой.

Если не изменить способ видения, ничего не изменится. Мы смотрим на мир сквозь призму ложной личности. Мы не являемся личностью, но считаем себя телом и личностью.

В принципе, отчасти мы — тело и личность, но не только. В первую очередь мы — сущность, а уж потом все остальное.

По сути просто, а на деле довольно далеко. От истины нас отделяют неправильный способ видения, неправильный угол зрения, неправильный подход к себе.

Наш мир перевернут, мы видим его вверх ногами. И в этом положении пытаемся жить.

Мы видим все наоборот, белое черным, черное белым. Свет считаем тьмой, а тьму светом. Истину принимаем за ложь, а ложь называем истиной. Мы путаемся в понятиях и видим не то, что есть, а совсем другое.

Наш способ видения никуда не годится, но мы упорствуем, настаивая на своей точке зрения. Мы видим мир перевернутым, вместо высокого руководствуясь низким, а вместо истинного — ложным.

Наша личная вселенная не существует сама по себе, ее ограничивает и искажает наш способ видения.

81. ПАМЯТЬ И СУДЬБА

«Забывание себя присуще знанию себя. Сознательное и бессознательное — это два аспекта одной жизни. Они сосуществуют. Чтобы познать мир, вы забываете себя, чтобы познать себя, вы забываете мир. В конце концов, что такое мир? Собрание воспоминаний».

«Память материальна — непрочная, бренная, преходящая. На таком хрупком фундаменте мы строим чувство персонального существования — неясное, прерывистое, подобное сну. Эта неясная убежденность „я такой-то и такой-то" заслоняет неизменное состояние чистого осознания и заставляет нас верить в то, что мы рождены для страданий и смерти».

«Судьба относится только к имени и форме. Поскольку вы не являетесь ни телом, ни умом, судьба не властна над вами. Вы совершенно свободны. Пока есть тело, вы кажетесь заключенным в тело. Без тела вы не будете вне тела — без тела вы просто есть».

Мы там, где наше внимание. Если оно привязано к телу, мы считаем себя телом. Если внимание зациклено на желаниях личности, мы становимся личностью.

В нашем обществе личность поставлена на пьедестал. Есть выражение «стать личностью», имеется в виду сильной личностью, проявив характер, индивидуальность. Но «стать личностью» не означает проявить себя, стать собой. Скорее, это стать таким, каким тебя хотят видеть.

Когда ребенок появляется на свет, у него нет личности. У него нет имени, фамилии, есть только тело и сущность. Младенец — это чистая материя и чистый дух.

Личность начинает расти от контакта с родителями. Они дают имя, свою фамилию и связанную с ними судьбу.

Если родители не связаны с духом, ребенок вырастет бездуховным. Будет расти только личность, а сущность останется на прежнем младенческом уровне.

Еще младенцами мы начинаем забывать, кем являемся — чистым духом. Мы забываем, не приходя в сознание, не успев стать сознательными. Родители не могут дать то, чем не обладают. Они делятся тем, что есть, чем наполнены.

А чем наполнены их ложные личности? Всем инертным, механическим и негативным, что сумели собрать.

Личность — это машина, автомат. Механизм, работающий как пылесос, он впитывает все подряд, а потом из этой кучи выносит свои вердикты.

Наше обычное состояние — каша в голове. Мы тонем в информации, не зная, что с ней делать. Не умея отличить главное от второстепенного, мы не знаем, как правильно использовать знания. Поэтому делаем как придется.

В этом состоит автоматизм нашего поведения, его механистичность и бессознательность. В какой-то степени это сознание, последовательность шагов, линия поведения, но уровень низкий, примитивный.

Довольствуясь этим уровнем, мы мним себя самостоятельными. Хотя, если разобраться, ничего своего у нас нет. Тело дает природа, а личность растет под давлением общества. Единственное наше — это дух. Мы — дух, чистое сознание, но быстро забываем об этом, едва появившись на свет.

Мы забываем себя, чтобы познать мир. И никак не можем вспомнить. Мир властвует над нами, не давая опомниться.

Господи, кто я? Что я тут делаю? Почему я не помню себя? Что происходит?

Мы боимся прямых вопросов. Могут подумать, что мы не в своем уме. Что значит «кто я»? Есть имя, фамилия, личность, тело наконец. Мы такие, как все, нас — миллионы, и никто не ломает голову, что, как и почему. Нам проще жить в неведении, чисто механически, ни во что не вникая.

Это длится до тех пор, пока однажды мы не оказываемся вне тела и видим себя со стороны. Наш персональный миф, получив пробоину, начинает сдуваться.

Боже мой, мы — не тело! О ужас, мы — не личность! Но кто мы? Осознав себя вне тела, мы видим личность «во всей красе». В истинном свете это образование производит жалкое впечатление. Еще непригляднее выглядит эго, что-то темное, наподобие тени.

Долгое время мы были телом и личностью. Внимание было сосредоточено на выживании и защите интересов эго. Этот миф лопнул, мы вышли за пределы. Мы знаем, что мы — есть. Это твердое «есть» не связано с жизнью в теле.

Сейчас наша жизнь так или иначе ограничена жизнью тела, но судьба личности не имеет к нам никакого отношения. Мы не личность и никогда ею не были. В силу обстоятельств мы вынуждены участвовать в спектакле, мы связаны ролями. Их надо доиграть, но уже в другом качестве. Притворяться не надо, достаточно быть собой.

Мы больше не кукла. Мы знаем, кто мы, знаем, что происходит. Этот мир — сон, мы спали под гипнозом. Мы не рождены для страданий и смерти, мы — тот, кто видит сон как сон.

Переключив внимание с мира внешнего на мир внутренний, мы вышли за пределы сна.

Мир — это фон, он нужен нам как фон. На фоне иллюзорного мира можно увидеть истину. Ложное необходимо. Познав ложное, отвергнув его, мы станем искать истинное. Узнав, кем мы не являемся, можно понять, кто мы на самом деле. Отрицая ложное, избавляясь от него, можно дойти до истинного, того, что неизменно.

А как еще постичь истину? Только сравнив с тем, что истиной не является.

82. ИЗБАВЛЕНИЕ ОТ ЛОЖНОГО

«Личность (вьякти) представляет собой лишь продукт воображения. „Я" (вьякта) является жертвой этого воображения. Вас связывает привычка считать себя тем, чем вы не являетесь. Личность не может существовать независимо, это „Я" верит в личность и сознает себя ею».

«Истина проста и открыта для всех. Зачем все усложнять? Истина излучает любовь и заслуживает любви. Она включает все, принимает все, очищает все. А не-истина сложна и является источником проблем. Она всегда хочет, ожидает, требует. Будучи ложной, она пуста и всегда в поиске подтверждений и доказательств. Она боится и избегает исследования. Она отождествляет себя с любой опорой, даже самой слабой и недолговечной. Она теряет все, что получает, и просит еще».

Наша личность является ложной, на самом деле ее не существует. Она существует только в воображении. Мы не тот человек, за кого себя выдаем. В нашем воображении существует образ, он не является произвольным, он задан изначально, как асцендент (восходящий знак), который можно определить. Образ личности формирует эго в ответ на запросы окружающих нас людей. Стремление понравиться, произвести впечатление играет с нами злую шутку. Мы привыкаем обманывать, изображая то, чего нет. И делаем это механически, не задумываясь.

В итоге наша механическая личность становится источником всех проблем. Она постоянно чего-то хочет, ожидает, требует, доказывает. И всем этим перипетиям нет конца. Будучи эфемерной, личность избегает и боится исследования. Будучи ложной, она всегда находится в поиске подтверждений и доказательств.

Все, что относится к не-истине, относится к личности. В своем стремлении к совершенству мы хотим сделать совершенной ложную личность. То есть сделать ложь изощренной.

Вместо того чтобы искать себя, стремиться стать собой, мы упражняемся в самообмане. Сколько ни совершенствуй ложную личность, она никогда не станет истинной.

Молодая наука соционика появилась благодаря внимательному наблюдению. Далеко не все в ней верно, но есть ряд наблюдений, которые могут помочь в поисках истины. На пути к истине нас ожидает встреча с ложной личностью.

Соционика описывает поведение ложных личностей, которое мы видим друг у друга, не замечая у себя.

На пути к себе мы встречаем личность-фантом, плод воображения хитрого ахамкары. Являясь искусной подделкой, личность выдает себя за подлинник.

Соционика описывает модели поведения так, словно они настоящие, подлинные. Словно человек — это личность и больше в нем ничего нет.

Но мы не так просты. Мы не то, что лежит на поверхности и выставлено напоказ. Под личностью скрывается сущность.

Нельзя принимать за чистую монету все, что бросается в глаза. За яркой оберткой и массой мнимых достоинств может скрываться совершенно другой человек.

Проявляя недюжинную активность, чтобы показать себя, ложная личность ловко путает следы. Она сложна и противоречива, ее поведение причудливо, никогда не знаешь, что она выкинет в следующий момент.

Личность знает о своих изъянах, ей приходится изворачиваться, чтобы их скрыть. Чувство неполноценности делает личность навязчивой и упрямой, а страх разоблачения — беспокойной и суетливой.

В общих чертах выкрутасы личности заметны со стороны, но детали скрыты, а трезвая оценка затруднена.

Считая себя одним человеком, мы ведем себя по-другому. Отсюда возникают противоречия. Думаем одно, говорим другое, а делаем третье.

Мы даже не знаем, что нас двое! Мы считаем себя одним, а фактически нас двое. В одном теле живут два разных существа — личность и сущность.

Это был шок, когда под личностью я обнаружил сущность! Много лет я был одним человеком, ведя себя соответствующим образом. И вдруг оказалось, что это был не я! Это была ложная личность. Столько лет мучений, лжи и обмана.

Нельзя сказать, что в моем поведении был какой-то злой умысел и я прикидывался другим человеком. Нет, просто я не знал, какой я, и вел себя как придется, чисто механически. Оказалось, мое спонтанное поведение укладывается в четкую схему. А эта схема соответствует одной из моделей поведения в соционике.

Нам кажется, мы оригинальны и неповторимы, других таких больше нет, можем позволить себе любую прихоть. А на деле оказываемся заводными механическими куклами.

Я не был собой, я жил на автопилоте и вел себя как машина. Если не искать себя, нам уготована жизнь автомата. Природой предусмотрен щадящий режим с минимумом чувств и сознания.

Схема проста: не хотите жить сознательно — тумблер переключается, живите как машины. Жить механически проще и легче, не надо вникать и думать о последствиях.

Есть узкий круг интересов эго, он вписывается в режим автомата, а все остальное для многих из нас не имеет значения. Смущает одна небольшая деталь. Выбирая режим автомата, мы ставим крест на человеческом начале. Человеческого в нас мало, его легко утратить.

Какая польза человеку, если он приобретет весь мир, а утратит в себе человеческое, то, что делает его человеком?

83. ЖИТЬ ИСТИНОЙ

«Истина — это не награда за хорошее поведение и не приз за прохождение испытаний. Она не может быть вызвана. Это первичный, не рожденный, древний источник всего, что есть. Вы подходите, потому что вы есть. Вам не надо заслуживать истину. Она ваша. Просто перестаньте убегать, гоняясь за ней. Остановитесь, пребывайте в покое».

«Жить — единственное предназначение жизни. Жить, не беспокоясь о себе. Для этого вы должны знать, что ваша истинная сущность (сварупа) неукротима, бесстрашна и всегда победоносна. Когда вы узнаете с абсолютной убежденностью, что ничто не может повредить вам, кроме вашего воображения, вы перестанете уделять внимание своим желаниям и страхам, концепциям и представлениям, и будете жить только истиной».

Нам трудно понять, что такое истина. Еще труднее ее найти. В поисках истины мы колесим по свету, надеясь найти истину в пирамидах, пещерах, на вершинах гор, в древних храмах. Где угодно, только не в себе.

Мы думаем, что Бог ждет от нас хорошего поведения и посылает испытания. Если будем вести себя хорошо и выдержим испытания, Бог пошлет нам манну небесную.

Самое смешное, в моем случае было как раз наоборот. Я не отличался примерным поведением и не выдержал ни одного испытания. Я все провалил, поддавшись соблазнам. Но Бог послал мне манну небесную. Пути Господни неисповедимы.

Когда-то я думал, что нет ничего скучнее самопознания. Это древнее занятие, от которого за версту веет нафталином. А сейчас это занятие является для меня смыслом и целью жизни.

Нам кажется, что познать себя и найти истину — это дело нескольких месяцев, в крайнем случае — нескольких лет. Сейчас столько информации, столько книг написано. Складывается впечатление, что все давно все знают. Иначе зачем что-то писать? Достаточно открыть несколько книг, и оттуда польется самая что ни на есть истина!

Мы живем, полагая, что истину можно почерпнуть из книг. Надо только ложку большую припасти.

В книгах много полезных вещей, но истины там не найти. Истина связана с познанием себя. Мы — настоящий источник истины. Не найдя истину в себе, мы не сможем правильно оценивать происходящее. В поисках истины мы являемся точкой отсчета.

В нас много путаницы. По ошибке или недоразумению мы находимся в ложной части, принимая себя за личность, которой не являемся. Мы не сможем адекватно оценивать обстановку, не разобравшись в себе. Не исследовав свое состояние и не поняв, кто мы.

Каждый раз, когда беремся судить, мы начинаем не с того. Что может человек, находящийся под гипнозом? Он видит и слышит лишь то, что ему внушают.

Ситуация такова, что мы слышим только эго. Приказы ахамкары не обсуждаются. Попробуйте заставить эгоиста считать иначе, он поднимет вас на смех. А в свое оправдание найдет сотню аргументов.

Мы знаем, что у нас есть эго, предпочитая не трогать это милое создание.

Не буди лихо, пока спит тихо. Меньше знаешь — крепче спишь. Кто знает, к чему это может привести. Заглянуть в себя не хватает мужества.

Мир велик, мы думаем, что истину можно где-то найти. Но мир лишь сон, наваждение, в нем нет ничего настоящего. Единственным настоящим является тот, кто видит сон.

Мы — тот, кто видит сон. По крайней мере, у нас есть шанс. Увидеть сон как сон и найти истину.

Если начнем с себя, мы можем прийти к истине. Истина неизменна, это первичный, не рожденный источник всего, что есть. Этот древний источник находится у нас внутри.

«Не придет Царствие Божие приметным образом. Ибо вот, Царствие Божие внутри вас есть» (Евангелие от Луки, глава 17, 20–21).

Что в нас является неизменным, а что переменчиво? Неизменной является духовная сущность. Что бы ни происходило, сущность не меняется, пребывая в покое. У каждого есть качества, которые не меняются, они принадлежат сущности. Это основа, духовный стержень.

Но качеств много, многие непостоянны. Как правило, эти черты относятся к личности. Жизненные обстоятельства меняются, вместе с ними меняются качества личности.

То, что остается неизменным, является истинным, а то, что переменчиво, — ложно.

Наша задача — найти истинные качества и опереться на них, чтобы потом избавиться от ложных.

Наблюдение за циклами позволяет заметить то, что постоянно меняется, в зависимости от обстоятельств. Меняется цикл, меняются реакции эго.

Мы не тот, кто меняется, мы тот, кто остается неизменным.

Нам не о чем беспокоиться. Мы были, есть и будем. Нам нечего бояться, нет ничего, что может нам навредить. Мы не являемся бренным телом. Мы не являемся лживой личностью. Мы — дух, чистое сознание, которое основа всего сущего. Наша сущность неукротима и бесстрашна, и нет никого, кто мог бы ее победить.

84. СВОБОДА ОТ МИРА

«*Мир не поддается изменениям. По самой своей природе он полон боли и недолговечен. Воспринимайте его таким, какой он есть, и избавьте себя от всех желаний и страхов. Когда мир перестанет держать и связывать вас, он станет прибежищем радости и красоты. Вы можете быть счастливы в мире только тогда, когда свободны от него*».

«*Когда вы познаете свою истинную природу, ничто не сможет вас испугать. Смерть дает свободу и силу. Чтобы быть свободным в мире, вы должны быть мертвым для этого мира. Тогда вся Вселенная будет ваша, она станет вашим телом, выражением и инструментом. Счастье быть абсолютно свободным не поддается описанию*».

«*Умирает изменчивое. Неизменное не живет и не умирает, это безвременный свидетель жизни и смерти. Вы не можете назвать его мертвым, поскольку он осознает. И вы не можете назвать его живым, поскольку он не меняется*».

Мы не можем изменить мир. Скорее мир изменит нас, вынуждая реагировать на свои катаклизмы. Незнание того, что будет с миром завтра, держит нас в напряжении.

Мир соткан из материи, это вводит нас в заблуждение. Твердая материя кажется надежной, ее можно потрогать руками, изучить под микроскопом. А что такое дух?

Мир материален, тело материально. Нам кажется, что мир и тело в нашем распоряжении, стоит только захотеть. А что может невидимый дух?

Мы думаем, миром правит материя, здесь все пляшут под ее дудку, возведя на пьедестал. Материя — Царица и Богиня! Но чем может править та, чья природа сиюминутна?

Надежность плотного мира — большая иллюзия. Все физическое быстро приходит в негодность. Материя недолговечна, она быстро стареет и умирает. В этом мире нет ничего постоянного, все разрушается и умирает. Такова природа материального мира. Он полон боли и страданий, так было и так будет. Нам не переделать природу мира.

Единственное, что возможно, — изучить себя. Кто мы и как здесь оказались, на краю Вселенной, в мире беспокойной материи?

Едва успев появиться на свет, мы начинаем умирать. Нес-колько десятков лет, и наша песенка спета. Это похоже на жизнь бабочки-однодневки. Не успев как следует помахать крыльями, она умирает.

Но даже бабочка, в отличие от нас, успевает испытать счастье. Пусть недолго, но она была счастлива. Бабочка узнала свободный полет!

А чем похвастаться нам? Тем, что, словно гусеницы, перерабатываем тонны материи? Это и есть наше предназначение?

Кто создан ползать, летать не может. Видимо, это относится к нам.

Материя нам интересна больше, чем свободный полет. Мы копошимся в материи, как прожорливые гусеницы, которые забыли о превращении в бабочек.

Эволюция есть, а людей все меньше. Желающих становиться людьми почти нет. Выгоднее оставаться звероподобными. Своя рубашка ближе к телу, даже если это шкура.

Оставить все как есть, ничего не меняя, соблазн велик. Но выбор делать придется. И выбор этот невелик: дух или материя, ничего другого нет. Выбирая материю, мы получаем жизнь беспокойной гусеницы, в своих снах считающей себя человеком.

Мир — это джунгли, такова реальность. Воспринимайте его таким, каков он есть. Внешне он похож на райские кущи, а по сути это джунгли.

К чему можно стремиться, узнав, что вокруг непролазные джунгли? Так получилось, что мы заснули и проснулись в настоящих джунглях. Чего можно желать, увидев, что находишься в джунглях? Только одного — поскорее выбраться!

Чем могут удерживать джунгли? Своим обманчивым видом и разными иллюзиями по этому поводу. Нам кажется, что в джунглях неплохо, мы ищем там счастье!

Найти — это вряд ли, а вот потерять — наверняка, забыть, кто мы. Став заурядным обитателем джунглей, думая, что джунгли — подходящее место для жизни.

Жизнь в джунглях накладывает свой отпечаток. Вольно или невольно, мы ведем специфический образ жизни. «С волками жить — по-волчьи выть». Мы сопротивляемся негативному влиянию джунглей, но у нас нет ясности и четких ориентиров. Вроде бы мы — другие, у нас другая природа, но мы не знаем, что мир — это джунгли, питая иллюзии по этому поводу.

Еще меньше мы знаем о себе, своей истинной и ложной природе. Мы принимаем ложную личность за свою истинную природу и рискуем стать постоянным обитателем джунглей.

Спасение — в нашей истинной природе. Познав ее, мы почувствуем облегчение. Слава богу, мы — другие!

Нам не надо умирать, нам не надо бояться смерти. Боятся нечего! Мы никогда не умрем.

Здесь живет тело, но мы — не тело. Здесь живет душа, но мы — не душа. Это душа привязана к миру, всего боится и за все цепляется. Но мы — не душа, мы — дух.

Мы мертвы для мирских джунглей, здесь нет ничего, что могло бы нас удержать. Живя в теле, мы участвуем в маскараде, но это только игра. Притворяться не надо, спектакль окончен.

Много лет мы жили в неведении, не понимая, что происходит. Разобраться не хватало сил. Игра была фальшивой, мы изображали то, чего нет.

Быть собой гораздо проще. Быть собой — это свобода от всего, что мешает жить. Свобода от тела, эго и выдуманного мира.

85. ПОРОГ ОСВОБОЖДЕНИЯ

«Вы воспринимаете все слишком серьезно. Что плохого в игре? У вас есть цель только до тех пор, пока вы не обретете целостность (пурна), до этих пор целью будет целостность, совершенство. Но когда вы обрели целостность изнутри и снаружи, стали самодостаточным, тогда вы наслаждаетесь Вселенной, а не работаете на нее».

«Если вы внутренне целостны, внешнее знание приходит к вам спонтанно. В каждый миг вашей жизни вы знаете то, что вам нужно знать. В океане универсального ума содержится все знание, оно ваше, стоит только попросить. Большая его часть может вам никогда не понадобиться — но все равно оно все ваше. С энергией дело обстоит так же, как и со знанием».

«То, что вам нужно, придет к вам само, если вы не будете требовать того, что вам не нужно. Очень мало людей достигают этого состояния полного бесстрастия и непривязанности. Это очень высокое состояние, самый порог освобождения».

Наши представления о совершенстве своеобразны. Мы не хотим стать идеальными, совершенство нас пугает. Мы же не отличники в школе, успевать по всем предметам на «отлично» невозможно. На такое способны только «ботаники». В школе мы подшучивали над ними, считая их жертвами, а себя — героями.

Чтобы стать совершенным, надо постоянно следить за собой. За каждой мыслью и словом. Совершенный человек идеален во всем. Как такое возможно? И возможно ли вообще?

У всех нас масса недостатков, сомнительных качеств, вредных привычек. Что с ними делать?

Периодически мы пытаемся измениться. Не ругаться, не злиться, не лениться, заняться спортом, бросить курить и т.д., получается плохо. О каком тут совершенстве говорить? И что такое совершенный человек?

Совершенный человек — тот, кто совершился, стал. Это событие, которое произошло. Человек стал человеком полностью, внешне и внутренне.

Внешне мы люди. Сомнения есть по тому, что у нас внутри. Кто знает, что у нас внутри?

Мы не знаем. Внутри что-то спрятано, что вызывает опасение и мешает жить. Мы боимся заглянуть внутрь, там спрятана тайна нашей жизни. Узнав эту тайну, мы можем проснуться.

Внутри нас находится тумблер. Функция, на которой он установлен, многое объясняет. Она называется «автоматический режим».

Мы вовсе не люди, а куклы, работающие в режиме автомата, автономного выживания. Это исходный уровень.

Он оптимален на стадии животного. На стадии человека возможен переход от автомата к режиму осознания.

Мы привыкли, что многое в этом мире происходит само. Но наш случай другой — сам по себе, без нашего участия, переход не произойдет.

Сознательный уровень предполагает наличие сознания. Если нет понимания, то как называется этот уровень?

Осознание — дело хлопотное, ответственное, жить механически, на автопилоте, куда проще. Кто бы что ни говорил, а жизнь на уровне куклы нам нравится. Мы любим свой животный автоматизм. Инстинкты волнуют кровь, разбавляя острыми ощущениями унылую механическую жизнь.

Инстинкты — это не только физиология, но и психология. Инстинктивными могут быть ум, интуиция, чувства. Речь идет о механических проявлениях, которыми наделена личность.

Змей ахамкара многолик, если недооценить, обязательно обманет, обведет вокруг пальца. А мы, как обычно, настроены несерьезно, надеемся на авось. Но проскочить на арапа, не затратив усилий, не получится.

Что такое целостность? Это единство мысли, слова и дела. Единство внешнего и внутреннего, формы и содержания.

Без работы над внутренним содержанием не обрести целостность.

Неужели кто-то думает, что можно перейти на сознательный уровень, ничего про себя не зная?

Слишком часто я сталкиваюсь с нежеланием разбираться, работать над собой. По большому счету люди разделяются на две категории: те, кто поработал над собой, они сразу заметны, и те, кто ничего про себя не знает. Последние требуют сообщить им название звездного типа. Они не понимают, что от знания названия типа ничего не изменится.

«Истина обнаруживается в распознавании ложного. Вы можете знать то, чего нет. Тем, что есть, вы можете только быть».

Звездный тип — это то, к чему мы должны прийти, как результату целенаправленных усилий. Это то, кем мы должны стать. Это Промысел Божий, потенциал, заложенный в нас Богом. Но духовная трансформация не произойдет, если ничего не делать. Если не работать над собой, постепенно, слой за слоем выявляя в себе ложное.

Звездный тип похож на граненый алмаз. Он великолепен в своей чистоте, красоте и блеске. Но мы-то далеко не алмаз. В нас столько ложного и фальшивого. В обычном состоянии алмаз (звездный тип) не виден, он покрыт налетом (ложной личности). Мы не сможем его увидеть, пока не начнем работать над собой.

86. МЕДИТАЦИЯ

«Медитация — это саттвичное действие, направленное на полное устранение тамаса (инерции) и раджаса (мотивации). Чистая саттва (гармония) — это совершенное освобождение от лени и суеты».

«Первичная цель медитации — осознать и освоиться с нашей внутренней жизнью. Конечная цель — достичь источника жизни и сознания».

«Реальное находится за пределами. Свидетель — это дверь, через которую вы выходите наружу. Видеть ложное как ложное — это медитация. Это должно происходить все время. Намеренные ежедневные упражнения в различении истинного и ложного и отбрасывании ложного — это медитация».

Что такое медитация? Это выход за пределы привычного состояния, переключение внимания с мира внешнего на мир внутренний.

В обычном состоянии мы сосредоточены на внешнем мире, он забирает все наше внимание. Можно назвать это «привычным погружением». Едва успев открыть глаза, мы погружаемся в заботы внешнего мира.

Внимание — это поток энергии. Направляя поток внимания на внешний мир, мы намагничиваем его. Заряжая мир своей энергией, мы готовим себе ловушку. Наделенный нашей энергией, мир удерживает нас словно магнит. Так рождаются устойчивые сны, главный из которых — видимый мир.

С раннего детства мы привыкаем жить во сне и верить всему, что говорят. Из набора воспринимающих органов с массой возможностей мы выбираем крохотный участок. Обычно он называется угол зрения.

Весьма специфический взгляд на мир. Про него даже в песне поется: «Что ж ты, милая, смотришь искоса, низко голову наклоня». Нам неудобно, неловко, но мы упрямо стоим на своем. Что можно увидеть, используя такой «изощренный» способ?

Так смотрит на мир ахамкара, наше эго, с которым мы носимся как с писаной торбой. Эго не может по-другому, ввиду своей ограниченности. Сквозь призму эго мы видим мир искаженным.

«Они глазами своими смотрят, и не видят; ушами своими слышат, и не разумеют» (Евангелие от Марка. Гл. 3).

Медитация нужна, чтобы научиться видеть и слышать. Чтобы смотреть и видеть, чтобы слушать и слышать. Чтобы расширить сознание и обрести понимание.

Наше восприятие ограничено животным уровнем. Мы смотрим на мир сквозь призму животных инстинктов. Это помогает выживать и размножаться, но мешает пониманию.

Мы и шагу не сделаем, если не видим выгоды. Чаще всего нами правят обычные меркантильные соображения. В той или иной степени они присутствуют везде, в виде скрытых или явных мотивов поведения. Эго — наша вторая натура.

Но мы не эго. Мы не змей ахамкара, обманчивое порождение тьмы. Медитация нам нужна, чтобы прийти в себя в прямом смысле. Стать собой, почувствовав свою истинную натуру. Эго — это напускное, выдуманное, а сущность — то, что на самом деле.

Можно долго притворяться, выставляя себя оригинальной личностью, но это не принесет нам счастья. Потому счастье связано со словом «быть», а не со словом «казаться». Настоящее счастье — быть собой.

Медитация не является для нас чем-то новым. Наша жизнь в этом призрачном мире — сплошная медитация. Не надо учиться и привыкать медитировать, мы уже в процессе. Надо только сменить объект медитации, внешний мир поменять на внутренний. Настоящей ценностью обладает отнюдь не внешний, а внутренний мир каждого из нас. Именно там спрятаны истинные сокровища.

Почему мы так усердны в медитациях на внешний мир? Потому что он для нас важен. Там живет наше тело, чьи запросы надо исполнять. И фигурирует наша личность, чей образ надо поддерживать.

Мы думаем, что мы — тело, но тело лишь инструмент, наше временное жилище. Мы живем в теле несколько десятков лет, а потом уходим.

Медитация нужна, чтобы почувствовать себя вне тела. Это способ от него оторваться, вырваться из душных объятий личности.

В теле хорошо, но без тела лучше. Еще лучше без ложной личности и навязчивого желания всех обманывать.

Сложность в том, что мы привыкли жить без духа. Мы забыли, что мы — дух, духовная сущность. Наша жизнь стала весьма специфической, поверхностно-иллюзорной. Мы живем в заблуждениях, болезненно реагируя на попытки углубиться. Что угодно, только не глубокий и честный анализ.

Мы не хотим наблюдать и анализировать, мы хотим забыться и ни о чем не думать.

Наше тело не враг, и личность не враг. Единственное, что надо сделать, — привести их в порядок. Чтобы тело и личность работали правильно, без отклонений.

Пока мы в теле, интересы тела и личности не останутся без внимания. Но засилье эго — болезнь, и без доктора не обойтись.

Медитация — это лекарство, средство оздоровления. В медитации мы погружаемся в божественность — нашу истинную природу.

В медитации мы погружаемся в духовность, Океан Вселенского Духа — Источник Жизни и Сознания.

В медитации мы черпаем силу, которая нужна, чтобы разобраться в себе. Чтобы увидеть ложное и избавиться от него.

87. СМЕРТЬ ПОД КОНТРОЛЕМ

«Медитация — это намеренная попытка проникнуть в высшие состояния сознания и в конечном счете выйти за его пределы. Искусство медитации — это искусство смещения фокуса внимания к все более тонким уровням без потери устойчивости на предыдущих уровнях. В некотором смысле это подобно смерти под контролем».

«Жизнь в принуждении и подавлении — это не Йога. Ум должен быть свободным от желаний и расслабленным. Это приходит с пониманием, а не с волевым решением, которое является просто одной из форм памяти. Понимающий ум свободен от желаний и страхов».

«Поверьте мне, нет ни цели, ни пути, ведущего к ней. Вы сами и путь, и цель. Вам нечего достигать, кроме вас самих. Все, что вам нужно, — это понимание, а понимание — это расцвет ума».

Понимание — результат метаморфозы. Нет метаморфозы, нет изменения — нет понимания.

Мы говорим, что поняли, а наша жизнь не меняется. Это самообман. Понимание сопровождается изменениями. Нет изменений, нет понимания.

Понимание — результат предпринятых действий. Знания нужны для того, чтобы использовать их в повседневной жизни. Надо следовать тому, что стало известно. Следовать, а не брать на заметку.

Что такое звездный тип? Это духовный потенциал, потенциальная, но не реализованная сущность. Сама по себе, без наших усилий, она не проявится. Способности, если их не развивать, могут остаться в зачаточном состоянии.

В каждом из нас заложен потенциал духа, но он не проявится сам по себе, по мановению волшебной палочки. Превращение не может произойти без нашего участия.

Звездный тип существует, его узнает каждый, кто захочет постичь тайну жизни. Но сообщать крокодилу о том, что он является обезьяной, глупо и опасно. Крокодил не поймет и проявит свои животные наклонности.

«Не давайте святыни псам и не бросайте жемчуга вашего перед свиньями, чтобы они не попрали его ногами своими и, обратившись, не растерзали вас» (Евангелие от Матфея. Гл. 7).

Механическое состояние не безобидно. Мы начинаем злиться и проявлять агрессию, если нам что-то не нравится. Обычно мы хотим получить все и сразу. Находясь в начале, мы хотим получить конец, пропустив середину. Но так не бывает. «Без труда не вынешь и рыбку из пруда».

Самопознание — это процесс. Даже те, кто не хочет ничего познавать, получают такие уроки, что выводы напрашиваются сами собой. Жизнь учит лучше любой школы.

Познание себя неотвратимо, оно происходит независимо от нашего желания. Это единственный смысл жизни. Все остальное — антураж.

Рано или поздно любой человек начинает задумываться, искать смысл. Путь к истине долог и извилист. Бессмысленным блужданиям способствуют темнота и неведение.

На «подвиги» нас толкает иллюзия свободы. Кажется, что возможно все, что хочешь, то и делай. А кто будет платить?

Никто не думает о последствиях. Все думают о желаниях, словно желания — это цель жизни. Чем больше желаний, тем лучше.

В стремлении угодить желаниям мы забываем одну «мелочь». Желания нас меняют, делают другими, происходит метаморфоза, превращение. Чем больше желаний, тем более явно превращение.

Что плохого в том, что наши желания исполняются?

Мы думаем, что на все Божья воля, но Бог от нас далеко, а наша связь с духом утрачена еще в детстве. Метаморфоза происходит под руководством ахамкары, превращением заправляет безумное эго. Нетрудно догадаться, в кого мы превратимся.

Всему виною гипноз; оставаясь в неведении, мы не замечаем диктата эго. Жизнь проходит в принуждении, а мы не в курсе. Подавляя нашу истинную природу, ахамкара навязывает фальшивку.

Метаморфоза нужна, но иного качества. Если дух не задействован, ничего не получится. Диктат эго не даст понимания, превратив нас в бесчувственных кукол.

Хотим мы того или нет, но процесс уже идет. Не спрашивая согласия, низшая природа делает свое дело. Медленно, но верно мы погружаемся в ее объятия. На сопротивление не хватает сил. Желаний все больше, а сил — меньше. Мы не понимаем, что происходит.

Медитация позволяет выйти за пределы интересов эго. Выйти за пределы ограниченного мышления и сделать попытку понять. Медитация нужна нам как глоток свежего воздуха, мы задыхаемся в духоте низшей природы.

Для понимания нужен дух. Мы много говорим о духе, но дальше разговоров дело не идет. Реальность такова, что духа в нас нет, а наш телесный «храм» напоминает хлев. Мы бездуховны и не связаны с духом.

Медитация — это шанс. Она может восстановить связь с духом. Хотя бы на время. «Глоток духа» нам жизненно необходим. Это первый шаг в нужном направлении.

Медитация — это выход из тупика ложной личности. Переключите внимание, и жизнь изменится.

88. СОБСТВЕННЫЕ ДЕЙСТВИЯ

«Меня интересует только неведение и свобода от неведения. Истинная роль гуру — разогнать неведение в сердцах и умах своих учеников. Когда ученик обретает понимание, подтверждающие действия уже зависят от него. Никто не может действовать за другого. И если его действия неправильны, это означает только, что он не обрел понимание и что работа его гуру не завершена».

«Гуру нужен для того, чтобы поддержать вас своим примером и успехом. Но только то, что вы обнаружите благодаря своему собственному осознанию, своим усилиям, принесет вам пользу. Помните, ничто воспринимаемое вами не является вашим собственным. Ничто ценное не может прийти к вам со стороны. Только ваши собственные чувства и понимание важны и полезны».

Жизнь проходит в неведении благодаря иллюзии, что мы знаем достаточно. Мы знаем так много, что нам не терпится поделиться. Таковы особенности гипнотического состояния, в котором мы пребываем.

Сон кажется нам жизнью. Играя навязанные роли, мы следим за игрой друг друга. Ревностно и придирчиво. Мало требуя от себя, много требуя от других. Играют все по-разному, кто-то правдив и убедителен, а кто-то фальшивит. Хорошо играют те, кто не лжет. Те, кто притворяется, выглядят неважно. Непросто разобраться в тонкостях игры. Многое зависит от человека, его способности быть честным с собой.

Правда и вымысел начинаются с нас. Один говорит правду, другой нет. Нам кажется, быть собой — дело проигрышное, куда заманчивее казаться важной персоной. Недолго думая, мы делаем свой выбор, стремлению быть собой предпочитая красивый миф.

Искать себя — занятие трудное, хлопотное, на нем денег не заработаешь. Гораздо проще создать искусственный образ с массой привлекательных качеств.

Есть такое выражение — «продать душу дьяволу». Обычно это происходит за деньги. Перспектива «продажи» заложена в нас изначально, она заключена в наличии личности.

Тем, кто озабочен созданием образа, беспокоится не о чем. Искусственный образ уже создан, им является ложная личность. Это та «душа», которую мы «продаем дьяволу».

Нам кажется, что мы в безопасности. И никому ничего не должны. А своей личностью можем только гордиться. Но именно личность является той ловушкой, где нас поджидает дьявол.

Ни о чем не подозревая, мы пестуем свою личность, делая ее изощренной и матерой. Мы думаем, что личность — это мы, и все усилия оправданны.

Но ложная личность — это порождение ахакары, хитрый манок для ретивых созданий. Если кому-то неймется, с помощью личности можно превратиться в демона.

Поддаться соблазну легко. Никто не думает о последствиях. В механическом мире, где все происходит само, главным является сопротивление.

Обычная жизнь не безобидна, она способствует превращению. Не вникая, мы живем механически. Делаем то, что не следует делать, и не делаем того, что следует. Но вся ответственность лежит на нас. Что бы ни происходило, расплачиваться будем мы. И только от наших поступков зависит наше будущее.

Никто не может действовать за другого. В подлунном мире слова и мысли второстепенны, основным критерием оценки являются действия.

Обычно мы думаем одно, говорим другое, а делаем третье. Не так важны наши мысли и слова, решающее значение имеют наши поступки.

Что-то думать и складно излагать — это одно, претворять сказанное в жизнь — совсем другое.

Мне нетрудно описать звездный тип, который дан вам Божьим Промыслом, но как бы ни хотел, я не смогу стать им за вас. Стать необходимо вам, стать по-настоящему, на деле, а не в мыслях и словах. Стать собой, проявить себя, свою истинную природную сущность.

Быть или не быть? Вот в чем вопрос. Быть собой или оставаться куклой?

Зная ваш тип, я могу показать направление, куда двигаться и над чем работать. Остальное зависит от вас.

Стараться стать собой или продолжать притворяться.

Чтобы стать собой, надо действовать, планомерно расчищая площадку, устраняя завалы из фальши и лжи. Другого пути нет. Я не могу сделать уборку за вас. Внутренний мир дело сугубо личное, никто, кроме вас, не сможет навести там порядок.

Моя задача — помочь выявить ложное, в этом у меня есть опыт. Подобную работу я проделал с собой.

Когда обернетесь внутрь, вы обнаружите много «интересного». Так много, что это вызовет шок. Но бояться не надо, работа над собой освобождает. Избавляясь от лишнего, мы испытываем облегчение.

Мой опыт — это мой опыт, вам нужен свой. Пользу приносит лишь то, что мы обнаруживаем сами, благодаря осознанию. Ценное не приходит со стороны, значение имеют только понимание и наши чувства.

Понимание — результат собственных усилий, им нельзя поделиться или передать по наследству. Как понимаем, так и живем. От понимания зависит уровень бытия. Когда приходит понимание, сознание расширяется и уровень бытия поднимается.

Никто, кроме нас, не сможет поднять уровень бытия. Только наши действия в точном соответствии с пониманием.

Придумывать что-либо не имеет смысла. Как бы мы ни старались, получится лишь то, что соответствует уровню понимания.

89. ПРОБЛЕМ НЕТ

«Чтобы узнать, во что верит человек, понаблюдайте за его действиями. Для большинства людей религией является служение своему телу и уму. У них могут быть какие-то религиозные представления, но они не действуют в соответствии с ними. Они играют с ними, часто очень привязаны к ним, но не действуют в соответствии с ними».

«Постепенна только подготовка, само изменение внезапно и полно. Постепенное изменение не приведет вас на новый уровень сознательного бытия. Нужна смелость, чтобы все отпустить».

«Проблемы возникают тогда, когда вы цепляетесь за что-либо. Когда вы ни за что не держитесь, не возникает никаких проблем. Отбросить малое — значит обрести великое. Откажитесь от всего, и вы обретете все. Тогда жизнь станет тем, чем она должна быть — чистым светом из неиссякаемого источника. В этом свете мир кажется тусклым, как сон».

Страх, тревога и беспокойство сопровождают нас от рождения. Это связано с тем, что нам есть что терять. По крайней мере, мы так считаем. Жизнь коротка; несколько десятков лет — и мы лишимся всего, к чему успели привязаться. Штука неприятная и мучительная.

Логика подсказывает, что привязываться не надо, но у нас не получается. Мы крепко держим то, что попадает в руки.

Кто-то скажет о любви, но это не любовь. Любовь не цепляется, цепляние — не любовь. Любая привязанность подразумевает страх, а страх делает человека рабом.

Мы цепляемся, чтобы опереться, обрести устойчивость. Нам не хватает опоры, в нас нет главного — духовного стержня.

Личность — это фантом. Трудно опереться на иллюзорный образ, он создан для публики, надуман и неустойчив. А нам хочется чего-то настоящего и прочного.

Не найдя опоры в себе, мы ищем ее во внешнем мире, в близких людях. Нам кажется, причина в материи. Материальные накопления придадут вес нашей личности. Она станет основательной и перестанет метаться. Увидев наши достижения, люди воспримут нас по-другому.

Мы можем этого не видеть, но наши действия во внешнем мире направлены на поиск равновесия, гармонии и покоя. Не находя в себе, мы ищем их снаружи.

Таково наше состояние. Мы везде ищем опору. Ум и тело — не исключение, за них мы держимся, как за последнюю надежду, словно счастье зависит от тела.

Мы носимся с телом как с писаной торбой. Ввиду своей ограниченности на теле зациклен ум, ни о чем другом он думать не может. Эта сладкая парочка — ум и тело — наша истинная религия.

Религиозные представления у нас есть, но это скорее традиция, привычный ритуал. Относя себя к одной из религий, мы считаемся верующими. Ходим в храм, соблюдаем религиозные требования и обряды. Потому что так принято. Никого не волнует, что все это происходит механически.

Наши отношения с религией напоминают сделку. Ограничивая наши потребности, религия не мешает нам жить интересами тела. Несмотря на религиозные взгляды, мы продолжаем жить интересами тела, а не духа.

В этом плане у меня есть личный опыт, несколько лет своей жизни я был зациклен на интересах тела. Мне хотелось понять, что в этом находят люди и какова цена вопроса?

Многие скрывают свои телесные привязанности. Боясь осуждения, они тайно нарушают запреты. Проблема в том, что нас постоянно куда-то влечет. Что за этим стоит? Что является источником страстей?

Этот вопрос нуждается в изучении. Что такое страсть? Сильное влечение, привязанность с преобладанием плотского (телесного) начала. В основе страсти лежит половое влечение, либидо. Иначе говоря, похоть.

Мы любим свои страсти. Много с ними носимся, а это всего лишь похоть, грубый животный инстинкт.

Зигмунд Фрейд был прав. В основе нашего поведения лежат инстинкты, как у животных. Можно не обращать на это внимания, но мы цепляемся за свои страсти, словно это все, что у нас есть.

Жизнь в этом мире — только сон, где у нас есть тело. Сон долгоиграющий, целый сериал, каждый день — новая серия. Сериал увлекательный, но он не бесконечен. Когда он закончится, мы останемся без тела.

Тело у нас заберут, а страсти оставят. Нетрудно представить, что получится настоящий ад.

Помимо тела, с которым все ясно, у нас есть ум. Посредством ума ложная личность проявляет себя. Ум является выразителем интересов личности. Мы ценим свой ум, считая его собой. В основе всех проблем лежит ум, как проявление выдуманной личности.

Считая себя умом, невозможно все отпустить. Ум встроен в механизм этого мира, он его часть. Мы ведем себя как личность лишь потому, что не знаем, кто мы.

Это непросто, но мы способны осознать себя и понять, что мы — дух, духовная сущность.

Как у сущности у нас нет проблем. Как дух мы постоянны и вечны, нам не о чем беспокоиться, нечего бояться. Мы были, есть и будем.

Зная свою несостоятельность, боятся ложная личность и стоящее за ней эго.

90. ЗАКОН РАВНОВЕСИЯ

«Брахма-Создатель — это сумма всех желаний. Мир — это инструмент для их удовлетворения. Души получают удовольствия, которых жаждут, и платят за них слезами. Время сравняет все счета. Закон равновесия господствует безраздельно».

«Желания — это просто волны в уме. Вы осознаете волну, когда видите ее. Желание — это просто вещь, одна из многих. Я не чувствую никакой необходимости его удовлетворять, предпринимать какие-либо действия. Свобода от желаний означает отсутствие навязчивого стремления их удовлетворять».

«Цель всех желаний — счастье. Их форма и качество зависят от психики. Если преобладает инерция (тамас), мы наталкиваемся на извращения. С энергией (раджас) разыгрываются страсти. Если преобладает ясность (саттва), желания мотивируются благожелательностью, состраданием, стремлением сделать кого-то счастливым, а не стать самому».

Откуда берутся желания? Почему их так много? Что за этим стоит? Этот вопрос нуждается в исследовании. Что мы знаем о мире, в котором живем? Нам кажется, что знаем достаточно. Опыт взаимодействия с этим миром позволяет нам думать, что наши представления о мироустройстве вполне достоверны. Нам кажется, мы многое понимаем.

Молодость проходит быстро. Вместе с ней проходит стремление найти истину. Есть много других вещей, которые кажутся нам более важными. Кое-что мы знаем, и этого достаточно.

Мы неплохо устроились в этом мире. Чем больше успехов, тем меньше желания разбираться. Успехи охлаждают пыл. Мы успокаиваемся на достигнутом и больше ничего не ищем.

Зачем искать, когда все есть? Карьера, семья, положение в обществе, движимое и недвижимое имущество и т.д. Амбиции удовлетворены, награды получены.

Мы тратим свои жизни на реализацию бесконечных навязчивых желаний. Они так сильны, что не оставляют нам выбора.

Добиваясь того, о чем мечтали, мы недолго бываем счастливы. Амбиции растут по мере исполнения желаний. Надо больше, надо лучше. Процесс не остановить. Выход только один — исследование. Прежде чем исполнять желания, надо установить, где их источник?

Мы уверены, что желания наши, но так ли это? Наблюдая космические циклы, можно заметить, что желания приходят по расписанию. Они зависят от цикла, который доминирует.

Один цикл наполняет нас одними желаниями, другой другими. Интерес к исполнению желаний угасает вместе с циклом.

Если желания наши, почему они зависят от циклов?

Каждый цикл несет нам определенный набор желаний и ничего более.

Наблюдая за циклами, можно выявить механизм возникновения желаний. Увидеть, когда они возникают и что собой представляют. Желания — это волны в уме. Определенный цикл накрывает нас определенной волной. И мы чувствуем набор определенных желаний.

Наблюдая за циклами, мы видим и осознаем волну, не чувствуя острой необходимости удовлетворять возникающие желания. Или что-то делать в этом направлении. Возникает свобода маневра.

Космические циклы периодически повторяются. Зная, какой цикл принес эти желания, в следующий раз мы будем знать, чего ждать от этого цикла. Мы будем готовы к тому или иному сценарию развития событий.

Не зная циклов, мы ведем себя как слон в посудной лавке. Волна накрывает нас и несет. Ни о чем не подозревая, мы действуем слепо. Будучи вынуждены исполнять охватившие нас желания, не понимая, что мы делаем и зачем.

Довольно часто мы действуем бессознательно, чисто механически. Сначала делаем, потом думаем. Нам кажется, мы делаем правильно. В конце концов, на все воля Божья.

Но это не совсем так. На Бога надейся, а сам не плошай. Бог посылает, надеясь на нашу осознанность. А мы действуем механически, как машина.

В этом состоит разница между механической жизнью и сознательной. Сознательными нас делают наблюдения и исследования. Вместе с ними приходит осознание.

В первую очередь оно заключается в знании себя. В знании модели поведения ложной личности. В знании текущего момента и ориентации в нем. В знании порядка космических циклов.

Когда знаем себя ложного и себя истинного, мы можем действовать осознанно, со знанием дела. А не как обычно, слепо и бессознательно. Мы можем сохранять равновесие, выбирая только то, что действительно необходимо. Когда есть ясность, сделать это нетрудно.

Независимо от нашего поведения, закон равновесия господствует безраздельно. Если нет понимания, будем страдать от перекосов и их последствий. Не зная меры, будем перебирать, перегибать, а потом расплачиваться. Если нет равновесия, будет инерция или беспокойство. Ни то ни другое не сделает нас счастливыми.

91. СВОБОДА ОТ ЖЕЛАНИЙ

«Ваш запас энергии не бесконечен. Ваши цели ничтожны и низки. Они не требуют большего. Бесконечна только божественная энергия, потому что Он не хочет ничего для Себя. Будьте подобны Ему, и все ваши желания исполнятся. Чем выше ваши цели и шире ваши желания, тем больше энергии у вас будет для их осуществления. Желайте всеобщего блага, и Вселенная будет работать на вас».

«Отсутствие желаний приходит само, когда желания воспринимаются как ложное. Вам не надо бороться с желаниями. В абсолютном смысле это стремление к счастью, которое естественно, пока есть несчастье. Надо только увидеть, что в том, чего вы желаете, счастья нет».

«Воздержание от желаний и удовлетворение тем, что приходит само по себе, — очень продуктивное состояние, предпосылка состояния целостности. Не относитесь с недоверием к его кажущейся стерильности и пустоте. Поверьте мне, несчастья приносит именно удовлетворение желаний. Свобода от желаний — это блаженство».

Вместе с жизнью в человеческом теле мы получаем заряд энергии, рассчитанный на энное количество лет. Мы не знаем, сколько проживем, но есть программа (карма), которую надо отработать.

Наша судьба (карма) связана с деяниями эго (ложной личности). Именно эго своими переборами зарабатывает карму. Личность всегда переполнена желаниями, в исполнении которых не знает меры.

Если нам что-то нравится, мы не можем остановиться. Нам хочется еще и еще. Тормозов у ахамкары нет, его трудно удовлетворить. Эго капризно и переменчиво. По сути, эго — фантом, призрак. Попробуйте удовлетворить призрак!

Ахамкара — это черная дыра, куда проваливаются тысячи реализованных желаний, не принося удовлетворения. Мы много чего хотим, а радость по поводу очередной покупки длится пару минут. Потом все начинается снова, нас терзают новые бесконечные желания.

Ничтожные цели и низкие эгоистические желания требуют больших затрат энергии. Ради реализации амбиций эго приходится вступать в сговор с темными разрушительными силами и пускаться во все тяжкие.

Ложная личность мечтает о славе и богатстве. Безумные навязчивые желания мешают спокойно жить. У каждого типа эго свой набор сумасшедших желаний, свой любимый конек.

Мы рождаемся чистыми, невинными ангелами, наполненными духом. Мы изначально счастливы, но быстро утрачиваем состояние счастья. В другом направлении нас уносят потоки лжи, льющиеся со всех сторон. Эти мутные потоки формируют в нас ложную личность. Нам внушают, что мы Иван Петров, а не дитя Бога.

Наши родители не духовные подвижники, они не связаны с духом. Кого могут вырастить существа с мелкоэгоистическими наклонностями?

Существ, подобных себе. Наша история — это история Маугли. Мы все — человеческие детеныши, помещенные в джунгли. По виду мир людей похож на рай, а по сути это джунгли.

Здесь всех заставляют притворяться, а не быть собой. Здесь все носят маски и пестуют ложный образ, имидж, которого нет в действительности. Участвуя в маскараде, мы не можем понять, что происходит.

Мы не можем вспомнить себя. Кто мы? Зачем мы здесь? Что за маска у нас на лице?

Мы — дети Бога. Малые дети, которые заблудились и забыли себя. Мы забыли дорогу домой. Мы не знаем, что делать.

Как у детей Бога, у нас мало энергии. Без нее мы можем погибнуть. Чтобы выжить, надо найти себе подобных, надо найти подобных Богу.

Только божественная энергия бесконечна, потому что Бог ничего не хочет для себя.

Кто бы что ни говорил, главное — это энергия, без нее мы погибнем. Надо найти Источник энергии и подключиться к нему.

Раз мы — дети Бога, надо связаться с Богом. Установить с Ним прочную связь. Тогда будем спасены.

Как детям Бога, нам следует жить энергией Бога, принадлежащей нам по праву. Не помня себя, мы думаем и живем иначе. Мы живем энергией другого рода, которая зависит от наших целей и желаний.

Жизнь на уровне ложной личности имеет свои цели и задачи. Эти цели ограничены желаниями эго, узкого мирка, в который мы заключили себя по недомыслию. Кем себя считаем, как себя ведем, такой энергией живем.

Считая себя личностью, мы получаем то, что должна получать личность. Мы живем, априори ведя себя как личность, не удосужившись проверить, так ли это. Испытывая массу желаний, мы не думаем, откуда они берутся.

Эго полно желаний, а мир нужен для их удовлетворения. Это замкнутый круг. Что в этой клетке делаем мы?

Мы бегаем по кругу как белка в колесе. Если остановиться и оглядеться, можно заметить, что колесо состоит из циклов. Что происходит? Что за гонка? Кто гоняет нас по кругу?

Наблюдение за циклами позволит взлететь над суетой. А взгляд со стороны откроет картину, которая была скрыта.

92. САМОПОЗНАНИЕ

«В конце концов, постижению своей истинной природы препятствует слабость и тупость ума и его тенденция не замечать тонкого и фокусироваться только на грубом».

«С другой стороны, чистое стремление к Высшему само является зовом Высшего. Ничто физическое или психическое не может дать вам свободу. Вы получаете свободу, когда понимаете, что ваша связанность создана вами самими, и прекращаете выковывать связывающие вас цепи».

«Простого знания недостаточно, познающий должен быть познан. Пандиты и йоги могут знать многое, но какая польза от простого знания, если не познано „Я"? Оно, без сомнения, будет использоваться неверно. Без знания познающего не может быть мира».

На что мы тратим свою жизнь? Самое ценное из всего, что у нас есть.

Ум сосредоточен на внешнем мире, мы выполняем то, что хочет личность. Запросы ограничены диктатом эго. Ум беспокоен, он скачет с одного на другое. Нам постоянно чего-то не хватает.

Наше внимание сфокусировано на материальных объектах, они весомы, их можно потрогать. Мы озабочены тем, как использовать то, что попадает нам в руки. Мы не можем пройти мимо.

Мы ведем себя как захватчики. Нам надо все и сразу. Ненасытное эго не дает покоя. Мы зациклены на грубой материи.

Эта склонность личности мешает познанию истины. Трудно переключить внимание, цепями прикованное к материи. Несмотря на усилия, фокус постоянно сбивается.

Везде маячит тело и его потребности. Оно, как бельмо на глазу, закрывает собой тонкий мир. За грубым мы не видим тонкое. Нам ближе тело, а не дух.

Мы связаны телом по рукам и ногам. Тело и личность, как малые дети, постоянно чего-то хотят, капризничают и клянчат. Они избалованы и не терпят отказов.

Тело и личность наши, но мы не тело и личность. Они принадлежат нам, но не являются нами. Это они принадлежат нам, а не мы — им.

Наша зависимость от ума и тела создана по ошибке. Мы не должны идти у них на поводу. Тело и ум — инструменты, надо использовать их по назначению, перестав выковывать связывающие цепи.

Ничто физическое (тело) или психическое (личность) не может дать нам свободу. Свобода находится за пределами. Наша задача — выйти за пределы физического и психического.

Тело и личность — оковы. Мы — жертвы слабости и тупости ложной личности. Мы безнадежны, пока считаем себя личностью.

Можно накопить много знаний. Можно стать хорошим и делать добро. Можно добиться успеха и стать богатым. Но все это не имеет значения, если не познано «Я».

Пока не познано «Я», нас не существует, мы не проявлены. А то, что видят окружающие, это вымысел, ложный образ.

Что такое ложная личность? Это вымышленный образ, придуманный по инерции, механически, в ответ на запросы и ожидания среды. Мы творим его бессознательно, под давлением обстоятельств. Себя не знаем, а выглядеть хочется прилично.

Получается путаница: являясь одним человеком, мы строим из себя другого. Что самое удивительное в этой ситуации — мы не знаем никого из них, ни одного ни другого. Оба человека скрыты. Личность мы не видим, она действует как автомат. А сущность слаба, ее не видно за личностью.

Являясь одним человеком, мы кажемся другим. Но мы не видим, кем кажемся, и не знаем, кем являемся.

Странное состояние прострации и небытия. На арене жизни функционирует существо, не ведающее, что творит.

Об этом говорил Иисус Христос две тысячи лет назад, с тех пор ничего не изменилось. Человечество по-прежнему спит.

Георгий Гурджиев детально осветил проблему гипнотического сна в нашей судьбе. Всем сразу проснуться не суждено, но для группы подвижников это возможно.

Самопознание связано с пробуждением. Самопознания не может быть без пробуждения. Личность, которой мы кажемся, познать себя не способна. Чтобы познать себя, надо задействовать дух, духовную сущность, нашу истинную природу.

Без прямого участия духа трудно оставаться людьми, так и тянет опуститься на животный уровень. Потому что жить механически проще, жить и ни о чем не думать.

Как люди мы постоянно ведем борьбу, обстоятельства всегда против нас. В этом мире проще быть куклой и жить как животное.

Пока не выясним, кто мы, и не убедимся в этом, любое знание будет применяться нами неправильно. А неверное применение будет усиливать карму, за все придется платить.

Невозможно быть собой, не зная себя. Мы не сможем действовать правильно, пока не познано «Я».

93. ДОБРО И ЗЛО

*«Святые и йоги через невероятные усилия жертвы обрета-
ют множество чудесных сил и могут сделать много добра, помогая людям и вдохновляя их веру, однако это не делает их совершенными. Это не реальность, а лишь обогащение ложного».*

*«Вы так много говорите о реформах: экономических, соци-
альных, политических. Оставьте реформы в покое и займитесь
реформатором. Какой мир может создать человек, который глуп,
жаден и бессердечен?»*

*«Зло — это неправильный подход к проблемам, созданным
непониманием и злоупотреблением. Это порочный круг».*

*«Без любви все является злом. Сама жизнь без любви —
это зло».*

Как бы мы ни хотели, никто не сделает нас совершенными. Ни гуру,
ни садгуру не сделают нас настоящими. Реализоваться, стать настоящими мы можем только сами, по собственному желанию.

Никто не искупит наши грехи и не возьмет на себя нашу карму.
Можно долго спекулировать на эту тему, но Христос не брал на себя
наши грехи, Иисус показал путь.

Плывя по течению, не обрести свободы. Механическое течение не
для нас, если мы хотим стать разумными. Реальность нуждается в осо-
знании, она есть, чего не скажешь про нас. Наше состояние иллюзорно,
мы существуем в своем воображении.

Кто мы? Тело, душа или дух? Что в нас реально, а что иллюзорно? Что в нас главное, а что второстепенное? Что в нас истинное, а
что ложное? Что постоянно, а что переменчиво? Что в нас добро, а
что зло?

Мы хотим быть добрыми, а жизнь делает нас злыми. Что происходит? Почему не ценится добро, проявление доброты воспринимается как
должное, а быть добрым считается слабостью?

Что такое доброта? Это отзывчивость, стремление помочь, выручить. Мы отзываемся на призыв о помощи, но можем ли мы помочь другим, если не способны помочь себе?

Мы думаем, что полны добра, нам его не жалко. Но является ли добром механическое состояние?

Не думая о себе, мы бежим «творить добро». В этом нет ничего нового. «Благими намерениями вымощена дорога в ад».

Механическое неразборчивое «добро» в итоге оборачивается злом.

Мы без конца твердим о реформах, внешний мир не дает нам покоя. Мы знаем, как его переделать, как переделать соседа, как переделать тех, кто нам не нравится.

Но что собой представляем мы? Какой мир может создать наше эго? Мир, в котором оно будет центром Вселенной?

Неужели мы так хороши, что беремся переделывать мир? По своему образу и подобию. Наверное, мы совершенны и близки к идеалу. Как еще объяснить нежелание заниматься собой?

Да, мы — совершенны, наш дух — само совершенство и гармония. Но что мы знаем о своей духовной сущности? Что у нас с ней общего, если мы — личность?

И что мы знаем про ложную личность? Знак зодиака, который относится к физическому телу?

Надо признать, мы не знаем ничего. Ни личность, ни сущность нам неведомы, и наше неведение нас устраивает.

Что сможет реформировать тот, кто ничего про себя не знает? Что этот реформатор сможет реформировать с таким подходом?

Устройство человека несложно, сложной является позиция ложной личности и стоящего за ней эго. Эго боится, что его разоблачат и выведут на чистую воду. И все узнают, что это тень, призрак.

Эго прикрыто личностью, оно не хочет наблюдения. Выявив личность, можно добраться до эго. А это сразу провал, рухнет весь обман, вся мистификация.

На пути к себе нас ожидает камень преткновения — ложная личность. Наткнувшись на это препятствие, мы пребываем в замешательстве. Эта искусная подделка — наш двойник. Думали одно, оказалось — другое.

Искали личного счастья, а личность оказалась ложной!

Наш подход изначально неправильный, ко всему мы подходим с позиции эго. Что может понять человек, зацикленный на эго, если он глуп, жаден и бессердечен?

Таково эго и его продукт — ложная личность. Они никогда не станут другими, если не вмешается дух.

Зло — это эго. Непонимание приводит к злоупотреблениям. Неправильная позиция эго рождает зло. Зло усиливает эго. Это замкнутый порочный круг.

В эго нет любви, а без любви все является злом.

С добром дела обстоят сложнее. Мы способны творить добро, заниматься благотворительностью, но в нас нет любви. То, что мы называем любовью, является эгоистической привязанностью. Мы «любим» и чего-то ждем в ответ. Если ответа нет, начинаются претензии.

Сначала мы «любим», а потом выставляем счет. Какая уж тут любовь!

94. ЕДИНСТВЕННАЯ ПОМОЩЬ

«Реальность мира должна быть поставлена под сомнение. Кто такой гуру, в конце концов? Тот, кто знает состояние, в котором нет ни мира, ни мыслей о нем, является Высшим Учителем. Найти его — значит достичь состояния, в котором воображение больше не принимается за реальность, за то, что есть. Он реалист в высшем смысле этого слова. Он не может и не желает искать соглашений с умом и его иллюзиями. Он приходит, чтобы отвести вас к реальному, не ждите от него чего-то еще».

«Единственная достойная помощь — это освобождение от нужды в дальнейшей помощи. Повторяющаяся помощь — не помощь. Не говорите, что помогаете другим, если не можете вывести их за пределы всякой нужды в помощи».

Что происходит? С этим миром что-то не так! Мир не вызывает доверия. Он похож на плохо поставленный спектакль. А люди — на статистов, слабо играющих свои роли. Сплошная массовка с очень низким профессиональным уровнем!

Наблюдая весь этот балаган, нельзя верить ни одному слову! Какой-то цирк-шапито, не актеры, а клоуны. Неужели к этому шоу можно относиться серьезно?

Здесь все притворяются, и нет ничего настоящего. Люди притворяются, что они — люди. Попробуйте дождаться от них человеческого поведения! Маски искусны, приемы отработаны, придраться трудно.

Но все меняется, когда надо поступить по-человечески. На арену выходит какое-то странное существо. Поведение меняется на глазах. Человеческий налет исчезает, остается неживая маска.

Подобные изменения мы наблюдали много раз, но не придавали им значения. Что происходит с человеком в этот момент? Он выполняет чей-то приказ, кто-то диктует ему внутри.

Картина напоминает фильм ужасов, когда нечто проникает в человека. Это не явно и потому не так страшно, нечто не имеет физической формы, это фантом, неорганическое существо. Эти паразиты сидят в нашей ауре и диктуют свою волю.

«Нечистый дух» вселяется в человека и отдает приказы. Как такое становится возможным? Дело в том, что ложная личность имеет изъяны. Если есть недостаток, есть место, которое можно заполнить.

Мы стремимся скрыть недостатки и подчеркнуть достоинства. Это не тот путь. Вместо поисков причины мы занимаемся косметическим ремонтом. Скользя по поверхности, мы не смотрим вглубь.

Забывая о реальности, мы хотим приукрасить иллюзию. Вместо истины мы ищем способ обмануться. Да так, чтобы в обман поверили все, в том числе и мы.

Наша жизнь в этом мире — это навязчивое стремление забыться, погрузиться в иллюзию, представив то, чего нет.

Реальность опровергает наши иллюзии, но мы упорно за них цепляемся. Не желая видеть, что живем в заблуждениях, где все вымышлено, от начала и до конца.

Реальное стучится к нам каждый день, а мы делаем вид, что не слышим. Это такая игра — делать хорошую мину, когда плохи дела. Что бы ни случилось, твердить как заклинание: «Все будет хорошо!»

Никто ничего не делает, но все твердят. Многие делают обратное тому, что надо делать, не переставая повторять заклинание.

Да не будет хорошо, если для этого ничего не делать!

Очнитесь, посмотрите вокруг, попытайтесь вникнуть, понять. Понаблюдайте, исследуйте, это нетрудно.

Мы бежим от реальности и хотим забыться, потому что нам больно. Но не надо бояться боли. Нам больно оттого, что мы живые. Мы чувствуем, мы способны воспринимать, страшнее для нас — перестать чувствовать, утратив тонкое восприятие.

Пока чувствуем, мы можем уловить истину, отличив тонкое от грубого. Будет хуже, если станем отдавать предпочтение грубой материи, находя удовольствие в плотском. Несмотря на плотное строение, плоть иллюзорна; едва родившись, она начинает стареть и умирать. Зачем нам то, что рушится на глазах?

Мы не плоть, это наша одежда. Когда одежда изнашивается, приходит в негодность, ее выбрасывают.

Не стоит молиться на тело, посвящая ему жизнь. Еще опаснее зацикливаться на эго.

Ахамкара — наш двойник, дубль. Слово «дьявол» на французском и испанском языках звучит похоже, и неспроста. Наш дубль при стечении обстоятельств может превратиться в дьявола.

Опасность существует, в мире черной магии ничего безобидного нет. Не чувствуя опасность, мы усугубляем свое положение.

Погруженные в иллюзии, мы живем в прострации. В таком состоянии самое главное — прийти в себя, очнуться, избавившись от колдовских чар подлунного мира.

В иллюзорном состоянии воображение принимается за реальность. И дело здесь не в мире, мир может быть любым. Дело в состоянии, оно связано с гипнозом. Мы живем в гипнотическом сне.

В этом состоянии мы беспомощны, нам можно внушить что угодно, мы всему будем верить.

Главное — проснуться, выйти из прострации. Единственная достойная помощь — помочь пробудиться, прийти в себя.

95. ПРОСТО БУДЬТЕ

«В каком-то смысле гуру — это посланник. Посланников может быть много, но послание одно: будьте тем, что вы есть».

«Ни один истинный учитель не имеет суждений. Он видит вещи такими, какие они есть, и показывает их такими, какие они есть. Если вы будете принимать людей за то, чем они себя считают, вы только причините им вред, какой они сами причиняют себе все время. Но если вы будете видеть их такими, какие они есть на самом деле, это принесет им огромную пользу. Если они спросят вас, что им делать, какими практиками заняться, какому образу жизни следовать, отвечайте: „Не делайте ничего, просто будьте. В бытии все происходит естественно"».

Все гениальное — просто. Истина лежит на виду, но ее никто не видит. Мы смотрим и не видим, слушаем и не слышим. Виной тому ложное состояние, в котором находимся. Мы не в себе, поэтому не видим и не слышим. Мы в ложной личности, а она видит мир сквозь призму. По сути, личность и есть призма, скрывая реальность, она искажает восприятие.

Находясь в личности, ничего нельзя понять. Ее возможности ограничены, чтобы понять, надо выйти за пределы.

Чувствуя себя личностью, мы не понимаем, что происходит. Но состояние, в котором мы находимся, нас вполне устраивает.

Я был в этом состоянии и понимаю, что нас удерживает. Мы хотим испытать судьбу, попробовав то, что не получилось у других. Мы полны амбиций и грандиозных планов. Нас предупреждают, но мы не верим. Чужой опыт нам не нужен, мы хотим свой.

Свою чашу надо испить до дна. Тогда мы сможем сделать правильные выводы. Поэтому я не тороплю. Если вы полны иллюзий, живите в них, пока не надоест, питайте их, сколько хотите. Чтобы захотеть настоящего, надо насытиться бутафорией.

Стройте кукольные отношения, переживайте слепые чувства и фальшивые эмоции, пока не опостылеют ложь и притворство. Страдайте и мучайтесь, купаясь в обмане, пока не начнете в нем тонуть.

Мы хотим казаться, а нам надо быть. Быть собой мы не хотим, нам надо произвести впечатление. Удивить, поразить, показать, какие мы необыкновенные, ни на кого не похожие. В своем желании выделиться мы идем далеко, накручивая и набирая обороты. Многие стараются на этом поприще, стремясь кому-то что-то доказать.

Но зачем доказывать то, чего нет? Зачем обманывать себя и других?

Мы так устроены, что не можем понять, чего, собственно, добиваемся? Чего хотим: быть или казаться?

Простоты мы не ищем, нам нравится вычурность. Мы думаем, простота — это удел простаков, гениальность сложна и с легким налетом порока. Все гении немного не в себе, чуть-чуть сумасшедшие. Нам тоже хочется притворства и безуминки. Мы играем и не можем остановиться.

Чтобы играть, надо знать свою роль. Без знания роли игра будет фальшивой. Не зная свою роль, мы примеряем чужие. Нам хочется попробовать. Играем и не можем наиграться, словно дети в компьютерные игры.

Нам говорят: не надо, за все придется платить, а мы разыгрались не на шутку.

«Что наша жизнь — игра, и кто ж тому виной, что я увлекся этой игрой». Это с одной стороны, а с другой:

«Первый тайм мы уже отыграли, и одно лишь сумели понять — чтобы тебя на земле не теряли, постарайся себя не терять».

Не надо ничего придумывать, специально что-то делать, надо просто быть. Быть тем, кто ты есть.

Есть то, что кажется, и то, что есть. Когда отринем то, что кажется, останется то, что есть.

Жизнь — это постепенное избавление от того, что кажется. Хотим мы или нет, избавляться от иллюзий приходится. Сначала очарование, потом — разочарование. Процесс болезненный, но таковы чары, наваждение и гипноз.

Мы думаем, волшебство — это где-то там, а мы — здесь. У нас — реальность, а магия — выдумка.

Но получается наоборот. Это наша жизнь — выдумка, в ней нет ничего реального, набор иллюзий и череда смутных снов.

Сегодня нам кажется одно, завтра — другое. В нас нет ничего постоянного, в нас нет ничего, на что можно опереться.

Единственная цель нашей жизни — найти в себе реальное, настоящее, что послужит нам опорой. И сказать: «Я — есть!», «Я существую!»

Нам кажется, мы близки к идеалу. Есть ряд недостатков, вредных привычек, но это мелочи. При желании мы быстро с ними разделаемся. Если брать процентное соотношение, негатива в нас 20–30 %. «А в остальном, прекрасная маркиза, все хорошо, все хорошо!»

В этом состоит прострация, оторванность от реальной действительности. Реальность такова, что механическая часть нашего существа составляет две трети. В лучшем случае на 70 % мы являемся автоматами, биологическими роботами.

Механистичность означает бессознательность, автоматизм. Животные и растения — полные автоматы, слепые механизмы природы. Выбора у них нет. Наша механистичность неполная, у нас есть несколько процентов осознания. Этот процент можно увеличить. Осознание естественно, делать ничего не надо. Только осознавать.

96. НАПРАСНЫЕ УСИЛИЯ

«Чтобы помочь вам, Бог должен знать о вашем существовании. Но вы и ваш мир подобны снам. Во сне вы можете страдать от ужасных мучений. Но никто о них не узнает, никто вам не поможет».

«Истинный Гуру — тот, кто знает истину за пределами чар иллюзий. Для него ваши вопросы о дисциплине и послушании не имеют смысла, потому что в его глазах личность, за которую вы себя выдаете, не существует».

«Усилие ведет к еще большему усилию. То, что было построено, надо поддерживать, что было обретено, надо защищать от разрушения или потери. То, что может быть потеряно, не является на самом деле вашим, а зачем вам то, что не ваше?»

Бог не знает о нашем существовании, мы не связаны с Богом. Это та правда, которую скрывают представители религиозных конфессий. Они претендуют на роль посредников, не имея связи с Богом.

Связь с Богом не возникает автоматически, оттого что кто-то захотел. Чтобы она возникла, необходим ряд условий.

В первую очередь — искреннее желание, идущее из глубины сердца, мольба, молитва. На этот поступок способен не каждый. Ложное эго настолько уродует людей, выводя из строя тонкие духовные структуры, что лишь немногие сохраняют способность к восприятию.

Мы не ценим данное от рождения Богом, отдавая предпочтение грубой телесной форме. Плотские увлечения не проходят бесследно, лишая нас способности к тонкому восприятию. Между Богом и нами встает ложная личность с ее далекими от духовного плана потребностями.

Будучи неопытными, мы принимаем себя за личность, которой не являемся, но стремимся казаться. Нам хочется хорошо выглядеть в глазах окружающих, произвести впечатление, понравиться, а как себя вести, мы не знаем.

Обман начинается с незнания. Мы не знаем, кто мы, как сюда попали и что нам делать.

Вопросов много, ответов нет. Вместо того чтобы искать себя и ответы, мы начинаем вести себя механически, не вникая.

Такое поведение способствует росту механической личности. Она растет как на дрожжах, приобретая все более витиеватые очертания.

Личность — это набор масок, костюмов и прочей бутафории, необходимых для достижения конкретных эгоистических целей. Мы притворяемся в зависимости от обстоятельств, во всем ища выгоду и корыстный интерес.

Все глубже погружаясь в обман, мы попадаем в ловушку, которую сами и сотворили. Никто не заставлял нас лгать и выдумывать.

Нечто, сотворенное механически, начинает жить своей жизнью. Эфемерная ложная личность растет и крепнет, подпитываясь нашей энергией. Мы сами создаем миф, а потом не знаем, что с ним делать.

Ложный образ (имидж) есть не только у представителей богемы и шоу-бизнеса, он есть у каждого.

Вымышленная личность имеет пол и набор отличительных качеств. В обществе существуют стереотипы поведения, требующие от нас тех или иных проявлений, мужских или женских. Сравнивая с ними наше поведение, нам высказывают претензии, требуя соответствия.

«Будь мужчиной!», «Поступай как мужчина!», «Веди себя как женщина!», «Будь женщиной!»

Не совсем понимая, что от нас хотят, на всякий случай мы следуем принятым в обществе стереотипам поведения. Поддерживая ложный образ, мы делаем то, что от нас ждут.

Когда образ создан, приходится беспокоиться о репутации. Всегда найдутся ревнители, они не верят, критикуют и держат в напряжении. Надо постоянно доказывать и показывать.

То, что создано, надо поддерживать. Для этого требуются усилия и затраты. Днем и ночью мы озабочены своим ложным образом. Показав себя с разных сторон, мы не подумали о том, что у каждой стороны есть свой смотритель. Он зорко следит за нами и мечтает поймать на промахе.

Мы только и делаем, что стремимся не обмануть ожиданий. Родители хотят нас видеть одними, мы вынуждены поддерживать этот образ. Жена или муж хотят нас видеть другими. И этот образ надо поддерживать. На работе еще один образ. И его надо поддерживать.

Мы постоянно заняты тем, что поддерживаем придуманные кем-то образы, боясь обмануть их ожидания. Это ли не каторга?

Нам некогда думать о себе, мы озабочены ложными образами. От нас все чего-то хотят. В том числе ложная личность. Однажды придуманная маска давно живет своей жизнью. У нее масса амбиций и море желаний.

По сути личности как таковой не существует. Это выдумка, а мы тратим на нее жизнь.

Мы живем в выдуманном мире, трепыхаясь в ложном образе, как бабочка в банке, даже не думая о свободе.

Наше состояние таково, что мы живем и умираем во сне. Сон выглядит как внешний мир, но от этого не легче.

97. ВНЕШНИЙ ГУРУ

«Внешний Гуру дает инструкции, внутренний посылает силу, задача ученика — их незамедлительное использование. Без воли, проницательности и энергии со стороны ученика внешний Гуру бессилен».

«Если прогресса нет, вина лежит на учениках, их лени и отсутствии самоконтроля. С другой стороны, если ученик искренен и практикует садхану с мудростью и энтузиазмом, он неизбежно встретит более квалифицированного учителя, который поведет его дальше. В действительности роль гуру — только инструктировать и поддерживать, ученик полностью отвечает за себя сам».

Учитель, гуру, садхана, ученик. Речь идет о духовной практике, в ней есть свои особенности. Если кому-то не нравятся определения, то они условны. Так же, как дисциплина и послушание.

Если ученик не хочет учиться, дисциплина и послушание не помогут. Заставить быть человеком невозможно. Если сознания не хватает, а существо сопротивляется, сила не поможет.

Решающим является понимание, как результат следования полученным инструкциям. Когда инструкции получены, а желания им следовать нет, «ученик» не готов. Если плод не созрел, учеба бессмысленна. Кто же будет работать, встречая сопротивление?

Мы связаны общей кармой, и каждый получает то, что заработал. Коррекция кармы будет едва заметна, но перемена участи существенная.

Когда жизнь течет механически, все сваливается как снег на голову, часто заставая врасплох. По-другому и быть не может, бессознательный образ жизни таков, что все случается. Мы находимся внутри, в самой гуще событий.

Когда мы внутри, выбора у нас нет, мы вынуждены реагировать. На то, чтобы осмыслить, проанализировать и сделать выводы, нет ни времени, ни сил. Чтобы вникнуть и разобраться, надо подняться над процессом.

Коррекция кармы возможна, если увидим ситуацию целиком. В этом случае сознание расширится, выйдя за рамки личности и перейдя на другой уровень.

Он позволит правильно оценивать ситуацию, видеть каждый шаг и возможные последствия. Течение кармы не изменится, изменятся наши возможности, они расширятся.

Задача внешнего Гуру — поднять ученика на сознательный уровень, чтобы он смог увидеть реальность. Человеческой машиной необходимо управлять. До последнего момента она работала неправильно, как придется.

Любой механизм можно использовать по-разному. Не зная предназначения, можно утюгом колоть орехи. Что-то подобное происходит с нами. Не зная, как работает человеческая машина, мы обращаемся с ней как последние дикари.

Человеческое существо — это Машина Времени. Господь доверил нам это удивительное творение, а мы превратили ее в хлев. Находясь в человеческом теле, можно побывать в прошлом, а при желании увидеть будущее. Но что такое прошлое или будущее, если есть возможность отправиться в вечность.

Внешний Гуру дает инструкции, как отправиться в вечность. Как далеко сможет продвинуться ученик, зависит от его воли, настойчивости и проницательности.

Кроме выдуманной личности и стоящего за ней эго, нас никто не тормозит, мешая двигаться вперед. Ахамкара организует саботаж и строит заговор, а личность вставляет палки в колеса и находит сотню причин, чтобы ничего не делать.

Когда-то я вел себя так, словно делал кому-то одолжение. Будто не мне это надо, а кому-то другому. Я ждал агитации и уговоров. Мне казалось, что все заинтересованы в моем улучшении. И каждый шаг в этом направлении достоин награды.

Я делал шаг и чего-то ждал. Потом еще шаг, и опять ожидание. Мы ведем себя как дети, делаем что-то и ждем похвалы. Мы думаем, нас будут уговаривать. А мы будем набивать себе цену. Такой простодушный детский шантаж.

В этом плане мы будем разочарованы: никто не собирается тащить нас за уши. Стать сознательными — это наш выбор, и вся ответственность ложится на нас. Внешний Гуру всего лишь проводник, чтобы мы не заблудились, он указывает путь. Не зная направления, можно долго плутать в темноте.

Дело в том, что плутать в темноте — это тоже выбор. Никто не собирается искать нас в темноте, тянуть за рукав и тащить на себе.

Поиск и познание себя — это путь. Никто не пройдет этот путь за нас.

Гуру прошел этот путь, он расширил сознание и знает, как это сделать. От нас требуется инициатива и стремление.

Понимание приходит, если следовать инструкциям. Не надо верить на слово. Чтобы убедиться, надо проверить на практике.

Движение должно быть осознанным. Если делать не понимая, ничего не выйдет. Гуру нужен для поддержки. Он — тот, кто смог стать. У него получилось, почему не получится у нас?

98. ПРЕДАННОСТЬ

«Важно не почитание какой-то личности, а постоянство и глубина преданности своему делу. Жизнь сама является Высшим Гуру. Будьте внимательны к ее урокам и выполняйте ее команды. Когда вы одушевляете их источник, вы получаете внешнего Гуру, если вы берете их прямо из жизни, ваш гуру находится внутри».

«Истинная самоотдача означает делать только то, что говорит вам гуру».

«Пока вы не реализуетесь, вы будете переходить от одного гуру к другому, но когда найдете себя, ваш поиск окончится. Гуру — это веха на пути. Когда вы движетесь, вы проходите много вех. Когда вы достигли места назначения, значение имеет только последний. В действительности все они имели значение в свое время, и ни один не имеет значения сейчас».

Конфликт неизбежен, ложная личность не собирается подчиняться, она слушает только себя. Но что такое личность? Это диверсант, тайный агент, вступивший в сговор с превосходящими силами противника.

Мы приходим в этот мир беспомощными младенцами. У нас нет опыта, мы не можем проявить себя. Этим пользуется ложная личность. Она подменяет собой сущность и воцаряется на ее месте.

С этого момента начинается борьба. Мы не знаем о подмене, но чувствуем, с нами что-то не так. Мы приходим в подлунный мир, чтобы проявить себя. Не сделав этого, мы не узнаем, кто мы. И даже хорошо, что личность стоит у нас на пути. На ее фоне можно увидеть истину. Не будь ложного, как выделить истинное?

Сначала проявляется ложное, мы смотрим и не можем ничего понять. По форме правильно, а с содержанием что-то не так. Оно какое-то фальшивое, не настоящее.

Вроде бы это мы, но если приглядеться, много странного. Поведение вычурно, суждения замысловаты. Есть ощущение, что нам что-то мешает. Хотим одного, делаем другое. Думаем одно, говорим другое. Много противоречий, колебаний, мало постоянного.

Сегодня считаем так, завтра иначе. Сегодня говорим одно, завтра другое. Мы как флюгер на ветру, не хватает стержня, опоры внутри. Мы ищем ее во внешнем мире, ищем стабильности и безопасности, но не можем найти.

Как бы мы ни старались, нам не удается обрести устойчивость. Несмотря на благополучие и все достижения. Финансовая независимость не делает жизнь безопаснее, скорее наоборот. Стоит нам достигнуть финансового успеха, как мы становимся мишенью для желающих этот успех «разделить».

Что такое жизнь, ее сердцевина, первоисточник? Откуда берется жизнь? Вот главный вопрос бытия.

Мы думаем, что жизнь — это материя. Она рождается, живет и умирает. Это происходит на наших глазах, доказывать не нужно.

Но материя — только форма, материальное оформление жизни. Жизнь оформляет себя в виде материальных объектов. Материальные формы — это плоды жизни, ее порождения. И люди — плоды жизни, временные плоды Вечного Существования.

Жизнь сама является Высшим Гуру, и все видимые объекты — ее порождения. Если выводы правильные, можно обойтись без гуру. Когда это сложно, к нам приходят Посланники. Жизнь формирует Посланников, чтобы помочь нам в трудную минуту. Оказать поддержку, показать пример.

Мы тоже можем стать Посланниками. Если мы преданы своему делу. Если понимаем, что это за дело. И оно является делом всей жизни. Если мы преданы делу жизни.

Для Посланников существует только одно дело — дело жизни. Чтобы служить делу жизни, надо оставаться живым. Мертвецы не могут служить делу жизни. Многие люди не чувствуют, как умирают, высыхая изнутри. Теряя чувствительность и тонкое восприятие. Такие люди никогда не станут Посланниками.

Мы думаем, что гуру приходят нас поучать. Мы готовы на них молиться и смотреть им в рот. Но настоящие гуру не нуждаются в преданности, они ни в чем не нуждаются. Им не нужны поклонение, дисциплина и жертвы.

Преданность делу жизни нужна нам, если мы хотим оставаться живыми. Это нас, а не гуру, волнует вопрос жизни и смерти.

Есть дело жизни и дело смерти, других дел не существует. Выбор за нами. Если не выбираем дело жизни, остается дело смерти.

Мы думаем, что у нас большой выбор и перед нами открыты все двери. Дверей-то много, но попробуйте найти хоть одну, ведущую в жизнь.

Как и дверей, много тех, кто выдает себя за Посланников. Они преданы своему делу, но их дело не является делом жизни.

Их поведение замысловато, им нравится почитание, они требуют преданности. Но все эти выкрутасы не относятся к делу жизни.

В конечном итоге мы получаем такого гуру, какого заслуживаем. Это зависит от состояния, в котором находимся. Находясь в ложной личности, мы водим себя за нос. Не зная себя, мы получим того, кто возглавит этот поход. Вместе с гуру мы будем водить себя за нос.

Гуру — это веха на пути, главное — не останавливаться и продолжать поиск.

99. РАБОЧИЕ ИНСТРУМЕНТЫ

«Внутренний Гуру не упускает свой шанс. Тупость и преследование ложных целей приводят к кризису, и ученик, проснувшись однажды, обнаруживает себя в плачевном состоянии. Мудр тот, кто не ждет неприятностей, которые могут быть довольно суровыми».

«Внутренний Гуру не следует заповеди ненасилия. Временами он может быть очень грубым, вплоть до уничтожения тупой или извращенной личности. Страдания и смерть, как и жизнь, и счастье, — его рабочие инструменты».

Мы свободны в своем безумии, можно делать все, что придет в голову. Тормозов у ложной личности нет. Начав однажды, нам трудно остановиться. Нас несет помимо воли.

Этот мир словно создан для неуклюжих действий. В нас мигает лампочка эгоизма, и мы, как зомби, хватаем все, что попадается на пути. Ложная личность растет как на дрожжах, напоминая бурный рост сорняка.

Мы хотим отличиться, показав всем, какая мы неординарная личность. Каждый вкладывает в это свое, но все достижения связаны с внешним миром.

Никто не знает, что у нас внутри. С годами мы все реже смотрим внутрь. Внешняя жизнь диктует такие правила игры, что они заставляют забывать о внутренних принципах.

Внутренний мир — одно, внешний — совсем другое. Нам кажется, что внешний мир важнее, а внутренний никому не нужен. Всех интересуют внешние достижения, а что творится у нас внутри — никому нет дела.

Мы страдаем от этого, но недолго. Успех действует как болеутоляющая пилюля. Чем успешнее идут дела во внешнем мире, тем реже мы думаем о мире внутреннем.

Нам не до этого. Какой толк от внутреннего мира? Какая разница, что там у нас внутри?

Вроде бы все знают, там у нас частица Бога, духовная сущность. Что она собой представляет?

Это маленький ребенок, почти младенец. Совершенно беспомощный, он нуждается в нашей любви и заботе. Это малое дитя — дар Бога. Создатель вдыхает в нас свою частицу, надеясь, что мы о ней позаботимся.

А что делаем мы? Погнавшись за наживой, мы предаем его, оставив младенца на произвол судьбы. Кто мы после этого и какой участи достойны?

Механическое состояние не позволяет нам осознать происходящее. Положение осложняется тем, что внутренний гуру не связан законами внешнего мира. Он может поступить с нами так же, как мы с духовной сущностью. Или еще хуже, так же, как мы поступаем с домашними животными.

Мы едва отличаемся от домашних животных, а ведем себя хуже дьявола. Какой участи мы достойны?

Мы пожираем тех, кто нам предан, кто заведомо слабее. А охоту на братьев меньших мы считаем своей доблестью.

Кто поймет это извращенное дьявольское мышление? Кому мы нужны с такой очевидной патологией психики?

К чему эти полеты в космос? Уберите свой мусор! Очистите чудовищное сознание. Что можем мы предложить Космосу, кроме своей душевной болезни?

Мы так далеки от понимания себя, что к этому не стремимся. Как все, так и я, нами правят стадные чувства. Привыкнув жить в стаде, мы боимся проявить себя, мы боимся, что нас затопчут. Стадо агрессивно, им правят законы джунглей.

Жизнь проходит в неведении, мы не знаем, что будет с нами завтра. За редким исключением, никто и не стремится ничего узнать.

О каком сознании можно говорить, если человек не знает и узнать не стремится? В аморфном, бессознательном состоянии нам вполне комфортно. Что станет с людьми, если им дать пищу и кров, как домашним животным? В кого они превратятся?

Поэтому нам трудно понять, зачем нужны страдания. Мы хотим жить в радости и счастье, но наши представления о счастье довольно убоги. Мы хотим счастья для себя и своих близких. Мы не хотим думать о соседе и других людях.

Что у нас общего с людьми, живущими в других странах? Там живут чуждые нам люди. Они не думают о нас, почему мы должны думать о них?

Внутренний Гуру помнит все, жизнь и смерть — его рабочие инструменты. Если мы любим жизнь и следуем делу жизни, внутренний гуру нам помогает. Но стоит свернуть с пути и забыться в своем эгоизме, Гуру о нас забывает.

Мы забываем себя, но о нас помнят те, кто растил в нас личность. Несколько сомнительных поступков, и мы катимся по наклонной, словно снежный ком с горы. Он собирает в себя весь мусор, лежащий на пути.

Механическая жизнь — это катящийся снежный ком. Кто будет разбираться в этом мусоре?

Внутренний Гуру не связан законами внешнего мира. Мы надеемся на любовь и милосердие, но наши представления о них ограничены жизнью в теле. Жизнь не заканчивается, когда мы уходим. Жизнь и смерть — лишь рабочие инструменты.

100. ИСТИННЫЙ ГУРУ

«Величайший Гуру — это ваше внутреннее „Я“. Это воистину высший из учителей. Он один может привести вас к вашей цели, и он один встретит вас в конце пути. Доверьтесь ему, и вам не понадобятся другие гуру».

«Ваше собственное „Я“ — это ваш самый совершенный учитель (сатгуру). Внешний учитель (гуру) — просто веха на пути. Только ваш внутренний учитель пройдет с вами весь путь до самой цели, поскольку он и есть цель».

«Сокровенный свет, сияющий в сердце спокойно и безвременно, и есть истинный Гуру. Все остальные лишь указывают путь».

Что такое внутреннее «Я»? Общее описание дает звездный тип, но тем, кто мы есть, можно только быть. В нашем случае — стать, поскольку много слоев, которые создают ложный образ. Многослойность вводит в заблуждение.

Чтобы не запутаться совсем, у нас есть ориентир — духовная сущность. Не что-то неуловимо-абстрактное, а конкретный звездный тип, имеющий характер и отличительные черты.

Мы рождены в конкретных обстоятельствах этого мира, и в них нам надо разобраться. Наделяя типом личности, нами управляют Луна, Солнце и одна из планет Солнечной системы.

Планеты Солнечной системы несовершенны, это не боги, а божества с набором положительных и отрицательных качеств. Этим набором качеств они наделяют ложную личность.

Единственной Звездой в нашей системе является Солнце. Это не божество, это — Бог. Звезда — это планета, которая достигла совершенства и воссияла.

Мы божественны, подобны планетам, но высшая цель — стать подобными Солнцу, воссиять. Потому что наши Родные Обители — Созвездия, которые состоят из нескольких Сияющих Звезд.

Скрытая под плотными слоями иллюзий, наша сущность тоже сияет. Самой плотной иллюзией — материей — является физическое тело. Другие оболочки иллюзий менее плотные. Это оболочки ауры, из которых состоит душа (психика).

Оболочки иллюзий искажают восприятие. Окутанные ими, мы не видим реальность, мы видим иллюзии.

Мы живем внутри кокона, в узком мире ложных представлений о себе, людях и мире.

Если перестать жить как гусеница и захотеть стать бабочкой, из кокона можно выбраться. Мы созданы, чтобы летать, но привыкли ползать. У прожорливой гусеницы крылья не вырастут.

Этот мир не наша Обитель. Мы — Посланники Звезд. Мы — Другие. Мы не такие, как жители Земли. Мы — Светящиеся Существа с тонкой организацией. Этот мир для нас слишком грубый, здесь трудно выжить.

Превращая в демонов, мир пожирает нас. Силы на исходе, чтобы выжить, надо задействовать внутреннее «Я».

Наше состояние подобно отснятой, но не напечатанной фотопленке. Там все наоборот: белое выглядит черным, а черное белым. В этом суть обычной человеческой жизни.

Механическая жизнь — это негатив. Жизнь идет, а наша пленка остается ненапечатанной.

Мы — непроявленные существа. В нас все наоборот. Мы негативны в своих проявлениях. Даже в проявлении добра, потому что оно оборачивается злом. Не понимая, мы все делаем наоборот.

Что делают фотографы с негативной фотопленкой? Они помещают ее под мощный поток света. В результате негатив превращается в позитив, в напечатанные фотографии.

Если разглядывать негативную фотопленку, трудно понять, что на ней, там все наоборот.

Механическая жизнь является негативной фотопленкой, где все наоборот: черное кажется белым, а белое черным.

В нас тоже все наоборот: черное мы обеляем, а белое не замечаем. Такова природа ложной личности.

Спасение — сокровенный свет, сияющий внутри. Этот свет — внутреннее «Я». Чтобы проявиться, надо найти этот свет в себе.

Когда найдем свет в себе, произойдет внутренняя алхимия. Из негатива мы превратимся в позитив.

Благодаря внутреннему свету мы увидим реальность. Не что-то чудесно-фантастическое, а то, что есть. Благодаря свету мы увидим негатив в себе.

Ложь, фальшь, притворство, лицемерие, злость, зависть, жадность, похоть. Раньше мы видели негатив в других, но не замечали в себе.

Никто другой не знает нас так хорошо, как Сокровенный Свет, сияющий в сердце, наш истинный Гуру. Только он способен открыть нам глаза и дать понимание.

Благодаря свету мы почувствуем, что пришли в себя и стали тем, кем являемся.

Обретя свое истинное бытие, мы перестали казаться. Нам не надо казаться, мы есть.

СОДЕРЖАНИЕ

ШКОЛА ОСОЗНАНИЯ
МАРКА АЙСБЕРГА

Настольные книги Школы Осознания

Петр Демьянович Успенский «В поисках Чудесного»
Ключевые моменты, где приведены цитаты из этой книги — с первого по сорок седьмой.

Нисаргадатта Махарадж «Я есть То»
Ключевые моменты, где приведены цитаты из этой книги — с сорок восьмого по сотый.

Сообщив, свои имя, фамилию, дату рождения и место проживания, вы сможете узнать условия обучения в Школе Осознания Марка Айсберга

Ostrov.marka@yandex.ru
Ostrov.marka@mail.ru
Ostrov.marka@gmail.com

Екатеринбург	«Книжная поляна», ул. Восточная, д. 21, 343 224-04-00, www.fkniga.ru «Книжный город», ул. Академика Шварца, д. 17а, 343 218-84-12, www.fkniga.ru «Дом Книги», ул. Валека, д. 12, 343 359-41-47, www.domknigi-online.ru
Златоуст	«Книжникъ», ул. Карла Маркса, д. 4, 3513 67-60-70, www.fkniga.ru
Иркутск	«Продалитъ», ул. Урицкого, д. 9, 3952 241-777, www.prodalit.ru
Йошкар-Ола	«ПРОМЕТЕЙ», ул. Комсомольская, д. 157, школа № 11, 8362 42-35-63
Казань	«Таис», ул. Гвардейская, д. 9а, 8432 95-12-71,72-34-55 «Аист-Пресс», ул. Левобулачная, 42/2, 843 525-52-14
Калининград	«Книги и книжечки», ул. Судостроительная, д. 75, 4012 353-763, 353-959
Калуга	«ТамГдеНикто», ул. Ленина, д. 80, 920 877-73-53,
Копейск	«Книжникъ», пр. Коммунистический, д. 22, 35139 4-21-58, www.fkniga.ru
Краснодар	«Ра-дуга», ул. Красная, д. 176 ТК «Центр города»
Красноярск	«Тональ», пл. Мира, д. 1, 3912 12-48-09
Кыштым	«Книги для Вас», ул. Карла Либкнехта, д. 117, 251 2-18-97, www.fkniga.ru
Миасс	«Книжникъ», ул. Автозаводцев, д. 26, 235 5-02-63, www.fkniga.ru «Книжный Город», ул. Макеева, д. 29, 3513 543-843, www.fkniga.ru
Нижний Новгород	«Дирижабль», ул. Покровская, д. 46, 831 434-03-05, 434-69-34, www.dirigable-book.ru
Нижний Тагил	«Книжный город», ул. Юности, д. 16а, 3435 49-98-01, www.fkniga.ru
Новосибирск	«Амрита», ул. Вокзальная магистраль, д. 4/1, 383 218-25-85, КапиталЪ (ООО Буксити), 2236973@mail.ru, www.kapital.roxi.ru, 383 223-69-73 торговый зал Библионик, www.biblionik.ru
Омск	«Живые мысли», ул. Красный Путь, д. 22, 3812 21-15-47, 8-913-145-99-83 «Водолей», ул. Маяковского, д. 15, 3812 32-08-77
Оренбург	«Культурный центр», ул. Пролетарская, д. 78, 3532 77-56-80
Рязань	ТЦ «Барс», Московское ш., д. 5а, 4912 34-75-68, http://www.gkbars.ru/
Самара	сеть «Чакона», ул. Ульяновская, д. 18, 846 331-22-33, www.chaconne.ru

	сеть «Метида», пр. Юных Пионеров, д. 146, www.metida.ru
Санкт-Петербург	Сеть магазинов «Буквоед», www.bookvoed.ru
	САМАДЭВА, ул. Чайковского, д. 2/7, литер Р, пом. 1Н, 8 906 229-88-82
	Деметра, 812 993-88-36, tabula_spb@mail.ru
	Роза Мира, Ул. Садовая, д. 48, 812 310-51-35
Саратов	«Мудрость Веков», ул. Б. Казачья, д. 18, 8452 27-35-28
Сургут	«ЭЗОТЕРИКА», ул. 50 лет ВЛКСМ, «ОФИС-ЦЕНТР», 2-й этаж, 216 офис
Тольятти	«Метида-опт», ул. Революционная, д. 60, 8482 35-04-05
Уфа	Сеть магазинов «Планета», http://planetabook.ru/
	Лунный свет, ул. Проспект Октября, д. 21, 277-85-85 Email: luna_svet@list.ru, http://www.luna-svet.ru/
	«Азия», ул. Гоголя, д. 36, оф. 5, 3472 50-39-00
Хабаровск	сеть «Мирс», ул. Ким-Ю-Чена, д. 21, 4212 47-00-47 www.bookmirs.ru
Челябинск	«Другие книги», ул. Цвиллинга, д. 34, 351 264-54-03, www.fkniga.ru
	«Книги для Вас», ул. Мамина, д. 15, 351 729-54-03, www.fkniga.ru
	«Книги для Вас», ул. Красная, д. 69, 351 263-24-70, www.fkniga.ru
	«Книжная полка», ул. Гагарина, д. 30, 351 254-95-58, www.fkniga.ru
	«Книжникъ», пр. Комсомольский, д. 108, 351 792-83-00 (доб. 130), www.fkniga.ru
	«Книжникъ», ул. Кирова, д. 82, 351 263-50-36 www.fkniga.ru
	«Книжный город», ул. Артиллерийская, д. 136, 351 245-35-80, www.fkniga.ru
	«Книжный город», ул. Цвиллинга, д. 34, 351 266-50-84, www.fkniga.ru
	«Ф-Книга», ул. Воровского, д. 55, 351 260-90-08, www.fkniga.ru
	КнигаЛэнд, ул. Артиллерийская, д. 124, 351 245-35-80, www.fkniga.ru
	«Мудрость Веков», ул. Коммунистическая, д. 37 8453 70-13-90

Магазины других стран

Марк Айсберг

ОТ ГУРДЖИЕВА ДО АДВАЙТЫ

Ключевые моменты Четвертого Пути

Подписано в печать 08.02.13.
Формат 60х84/16. Усл. печ. л. 18,14.
Тираж 2000 экз. Заказ С-654.

Издание предназначено
для лиц старше 16 лет

ООО «Свет»
107140, Москва, ул. Краснопрудная, д. 22а, стр. 1
тел./факс: 8 499 264 05 89, тел.: 8 499 264 05 81
e-mail: info@amrita-rus.ru www.amrita-rus.ru

Книга — почтой: 107140, Москва, а/я 37
тел.: 8 499 264 73 70

Розничный магазин:
ул. Краснопрудная, д. 22а, стр. 1
Тел.: 8 499 264 13 60

Отпечатано в полном соответствии с качеством
предоставленного электронного оригинал-макета
в типографии филиала ОАО «ТАТМЕДИА» «ПИК «Идел-Пресс».
420066, г. Казань, ул. Декабристов, 2.
E-mail: idelpress@mail.ru